公共图书馆管理与阅读服务

夏雨雨　许志军　赵　雯◎著

哈尔滨出版社

图书在版编目（CIP）数据

公共图书馆管理与阅读服务/夏雨雨,许志军,赵雯著.—哈尔滨:哈尔滨出版社,2022.9
　ISBN 978-7-5484-6792-2

　Ⅰ.①公… Ⅱ.①夏… ②许… ③赵… Ⅲ.①公共图书馆—图书馆工作—研究②公共图书馆—图书馆服务—研究 Ⅳ.①G258.2

中国版本图书馆 CIP 数据核字(2022)第 180592 号

书　　名：公共图书馆管理与阅读服务
GONGGONG TUSHUGUAN GUANLI YU YUEDU FUWU

作　　者：夏雨雨　许志军　赵　雯　著
责任编辑：孙　迪　李维娜
封面设计：徐芳芳

出版发行：哈尔滨出版社（Harbin Publishing House）
社　　址：哈尔滨市香坊区泰山路82-9号　邮编：150090
经　　销：全国新华书店
印　　刷：北京四海锦诚印刷技术有限公司
网　　址：www.hrbcbs.com
E‑mail：hrbcbs@yeah.net
编辑版权热线：（0451）87900271　87900272
销售热线：（0451）87900202　87900203

开　　本：787mm×1092mm　1/16　印张：12　字数：218千字
版　　次：2023年5月第1版
印　　次：2023年5月第1次印刷
书　　号：ISBN 978-7-5484-6792-2
定　　价：58.00元

凡购本社图书发现印装错误，请与本社印制部联系调换。
服务热线：（0451）87900279

前 言

公共图书馆是社会公益性的文化教育机构，是国家科学文化发展水平的标志之一，也是社会文明的窗口之一，体现着一个国家文化水平以及社会的文明程度。进入21世纪以来，在社会主义文化大发展大繁荣的背景下，全国各地纷纷建立公共图书馆新馆，图书馆的办馆条件大大改善。各地图书馆都开始意识到提升图书馆的管理能力、增强文化服务的效能，是保持公共图书馆全面、可持续发展的前提，也是公共图书馆生存和发展的必要条件。

公共图书馆是信息管理和保存的重要集散地，也是为读者提供信息和服务的重要场所。加强公共图书馆图书管理能够更好地引导读者养成良好的阅读习惯，更好地提高读者自身综合能力。尤其是随着信息技术的发展，公共图书馆通过利用信息平台将线下阅读服务逐渐转移到线上服务，提高了读者阅读的兴趣。

本书属于公共图书馆管理与阅读服务工作方面的著作，全书主要阐述了公共图书馆管理的意义及特点、内容与职能、原则与模式等相关基础知识，对公共图书馆战略管理和精细化管理进行了深入探讨，以发展的眼光透视公共图书馆阅读服务的优化措施，探究公共图书馆阅读推广服务活动，以及面向未成年人、老年人、残障读者等不同人群研究公共图书馆阅读服务。

全书结构严谨、内容翔实、层次科学、论述清晰、客观实用，力求达到理论与实践相结合，具有时代性、实用性等特点，有助于实务工作者进一步思考和探讨相关知识在日常工作中的应用。

笔者在撰写本书的过程中，得到了许多专家学者的帮助和指导，在此表示诚挚的谢意。由于笔者水平有限，加之时间仓促，书中所涉及的内容难免有疏漏之处，希望各位读者多提宝贵意见，以便笔者进一步修改，使之更加完善。

目 录

第一章 公共图书馆管理的理论综述 … 1
第一节 公共图书馆认知 … 1
第二节 公共图书馆管理的意义及特点 … 8
第三节 公共图书馆管理的内容与职能 … 10
第四节 公共图书馆管理的原则与模式 … 14

第二章 公共图书馆战略管理思考 … 20
第一节 公共图书馆战略管理概述 … 20
第二节 公共图书馆战略规划的制定 … 22
第三节 公共图书馆战略的实施与评价 … 38
第四节 公共图书馆隐性知识的战略管理 … 45

第三章 公共图书馆精细化管理研究 … 49
第一节 公共图书馆精细化管理概述 … 49
第二节 公共图书馆精细化管理途径 … 51
第三节 公共图书馆采购精细化管理 … 56
第四节 公共图书馆流通精细化管理 … 67

第四章 公共图书馆阅读服务发展与优化 … 72
第一节 阅读与阅读行为分析 … 72

第二节　公共图书馆阅读服务的特征 ……………………………… 81
第三节　公共图书馆阅读服务的发展演进 …………………………… 82
第四节　公共图书馆阅读服务的优化策略 …………………………… 88

第五章　公共图书馆阅读推广服务活动探索 ……………………………… 96

第一节　公共图书馆阅读推广概述 …………………………………… 96
第二节　公共图书馆阅读推广项目策划 ……………………………… 108
第三节　公共图书馆阅读推广活动设计 ……………………………… 113
第四节　公共图书馆阅读推广的多样形式 …………………………… 130

第六章　公共图书馆面向不同人群的阅读服务研究 ……………………… 143

第一节　公共图书馆面向未成年人的阅读服务 ……………………… 143
第二节　公共图书馆面向老年人的阅读服务 ………………………… 174
第三节　公共图书馆面向残障读者的阅读服务 ……………………… 176

参考文献 …………………………………………………………………… 181

第一章 公共图书馆管理的理论综述

第一节 公共图书馆认知

在我国，相对其他类型的图书馆，公共图书馆起源比较早。我国公共图书馆是进入近现代才兴建创办的，是社会进步和文明发展的产物。也可以说是民众有这个需求，大批社会有识之士、先贤名士积极倡导促进、达成共识，方才兴建起一个个服务于民的公共图书馆。他们将历史上一些书院藏书汇集到一起，购置收藏各类图书典籍、现代知识文献读物，以图书馆来提供惠及社会民众的学习、教育服务，才有了发展到今天的为广大人民群众服务的各级各类图书馆。

公共图书馆是由地方行政机构税收支持的，设立和经营具有法律依据，并免费为所有居民服务的图书馆。公共图书馆的服务对象从儿童到老人，从普通居民、工人、农民到专家学者，满足各年龄段、各种不同职业市民需求，提供各种图书、期刊、报纸、数字信息等资源，提供阅览查询、参考咨询、文化活动等服务。公共图书馆是保障公民文化权益的基础阵地，是开展社会教育活动的终身课堂，是城市文明进步的显著标志，是现代公共文化服务体系的重要组成部分。

一、公共图书馆的主要特征

公共图书馆提供的产品和服务属于具有较强公共性的准公共产品。明确公共图书馆提供产品和服务的准公共产品属性，有助于在新业态环境下公共图书馆更好地顺应图书馆收藏社会化和资源共建共享的趋势，注重收藏数量的激增化、收藏门类的扩大化和收藏载体的多样化等特性，实现全国甚至是世界范围内资源共建共享联盟，尽最大努力促使所提供的公共产品和服务向纯公共产品的特性漂移，将产品或服务的消费竞争性和受益排他性最小化，让社会公众在公共图书馆获取更多知识、信息和服务，从而保障公共图书馆综合社会职能的有效发挥。

（一）公共图书馆的社会性

我们通常把社会理解为社会形态，社会形态是由经济基础和上层建筑两部分共同构成的。公共图书馆的社会性就是指公共图书馆是人们创造的社会产物，是一定社会形态的体现。公共图书馆是人们共同使用的一种社会机构和组织，是人类精神价值的集中体现。

（二）公共图书馆的公共性

1. 服务的某些特殊性

从公共图书馆服务消费上来看，在某一特定时间，对于一本唯一的特定图书来说，某个读者借阅了则其他读者在同一时间就不能再借阅了，这个特征在一定的程度上具有竞用性。但是这个竞用性与私人物品的竞用性具有不同的性质，因为私人物品被个人消费之后就不能再重复使用了，但是公共图书馆服务不一样，它只在特定的时间具有竞用性，只要该读者归还了该图书，就不会影响以后的读者使用该图书。

2. 投资收益的特殊性

要建立一个公共图书馆，除了公共图书馆的建筑以及各种电子设备等是固定投资，公共图书馆的服务的持续还需要源源不断地追加投资，如不断地增加各类新书和期刊、电子数据库、书架等。并且这些源源不断的投资追加进去之后，要收回成本是一个很漫长的过程，甚至是趋于无穷远的过程。公共图书馆作为一个公共的藏书机构，而藏书又是一个持续不断的过程，它需要持续不断地收藏新书进入图书馆。收藏新书就需要不断地追加投资，公共图书馆作为一个社会公益性机构，不以营利为目的，其目的是满足读者对文献信息的需求、不断地提高他们的文化素质技能等。私人一般是不会投资图书馆的，所以公共图书馆大都是由国家投资和社会依法捐资兴办的。

（三）公共图书馆的公益性

公共图书馆作为最重要的公益性文化服务机构之一，是国家为满足人民群众的精神文化需求，为其提供多样化的文化服务，落实其文化权益的重要纽带，肩负着传承文明、传播知识、提升国民素质、促进社会文明进步的重任。随着时代的进步与发展，在我国社会主义文化大发展大繁荣的背景下，社会已进入知识经济和信息经济时代，人们的信息意识和文化需求不断提高，公共图书馆承担的文化服务职能也越来越重要，应该科学认识并充分承担起在新的时代背景下其具备的社会责任。

公益性的理论基础主要包括以下几个方面：

1. 公共产品理论

公共产品理论正式形成是在20世纪中期，美国经济学家萨缪尔森对公共产品作了定论，他认为，当一个个体消费这种产品不会导致其他个体对该种产品的消耗，只有满足这个条件的产品才能被称为公共产品。公共产品具有三个特点：效用全民化、消费无竞争和受益不排他。因为这些特性与私人产品截然不同，因此只有政府和公共部门是公共产品的主要提供者，市场及私人部门无法做到无私地提供这种产品及服务。而随着公共产品理论的不断发展，经济学家们对私人供给公共产品进行深刻探索，对其是否可行进行研究。在1974年，英国经济学家科斯结合历史经验，打破了这种由政府主要提供公共产品的理论，提出公共产品的供给可以由多个体提供。美国经济学家德姆塞茨用技术的视角分析私人提供公共产品的可能性，通过消费者对产品的不同喜好，使用不统一的价格标准对待消费者。公共产品理论为政府和私人可以共同供给公共产品提供了理论支持。公共图书馆在改革与升级中，逐步探索出政府引导、市场化运作、第三方合作等多样化服务供给模式。尤其在公共图书馆建设过程中，物联网、大数据等现代信息技术的应用均需要第三方数据与管理信息机构的合作。公共图书馆文化服务满足公共产品的一般属性。

2. 新公共管理理论

新公共管理的概念是在20世纪90年代初最早出现，英国学者胡德提出，新公共管理是一种用分权结构管理公共部门的新方式，它以行政单位为主，又引进私营单位的管理模式，包括技术和工具等，并且引入市场机制来改善竞争，更加重视确切的责任制和绩效评估，那个时期的政府改革运动被称为新公共管理运动。从那以后，西方国家开始摒弃一些单一、僵硬的管理模式，比如推进了政府职能的转换，政府从一个公共服务的提供者转变为决策者，不再大包大揽，把所有的工作全部承担起来，而是充分发挥私营企业和非营利性机构的功能，私营企业和非营利性机构的专业性和针对性更强，把具体的服务性工作承包给它们效率更高，实现政府向社会还权等。同时，分权使得组织层次减少，可以防止权力的腐败。新公共管理认为顾客是第一位，政府是提供服务的主体，公民是顾客，提倡政府内部管理可以合理利用私营单位的管理理论，以此达到管理改革，提高政府运行效率。

新公共管理理论在西方的政府管理革新中发挥了很大的作用。我国行政改革也深受其影响，政府尽量避免干预微观经济，让市场在资源配置方面充分发挥其作用，由社会组织承担原来的部分职能，并提出了建立服务型政府的目标；社会市场化进度越来越快，公共部门都参与市场竞争，以此来提高公共服务供给的效率和质量；政府的内部管理更多地借鉴企业管理方法，例如绩效评估等，这些科学且有效的管理办法，使得政府管理更加重视效率、更加科学化，也更加注重反馈，有利于提高服务满意度，从而实现了政府内部管理的创新，提高了我国政府运行和管理效能。新公共管理理论虽然在西方政府革新中发挥了很大作用，取得不少成效，但也面对很多质疑，比如混淆公私部门的界限及市场化的管理模式、偏颇的顾客导向等。

3. 新公共服务理论

新公共服务理论认为新公共管理将"3E"作为其核心理论基础，在一定程度上忽略了公民对公平的需求，而基于新公共理论为基础的政府公共事务管理和服务供给过程中也无法充分承担起维护民主与公平的职能。这也推动着新公共服务理论对应不同层面核心工作原则的有效明确，即服务供给应当以服务为主，保护公民利益和公共服务需求为主，而非对整体社会的控制或驾驭；政府公共服务供给的责任多元化，包括社会价值、政治行为的准则、服务供给行业的相关标准以及全体公民的核心利益。

随着我国图书馆服务供给体系的不断完善和发展，政府在图书馆优化创新领域内的公共服务供给模式亟待完善，整体能力亟待提升。根据新公共服务理论，政府作为图书馆发展的领导主体应当强调图书馆所承担的公共文化服务供给职能。在公共图书馆建设发展过程中，应当以人为本，构建起基于为公民服务的公共图书馆发展理念，强调服务型政府职能的转变，并创新图书馆供给模式与管理方法。

二、公共图书馆的社会职能

如今，知识和经济高速发展，知识和信息已经成为十分重要的资源，进行信息和知识管理十分重要，而公共图书馆是社会信息资源管理机制中十分重要的一个环节，在社会发展过程中有着不可替代的作用。公共图书馆属于社会信息资源的管理场所，在信息高速发展的时代，为信息保存和整理作出了巨大贡献。

在社会结构中，公共图书馆是不可或缺的一部分，它将社会中的文化教育和科学组合到一起，为社会储存文献，对继承和发扬知识成果作出贡献。如今，社会面临众多文化和经济任务，公共图书馆的职能可以帮助人们完成这些任务。机构、事物和人在社会中所起到的作用，被称为职能。其中，人能够承担的职位或职责任务的能力，被称为人的职能；在社会中，公共图书馆起到的作用以及拥有的职能，就是公共图书馆的社会职能。

（一）引导阅读的职能

读书可以提高个人品德修养、促进社会发展进步，公共图书馆有责任通过形式多样的阅读推广活动来倡导全民阅读。公共图书馆应该想方设法满足公众的公共文化需求，调动公众的阅读热情。公共图书馆可以通过微信、微博、网站等线上方式大力推广数字资源服务，让广大读者足不出户仍能享受到丰富的文化大餐。公共图书馆也可以开展线上打卡阅读的活动，充分调动读者的阅读兴趣。

（二）文化保存的职能

公共图书馆承担着保存人类精神财富的职责，在社会系统中占据着其他文化机构所不能代替的重要地位。公共图书馆具有保存传统文化的功能，对于保护历史文献、古书文集和延续人类文明发挥了极大的作用，同时也兼具文化传播的功能。公共图书馆拥有收集、整理、保存文献信息的职能，是城市记忆的存储器，是人民历史的保存者。各公共图书馆都应当收集、整理、保存和开发利用本地区的地方文献，形成地区记忆，更好地为社会服务。

（三）社会教育的职能

公共图书馆是民众进行终身自我教育的绝佳场所。公共图书馆应当依据当前社会教育现状及发展，不断调整、完善自身功能，将服务中心逐渐从提供资料转变到为民众提供素质教育及终身教育中来。公共图书馆应从自身的社会教育职能出发，剔除不良观念的读物，给公众提供一个健康向上的阅读环境。图书馆工作人员有义务帮助公众挑选图书，指导大众读书，为公众提供符合社会发展需求的精神食粮。

（四）智库参考的职能

公共图书馆拥有海量的信息资源和各领域成果显著的专家学者资源，应当建立智库服务，加强与政府部门的合作，为政府决策提供参考依据。各级公共图书馆应当利用自身的专业信息资源为政府制定相关政策提供信息保障。公共图书馆应当加强与地方政府的合作，通过专业的情报收集手段，为政府制定应急预案提供专业建议。

（五）扩大知识范围的职能

公共图书馆的社会教育职能有非常明显的优势，它具有公益性、免费性、大众性等特点。公共图书馆能够提升读者自身修养、增强知识文化水平，它以全民教育为根本出发点，不限制人民群众的职业、性别、年龄等，实现人人都有书可读。图书馆陈列的书籍种类多、范围广，人们可以有多种选择来满足自身的文化需求。公共图书馆的服务包括文献外借、阅览服务、参考咨询、文献展览、报告会以及为老人和儿童提供专门服务等。公共图书馆可以弥补学生在学校学习过程中的不足，比学校更具有优势，图书种类齐全，可选择性高，获取的知识比在学校更为广泛。

（六）增强文化道德修养的职能

公共图书馆的社会职能是增强公民的文化道德修养，公民利用丰富的图书资源和知识信息，可以增加自身文化知识，提高自身文化素养，提高自身价值。公共图书馆的性质是对公众全面普及书籍的，也要重视边远地区的书籍普及，让边远地区的群众也能感受到精神文化的熏陶，为他们提供平等的学习知识的平台，提升他们的知识文化水平，构建和谐、平等、互助的社会。公共图书馆同时也是城市景点，在闲暇时期，可以去图书馆里面阅读书籍，丰富精神世界，图书馆环境清净、学习氛围浓郁，有各种各样的知识讲座和文化鉴赏等活动，向人民群众传播新知识、新思想和积极的文化。

（七）提供公共文化服务的职能

公共图书馆的价值和意义就是满足社会大众的基本需求，为人们提供文化服务，人们可以通过公共图书馆获取各种社会信息资源。不管外界环境怎样改变，公共图书馆的最终目标和存在意义就是为公民提供公共文化服务，是绝对的非营利性公益机构。公共文化服务是指由政府主导、社会力量参与，以满足公民基本文化需求为主要目的而提供的公共文化设施、文化产品、文化活动以及其他相关服务。

"公共图书馆具有多种文化服务功能，在公共文化服务中发挥着多方面的作用。"[①] 因此，公共图书馆只有积极参与社会公共文化服务建设，不断改进和创新公共文化服务模式，树立共享共赢的公共文化服务理念，加强公共文化服务体系建设，提升图书馆员思想与业务素质水平，积极争取政府部门的支持与帮助，才能使公共图书馆在公共文化服务中发挥更大的作用，产生更大的社会效益。

随着科技的进步与时代的发展，新兴媒体占据了大量的文化市场，公共图书馆可以从

---

① 许运南.公共图书馆参与公共文化服务的策略研究［J］.河南图书馆学刊，2022，42（01）：40-43.

以下三点改变其功能模式：一是知识模式，即不再仅仅依靠馆藏资源，而是提供多种形式的知识资源；二是信息构建模式，图书馆为用户搜集整理信息，起到一个信息媒介的作用；三是多元模式，借助网络信息资源，提供多元文化服务。

三、公共图书馆的未来发展

（一）人性化、大众化的服务

人性化、大众化的服务是公共图书馆未来发展的必然趋势。随着时代的发展，公共图书馆面向对象的文化层次、文化需求、个性特点也会随之发生改变，年轻一代的读者获取图书相关信息的渠道不再是传统广告宣传、口碑宣传渠道，读者可能会因为看了一部电影、玩了一款游戏就会产生读书兴趣，因此公共图书馆可以通过网络线上平台或手机 APP 的开发，针对不同用户的年龄层次、文化水平、性格爱好等来进行相关的图书资源推荐，并且还能通过在网络平台中开放图书预约、图书签售会等信息查询服务窗口，以充分满足图书馆用户的多元化需求。此外，公共图书馆也应对自身服务项目进行优化升级，使服务内容能够涵盖所有年龄层的用户，应用智能模糊查询、大数据精准化投放等功能来降低用户图书查询和选择难度。

（二）构建完善的图书馆管理制度

为了更好地顺应社会未来发展，公共图书馆还应对内部管理结构体系进行优化完善，引入全新的服务理念和科学化的管理模式，图书馆管理工作的改善提升才能推动公共图书馆事业向前发展。一方面，在图书馆工作人员的管理上应采取扁平化的管理工作模式，积极收取工作人员的想法意见，使工作人员也能参与到图书馆的建设发展中，在图书馆工作人员的想法得到反馈响应后，工作人员在后续工作中将更具积极性。另一方面，在图书馆管理工作中应合理利用信息化管理设备来提高自身工作效率，以更好应对不同读者在图书馆中遇到的问题。随着公共图书馆管理制度的完善化，公共图书馆的服务质量、整体运营水平将会大大提升。

（三）更具社区文化属性的图书馆建设

新一轮文化体制改革中对公共图书馆的建设发展提出了明确的要求，公共图书馆需要为社区不同层面人群提供图书借阅、信息查询、信息记录保存等服务。因此，未来的公共图书馆将更具社区文化属性，并能结合人文关怀为年轻人提供学习提升、为成年人提供进修学习、为老年人提供消遣娱乐，接纳和服务不同年龄、职业、信仰的人群，使公共图书馆具备综合性服务功能。此外，公共图书馆也应与同一区域下博物馆、艺术馆、文化广场等场所形成关联性，形成极具社区文化特色的服务设施和文化项目，这不仅能够提高人们的生活质量，还能通过文化宣传向外吸引更多的人共同参与到文化事业之中，使社会公民的文化素质水平得到进一步提升。

第二节 公共图书馆管理的意义及特点

一、公共图书馆管理的意义

在全覆盖和普遍均等的语境下，公共图书馆正从单打独斗、各自为政走向体系化、网络化，在资源建设上讲求共建共享，在服务提供上讲求质量一致，在读者利用上讲求方便快捷。特别是在总分馆建设上，许多地区已经开始从注重形式转向形式与内容的统一。总分馆使一个地区中的许多个图书馆形成了统一的服务体系，成为当地公共文化服务体系最重要的组成部分。之所以这样说，是因为在公共文化服务体系中，只有公共图书馆有国际统一的服务理念和服务标准，纵向有完备的组织体系，横向可以借助计算机网络技术把设施构建成服务网络，而且具备资源共享的可操作性。前面说过，越是规模化、系统化的组织体系，管理越重要。具体来说，公共图书馆管理的意义主要有以下四个方面：

第一，公共图书馆管理是提供规范和专业的公共图书馆服务的需要。公共图书馆提供的是机构化、专业化的服务，一个高度专业化机构的运行，需要规划、组织、协调，有人事、行政事务，有资金的组织和运用，所有这些，都离不开管理；特别是专业化的服务离不开专业人才，而专业人才的招聘、录用、考核、薪酬、晋升及职业生涯规划等，都需要管理。

第二，公共图书馆管理是现代信息资源组织和利用的需要。从甲骨文到计算机，图书馆一直充分利用人类文明成果开展文献信息资源的组织、加工和服务，科学技术的发展会引起图书馆运行模式、服务手段、服务方式、人员专业结构等的变化，管理是适应变化、利用变化的有效武器。

第三，公共图书馆管理是构建全覆盖的公共图书馆服务体系的需要。覆盖全国的公共图书馆服务体系，是由许多地区的公共图书馆服务体系组成。某一个区域的公共图书馆服务体系是由一群图书馆按科学布局、某种共建共享方式（或一体，或合作，或联合）、某种统一的服务标准、某种管理模式等集合而成。机构规模越大，管理就越复杂，一群图书馆构建成一种体系后，其本身就成为一个系统，内部结构更为复杂。因而，公共图书馆的管理不仅需要针对单个图书馆，而更要从整体性出发，按照系统论的方法实施管理。

第四，公共图书馆管理是实现经济高效发展和可持续发展的需要。公共图书馆是一种较为昂贵的服务，在全免费时代，人民群众可以充分享受到公共图书馆服务，但服务越多，成本越大。因而公共图书馆一方面需要彰显价值，从而在有限的公共资源中占有一定的份额；另一方面必须以一种经济高效的组织形式、服务模式，来不断降低服务成本、提高服务效益，从而使其总的服务成本维持在公共财政可以支撑的范围内，实现可持续发展。因而预算的编制、成本的核算、财务的策划、效益的评估等，都成为公共图书馆管理的重要内容。

二、公共图书馆管理的特点

公共图书馆管理的特点表现在以下四个方面：

一是理念与实践的结合。公共图书馆的管理是一种实践活动，是需要以管理理论指导的实践活动，通过管理，提高服务效益，从而经济高效地实现公共图书馆的目标。但公共图书馆有其自身特定的价值观和使命，因此，公共图书馆的管理除了应符合管理本身的普遍规律外，还需要根据其使命符合自身固有的服务理念，公共图书馆管理是根据公共图书馆服务理念指引的实践活动。所以，公共图书馆管理除了需要具备管理理论、知识、方法、技巧和艺术外，还必须把公共图书馆的服务理念贯彻始终，在管理中坚持自己的核心价值观，使决策首先符合服务理念，保持正确的方向。否则，背离服务理念的管理，效率越高，离目标越远。

二是公平与效率的结合。公共图书馆的使命之一是实现社会信息公平，因而在各项服务中，公平原则应该成为管理中的前提。但在支撑和保障服务开展的过程中，必须讲求效率，资源的稀缺性决定了缺乏效率就实现不了公平。同时，公平和效率永远是一对相对的概念，没有绝对的公平，也没有最高的效率。公共图书馆的管理，不管是设置制度，还是馆藏政策、服务政策等，都必须在公平和效率中寻找结合点、平衡点。另外，公共图书馆在实现经济高效发展的同时还必须实现两大目标：对内不断降低服务成本，提高服务效率；对外不断降低读者利用图书馆的交通成本和时间成本，提高读者的满意度。这些，使得公共图书馆管理与企业管理有较大差异。

三是传统与现代的结合。公共图书馆既提供传统的纸本文献借阅服务，又大量使用现代科技手段开展各种信息服务。由于向所有人开放，用户的年龄、职业、层次、需求、利用图书馆的习惯和方式呈现多样性，不同的用户对图书馆的环境、资源、技术运用、服务手段和方式也有着不同的需求。公共图书馆从满足所有用户需求的理念出发，需要在巩固传统服务技术和方式的前提下，不断运用高新技术支持和支撑服务创新。为适应这种变化，公共图书馆在管理理论、管理体制、管理机制、管理实践、管理手段等方面与现代企业管理相比都存在着很大差距，这就导致了公共图书馆的管理需要融合各种管理思想，选择适合自身实际的管理理论，创新管理机制，开展管理实践。

四是宏观与微观的结合。我们正处于建设覆盖全社会的公共图书馆服务体系的转型和实践时期，公共图书馆的管理者面对着图书馆自身发展和社会大环境的变化，其管理既要针对单个图书馆，又要针对总分馆、区域性服务网络等服务体系，这需要公共图书馆的管理者积极探索实践，创新管理理论，提升管理能力，以保障公共图书馆普遍均等服务目标的实现。

第三节　公共图书馆管理的内容与职能

"公共图书馆在提高国民文化修养、保障社会和谐与稳定过程中发挥着无可替代的作用"[1]，而我国正处于文化自信建设的关键阶段，所以公共图书馆的作用更为明显。为充分发挥公共图书馆的价值作用，就必须提高公共图书馆管理的实效性。

一、公共图书馆管理的内容

（一）计划管理

图书馆计划是图书馆管理的核心内容，该计划主要包括计划的制订、实施、实时监控进度、调整计划以及计划预期目标的达成情况等内容，同时这也集中体现了计划管理实施的完整过程。作为计划管理实施的前提，编制行之有效的工作计划需要符合统筹、灵活、

---

[1] 周沛. 公共图书馆管理现状、问题及对策研究 [J]. 产业与科技论坛，2022，21（04）：277-278.

客观和科学的基本原则。

（二）制度管理

通常来讲，对图书馆工作人员的工作行为或用户的借阅行为具有直接约束力的工作办法、工作细则、规章制度、章程和工作条例等均可统称为图书馆规章制度。作为科学管理的有效依据和准则，图书馆规章制度在很大程度上保证了整个图书馆工作的正常开展和有序进行。根据不同类型的图书馆会建立一整套符合本馆的、科学严密的规章制度。该制度的制定要从以下四个方面关系来考量：第一，用户与图书馆的关系，一方面要以用户的便利使用为基本前提，另一方面又要确保科学化管理；第二，用户与用户的关系，确保重点用户的需求得以实现，同时使一般用户的文献信息需求得到最大化满足，这是规章制度制定必须呈现的基本特征；第三，对文献保管和馆藏文献关系的利用，为用户对馆藏文献的利用提供便利，这是图书馆各种规章制度制定的主要出发点，除此之外，还应兼顾图书馆财产完整性的保护；第四，图书馆内部各部门之间的关系。

（三）计划管理岗位责任制

通过岗位责任制，图书馆每个工作人员的岗位、基本要求和岗位职责等都得到了规章制度层面的明确规定。同时，对工作人员的考核与奖惩也以此为依据。进一步来讲，岗位责任制主要包括以下内容：第一，对每个工作人员进行定岗、定责，提升岗位设定的科学性和责任划分的准确性；第二，对各岗位的具体责任和任务进行明确划分；第三，对每项工作的数量、质量和时限标准予以明确规定；第四，规定问题处理过程中各岗位人员的权限范围；第五，对岗位人员的职业道德予以规定；第六，制定严格的奖惩制度。

（四）目标管理

作为一个系统，目标管理中的具体绩效目标需要上级和下级共同确定，目标完成的进展情况也需要由上下级共同定期检查，并在此基础之上完成有针对性的奖励。对于目标管理而言，以结果为导向的管理思想具有重要指导作用，通力合作完成阶段性确定的总目标工作，其目标的实现过程离不开逐层分解、对自我的控制和管理过程。

（五）图书馆统计

以统计学原理为依据，收集和整理图书馆工作中的各项数据，并对其中蕴含的各种数量关系以统计指标进行分析，从而把握其客观规律，并完成问题的发现与解决的过程，即为图书馆统计工作。作为图书馆科学管理的重要依据，统计工作在实现图书馆量化管理工作方面具有重要意义。具体来讲就是，图书馆工作各个方面的状态和活动的基本规律都可以通过图书馆统计工作的结果得到全面、客观和准确的反映。

二、公共图书馆管理的职能

（一）计划职能

合理规划未来的行动以及未来资源的供给与使用情况，即为"计划"。在确保图书馆按部就班实现图书馆目标方面，"计划"具有不可替代的指导作用，"计划"的制定使图书馆在面对不断变化的信息环境时能更好地适应，同时，提升了图书馆在信息环境中的有利地位，甚至将其带入了一个存在本质不同的信息环境。作为图书馆中的一种体系形式，"计划"的内在层级十分明确，比如，最高层次和总体的长远计划通常称为"战略计划"；位于中层的、具有较强操作性的计划通常称为"职能计划与部门工作计划"；而近期的具体计划通常是指位于下级的工作计划。

（二）组织职能

所谓"组织"，是为了实现图书馆目标，为图书馆成员共同工作创造的一个工作关系架构过程，以一种正式的汇报关系和任务关系系统为主要特征，组织结构的产生便是组织的必然结果。在这种系统的作用下，管理者能够为图书馆成员实现图书馆目标提供强大的动力和激励作用，可以说，图书馆在信息产品创造和信息服务的提供方面所需的资源利用效率直接取决于组织结构。其基本职能主要体现在四个方面：

第一，合理地组织图书馆内的各项业务活动，从而确保其内在的功能和位置。

第二，管理人员授权，这是其职能得到有效发挥的基本前提。

第三，管理人员与下级的关系以及下级之间的和谐关系、内在联系的建立，这种关系能够确保工作所需信息在下级之间的沟通顺畅。

第四，对于自身所在部门与其他部门之间的关系，以及在影响图书馆经营运作方面，管理人员要仔细检查、精准把握。

（三）领导职能

对"领导"的理解需要把握两方面的内容：第一是领导现象，作为一种存在于人群中的追随关系，它的本质是影响力体现；第二是领导行为，它是群体中某些成员实施的各种行为的统称，其行为目的在于加速领导现象的出现或使其得到进一步强化。图书馆成员所表现出来的高度积极性和对图书馆的承诺，就是"领导"的结果。其功能主要体现在以下四个方面：

一是环境适应功能，即当外界环境发生改变时，图书馆内的人和资源要根据"领导"来调整自身的行为以适应环境的变化。

二是积极性调动功能，在图书馆成员积极性调动方面"领导"具有重要作用，通过"领导"作用图书馆成员可以呈现出更加主动的态度和状态，从而有效把握"领导"所创造的发展机会。

三是人际关系协调功能，该功能的有效发挥是营造良好图书馆工作氛围的重要保障，也是内耗降低的重要影响条件。

四是督促功能，即对图书馆内成员以既定目标和计划为标准，保质保量地完成职责范围内的工作并进行有效督促。

（四）控制职能

以既定目标为依据对行为进行反复地跟踪和修正，从而使自身行为运作无限趋近于既定目标，最终获得理想的结果或业绩的过程即为"控制"。由于各种不确定性因素会对现实行为产生影响，因此与预定要求相比，每一行为都可能出现偏离，而既定目标或业绩的达成也会面临较大的难度。从图书馆的立场来看，"控制"就是为了有效规避这种情况，通过"控制"职能的发挥作用使管理人员能够在图书馆偏离目标太远之前将其纳入正确的轨道之内。

（五）评价职能

"评价"是指图书馆管理实施过程结束之后，根据管理的成效，对图书馆管理过程的各项活动进行全面的检查、比较、分析、论证和总结，从中得出规律性的启迪，以达到不断提高管理水平、取得更好的管理效益、实现管理良性循环的一项管理活动。图书馆管理结束之后，需要对其所获得的管理成绩和效果进行相应的"评价"，从中汲取经验和教训，为下一轮的管理循环提供依据，打好基础，以便不断提高图书馆管理工作的水平。

因此，"评价"既是图书馆管理的归宿，又是图书馆管理的出发点。它对于加强图书馆管理工作，提高图书馆管理水平有着至关重要的作用。

第四节　公共图书馆管理的原则与模式

一、公共图书馆管理的基本原则

从管理学的角度看，公共图书馆管理应遵循以下基本原则：

（一）系统原则

作为一个元系统，每个图书馆都包括若干个子系统，同时又被包含在图书馆事业的更大系统中，以图书馆事业乃至社会知识信息交流大系统的子系统的形式呈现出来，其基本特征主要表现在与外界之间存在信息、物质和能量等内容的交换关系，以及整体性、系统功能和层次结构的关系，所以，图书馆管理的主要指导思想就体现为系统理论。

（二）集中原则

集中管理作为我国图书馆事业管理的重要原则，其含义包括四个层面：一是为了确保全国各系统、各地区图书馆工作的协调性，从而推进全国图书馆事业的有效的、有序化发展，必须集中统一管理图书馆事业的建设，从而完成全国性图书馆事业网络或图书馆联盟的组织工作；二是图书馆业务技术工作的标准化和规范化，具体来讲主要体现在分类、编目、数据存储格式和信息交换标准等的统一化；三是集中管理行政工作，如图书馆立法、人员技术职称、人员编制等；四是每个图书馆都要有符合馆情的办馆思想，从而夯实统一管理原则在图书馆管理中的扎实基础。与此同时，要贯彻依法治馆的理念，通过完善的图书馆政策和规章制度指导图书馆管理工作。

（三）效益原则

管理的根本目的在于效益的提升，因而，管理的本质就是不断追求效益的过程。对于图书馆而言管理的最终目标就在于办馆效益的最大化，具体来讲就是经济效益和社会效益的最优化。其中，社会效益主要体现在思想、文化、经济、政治等各个方面，是用户接收到图书馆所提供的知识信息服务后的结果，直接体现了图书馆存在的价值取向。而经济效益就是对人力和经费最合理使用方法，现代化设备和馆舍作用最大化发挥的研究，需要管理者投入大量的心力，只有做到这两点才能合理利用有限的经费来满足读者的文献资料阅读需求，才能确保文献信息存储所占用劳动加工的经济最优化，才能使读者的优质服务需求得到快速满足，才能最大限度地保证图书馆各种活动的效能。

二、公共图书馆管理的常用模式

（一）积分制管理

在许多行业当中早已运用了积分制工作原则。简单来说，读者积分制即只要进行一定时长的阅读，读者就会获得相应的积分，根据积分的多少，用户被分成了不同的等级。用户要想获得更高的积分，可以回答更多的问题，使自己的积分累积得更多。到达一定的分数等级后，读者就会有另一种身份。不过，积分也并不一定是一直上升的，在违反一些规定后，积分会被相应地扣除，如果积分一直被扣除，用户等级也就会一直下降。总体来说，积分的使用正是为了使更多用户能够参与到活动当中，尽可能使他们的违规行为减少。

在操作积分制时，我们一般遵循三点：①彰显公平，每一项规则都应该被平等地运用到每一个用户的身上；②遵循动态原则，用户等级不是完全固定的，用户可以按照身份升级规则进行升级；③监督违规行为。

不少领域现在都大力推广积分制。对于图书馆而言，可以从其他行业的优秀实践当中借鉴经验，然后与自身的行业发展相互结合，实现对读者的高质量管理，将"人"的价值充分彰显出来，真正让图书馆成为一个充满智慧、责任、信用、学习至上的快乐场所。

（二）"藏、借、阅、咨"一体化管理

"藏、借、阅、咨"是一个整体的过程，这一服务机制综合了资料的多个服务流程，因此，我们能够从中真正看出"以人为本"的思维理念。这一转变与之前相比是一次巨大的变革，也是一种对管理模式的巨大变革，突出了实用性的价值。它使得读者的阅读更为便捷，也使书籍的使用率大大提升，图书馆也因此更加强调读者的作用与价值。此外，一些问题也需要我们后续持续深化探究，尽可能使每一个环节之间的联系更为紧密，逐步完善软硬件设施。从当下来看，一体化管理应该从以下几个方面着手应对：

1. 具备与之配套的图书馆建筑环境

"藏、借、阅、咨"是一个整体的步骤与流程，为了更好地实现这一目标，图书馆在

建设的过程中就应该做到开间大、格局大，这样才能从基础设施上实现基本的满足。同时，"藏、借、阅、咨"还需要做到优化格局，在整体构造方面尽可能做到充分开放。"藏、借、阅、咨"要想更好地合为一体，首先要保证相同类型的资料放置在一块，不能过于分散，要确保服务质量。读者可以在这一模块内选择自己所需要的书籍，随意地进行复印或者是浏览。图书馆之所以这样做，其目的就在于让读者能够在图书馆享受到更加便捷化的服务，彰显出图书馆的人文性。当下，不少图书馆在设计的过程中都对国外的图书馆设计进行了借鉴，遵循了相对规范的"模数式"理念，这种设计的优势就在于其空间范围较大，便于加大负载能力，通过巧妙地利用一些现代化技术，能够使布局更加合理，构成完整的空间格局。从"藏、借、阅、咨"一体化建设的角度来看，它实现了对于整体空间的有效利用，同时，在后续的管理过程中也能够更加自由，能够使服务更加高质量和高水平。

"藏、借、阅、咨"依托现代化的技术来开展，因此其最终的实施效果如何与先进技术的使用之间有着极为紧密的联系。当下，计算机系统的智能化水平越来越高，它在操作的过程中所发挥的安全保障作用也日益突出。众所周知，越是智能化、电子化的设备，其服务的功能也就更为多样和完善，这就使得互联网背景下，读者能够获得的阅读体验更佳。为了有效确保文献资料的安全，图书馆还需要启动检测设备和门禁装置，这是保证一体化顺利开展的根基。除此之外，馆内还应装置有各种各样的检测终端，其目的就在于帮助读者能够在最短的时间内获得所需资料的信息，帮助他们对所需要的书籍进行预约。同时，利用多媒体设备，读者还可以一边观看视听资料，一边对照纸质书籍，可谓是一举两得，十分便利。

当下，"模数式"在我国图书馆建筑方面的应用是极为广泛的，未来其应用范围将会继续扩大。它在实现了灵活变化的同时也具有较强的设计感，空间组合更为自由。这种设计的思维使得"藏、借、阅、咨"在未来有了更加广阔的发展空间，也方便进行更加高质量的管理。

2. 借助现代技术条件

"藏、借、阅、咨"的顺利开展需要借助于一定的支撑，而现代技术就是其中不可或缺的重要环节，尤其是在当下高度发达的计算机技术的支撑下，其安全性有了更高的保障。只有在自动化系统足够完善，功能足够多样的基础上，读者能够享受到的服务才更加优质。上文已经提到，有效的检测能够使图书馆内的文献资料被有效地保护，建立在这基础上的后续功能才会日益健全。当下，无论是哪一个领域之内，多媒体为代表的现代技术都以其与时代联系的紧密性而备受欢迎，图书馆自身的特征决定了它必须借助于现代化的技术来拓展功能、推进转型，这是时代发展对图书馆建设所提出的新诉求。

3. 拥有相对完善的规章制度与高素质的管理队伍

"藏、借、阅、咨"具有其自身的多重优势，它不仅极度自由，还具有较强的包容性。大开间的格局更使得读者能够在查阅时更为便利，体验感更好。不过，其中所存在的一些问题也不容忽视。比如会对图书造成比较大的破坏、在管理时极为不利等，为了有效解决图书馆管理过程中所存在的这些问题，需要有基本的规章兜底。同时，还要将这些规则细分为管理规则、守纪规则、业务规则、浏览规则、借阅规则、赔偿规则以及相关处理规则等。

对于图书馆而言，不仅要在制度方面下功夫，更应该重视继续教育，提升管理者的自我能力和水平。一些管理者的思维很难跟得上时代的步伐，他们的思维过于固化，与时代存在一定的脱节现象。为了使他们更好地顺应"藏、借、阅、咨"行业发展趋势，发挥好管理与服务的职能，需要通过继续教育帮助他们提升专业素养。

（三）图书馆联盟服务管理

不管是哪一个公共图书馆，它所占据的文献资源都不可能与读者诉求完全吻合，其中，必然有一部分资源要通过贡献的方式来获得。未来，图书馆行业内发展的一个大趋势便是多个图书馆联合共赢、互惠互利，逐步打造成一个强有力的联盟。不管该图书馆属于哪一种类型，侧重于哪一个方面，它都需要参与到这个大的联盟体当中去，因为其力量是单个图书馆所无可比拟的。科技的发展蒸蒸日上，互联网发展突飞猛进，伴随着这些技术而诞生的崭新图书馆联盟体必将占据行业发展的制高点，成为未来的中流砥柱。

具体而言，其服务模式可以细化为以下方面。

（1）馆际互借与文献传递。馆与馆之间的联系可以通过多种渠道来进行，用户可以自主完成，图书馆服务当中也包含这项服务。自助借阅需要一定的凭证，读者可以出示自己的证件，然后依照流程进行登记之后便可进行借阅。图书馆代为借阅主要针对的是在本图书馆内对需要的资料进行登记并委托图书馆代借的那部分读者而言的。文献传递就是按照读者所反馈的数据资料，借助于传真、文本输送等方式将文献有效输送出去。

（2）统一检索。除了上述功能之外，这种联盟还使异库之间的资源能够被放置在同一个平台之上，读者只要输入自己需要检索的内容，多个电子库中的资源就会分门别类地呈现出来。其中，还包括各种期刊、电子读物等，读者可以按照提示，结合自己的需求进行下载。

（3）参考咨询。在联盟的后台中特别开设了一个问答模块，那就是业内专家针对相关的知识进行专业解答。一般只要问题提出的24小时之内，专家都可以给出答复。如果专家在线的情况下，还可以进行在线交流这种实时咨询，能够使读者的问题得到有效解答，十分高效。

（4）定题服务与代查代检。这项内容专门针对特定用户而设计的。由于部分用户对于信息的专业化要求较高，检索时存在一些检索困难，这就需要发挥这一服务的功能。代查代检指的是结合读者所提出的需求，按照他们给定的一些课题语词或者是一些关键性语句来进行检索，检索包括从立项至最终验收整个流程。

（5）科技查新。这是专门针对计算机检索的一种现代化方式，通过大数据分析，结合读者所选择的课题，为他们提供各种信息咨询，这会极大地减少他们的工作量，有效节约时间。

（6）网上培训。网上培训也是联盟服务当中的重要项目。培训不是单单只针对馆员的，它还针对用户而开展。对馆员进行培训能够帮助他们获得成长，提升专业化能力。对用户进行培训能够让他们更好地了解信息服务的主要内容，便于更好地指导实践。

（7）个性化服务。每一个用户都有其特定的诉求，按照自己需要了解的资料存在的差异，用户可以通过联盟中心进行自主设置，系统会结合用户差异进行个性化推送，这种推送往往是针对性较强的，同时，也与自身诉求紧密相关。

（8）科技评估。科技评估需要借助于第三方公司来完成。委托方在完成委托之后，第三方就会按照其目的，依照流程与标准，通过多元化的方式提出操作性较强的对策。可以针对研究成果、研究领域、具体计划、机构设置、人员配备以及科技活动等多个领域进行科学评估。

（四）数字电视图书馆管理

数字电视（Digital TV）是近些年来随着网络迅速发展而诞生的。它从最初的信号发出到最终的用户接收，整个流程当中的所有信号采取的都是0、1交叉组成的二进制数字流。不管是在信息采集之前，还是在中途制作的过程中，或者是在最终传输到客户端那里时，数字方式都伴随始终。

数字电视图书馆充分发挥了"数字"这一时代化产物所具有的交互性，它不断开发新的接口，有效打通了图书馆与电视之间的屏障，通过专业化的手段将各种资源提供给用户，让他们能够观看到清晰的视频，享受到数字化所带来的各种便利服务。当下，在业务形式的选择上，公共图书馆更多选择的是 IPTV、网络电视等来深化相关业务。正是数字化的便捷应用使得老百姓家家户户都能享受到数字化资源。数字电视的应用也使读者能够随时随地、随心所欲地查阅自己需要的各种资料，他们的需求在这里都得到了最大化地满足。可以说，每一个家庭因此都建立起了一个独属于自己的家庭图书馆。同时，数字电视图书馆也搭建起了馆藏资源向外输送的一架桥梁，用户可以通过 OPAC 完成资料检索、书籍预约、讲座聆听、远程学习、问题咨询等一系列工作，真正打造成了多功能与多种服务的集合体，他们能够从中获得最好的阅读感受，群众精神世界得到了进一步丰富。

新媒体浪潮下，数字电视图书馆以其独特的优势和魅力成为了我国"数字推广系列工程"当中的重要一环，其资源价值得到了进一步体现。伴随着推广程度的不断深化，不管是哪一个城市的公共图书馆都在基础配备、技术能力、平台运作以及资源开发方面取得了明显的进步，这也为国家整体服务质量的提升、服务形式的创新奠定了根基。当下，不少省市纷纷响应国家号召，在相关建设方面取得了不少成绩。数字电视图书馆的出现顺应了时代的诉求，符合现代化发展的新特点和新形势，是一种全新的服务模式，也是在新媒体浪潮下所催生的发展模型，是公共图书馆未来转型发展的新起点，是确保群众享受高质量、平等化、公益性服务的新举措，是技术助推行业发展的典范与榜样。

第二章 公共图书馆战略管理思考

第一节 公共图书馆战略管理概述

"战略管理理论是从企业管理的实践中发展起来的，这一理论主要是围绕着企业、产品、市场和竞争对手进行研究和阐述。"[①] 图书馆虽然与企业有着本质上的区别，但在现代信息社会，图书馆作为一种公益性事业也面临着诸多竞争的威胁。所以，将战略管理理论和竞争优势思想引入到图书馆领域，对图书馆的发展将具有重要的指导作用。

一、公共图书馆战略管理的内涵阐释

战略管理的思想和理论最早起源于两千多年前的军事领域，20世纪初开始受到工商管理界的重视，20世纪六七十年代被应用到图书馆领域。其具体历史背景是：网络的出现和信息技术的发展给图书馆的生存带来了冲击。例如，上网搜索信息成为便捷而富有乐趣的信息获取途径，图书馆的信息中心职能受到挑战；同时，上网也渐渐像电视一样成为民众业余生活的重要娱乐方式之一，这与图书馆作为休闲娱乐中心的职能形成竞争；电子文献的出现也为传统纸质文献借阅带来压力。因此，为了生存和发展，图书馆不得不通过多种途径进一步地持续彰显自己的价值，寻求各种管理方法来提升自身竞争力，作为注重竞争环境、突出竞争优势、为组织生存和长远发展而进行总体性谋划的战略管理就被引入了图书馆的管理中。

公共图书馆战略管理是指在符合上级主管部门的各项规章制度下，图书馆根据自身外部环境变化和内部资源条件，为完成图书馆使命，制定未来发展规划和实施规划并对其进行科学评价的一系列行动的过程。在这个过程中，遵守上级主管部门的各项人事管理、经

---

① 刘春峻. 论图书馆战略管理的制定与实施 [J]. 办公室业务，2013 (13)：115-117.

费使用等规章制度是图书馆作为政府公共服务部门开展工作的基本原则之一。图书馆所处地区的经济、文化、技术、教育等社会环境的变化和本馆资源、经费、人员、设备等内部资源的条件是进行战略管理的依据。战略的制定、实施及评价是图书馆战略管理过程的必备环节，而完成图书馆使命则是图书馆战略管理的根本要求。

公共图书馆的战略管理必须要根据本馆的实际情况，不切实际的贸然应用不仅会导致人、财、物的浪费，还会适得其反并削弱竞争力。战略的制定、实施和评价也必须有机结合，制定了非常完美的发展规划而没有相对应的实施计划相当于纸上谈兵，同样，缺乏科学的评价会影响图书馆战略管理的可持续发展。

二、公共图书馆战略管理的内容与开展要点

（一）公共图书馆战略管理的内容

公共图书馆的战略管理包括战略制定（即战略规划）、战略实施和战略评价三个环节。战略制定是图书馆通过对本馆的使命、职能、任务、资源进行科学、全面的分析，认识本馆所处的环境，从而制定一个五年以上的发展规划书。包括分析自身内外环境，明确本馆的远景（要成为一个怎样的图书馆），使命（要做些什么事情），了解读者的需求，确定服务措施，设定战略目标（长期目标和短期目标）。战略实施是按照战略规划，采取一系列措施保障战略目标的实现，包括分解目标、细化方案、制定相应政策、建立相应薪酬激励机制、在可操作范围内建立相对有效的组织结构等。战略评价是检查战略实施的效果的重要措施。

（二）公共图书馆战略管理的开展

应用战略管理的图书馆最好在开始之初就设立一个战略管理小组，该小组可以由馆领导、馆里的其他中层管理者、有管理学学科知识背景的馆员、图书馆业界的专家以及战略管理的专家组成。这种做法在企业界也很常见，一些大型企业会有专门的战略部门，所有股份制企业，在董事会下都设置一个战略委员会，专门负责研究公司的长期战略规划，对战略投资进行研究并提出建议。对于公共图书馆来讲，建立这样的小组非常有利于战略管理的开展，原因如下：

首先，战略管理的总体负责需要一定的人力。战略管理是一个相对时间较长、涉及内容较多的管理过程。在这个过程中有许多细节繁琐的工作，例如，战略的制定需要多次组

织管理人员商讨决定，战略的选择和分析需要准备大量的背景材料，战略的评价需要测评专家，评价的结果需要书面的报告等。

其次，除馆领导以外，其他馆员参与战略管理小组有助于大家接受战略管理思想。一项新的管理方法的应用起初通常会遭到馆员的排斥，战略小组的建立其实是馆领导与馆员之间的一个沟通桥梁，同时全程参与的过程会让馆员对战略管理的认识更为全面，从而也会影响其他馆员。

最后，借助专家的力量，使战略管理的开展更顺利、更科学。战略管理是一种比较成熟和科学的管理方法，整个过程中需要图书馆专业人士和战略管理方面专业人士的建议和指导，如使命的定位、环境的分析以及战略评价等。

第二节 公共图书馆战略规划的制定

"图书馆实施规划管理能够优化图书馆的内部管理结构，科学合理安排图书馆的各项具体管理工作，还能够为图书馆的全面建设营造良好的文化氛围从而促进图书馆的可持续发展。"[①] 在实际工作中，一个图书馆战略的规划是馆领导班子的重要任务。在图书馆这样一个为社会提供公共服务和公共产品的单位，馆长最重要的是要具有现代图书馆服务理念，并根据这个理念，结合当地的社会环境和单位实际，制定出既符合理念，又符合本馆实际的、科学的、可操作的长期发展目标，并在这个长期发展目标下，确定分步实施的具体计划，落实各个步骤，提供保障目标实施的资源，以使图书馆和馆员个人协同发展，让馆员个人在其中实现自身的价值。

一、公共图书馆战略规划的基础知识

（一）战略规划的相关概念

1. 战略规划的参考定义

战略规划（Strategic Planning）的概念最早来自企业，企业关于战略规划的定义可以参考以下几种：

---

① 曹明国. 图书馆实施战略规划管理刍议 [J]. 图书馆工作与研究，2012（09）：31-33.

（1）战略规划就是对组织目标、目标的调整、实现目标所需资源以及这些资源的获取、使用和分配的管理政策做决策的过程。

（2）战略规划是人们在对未来了解的最大程度的基础上，制定当前系统的企业（风险）决策的持续过程；战略规划系统组织所需工作以实施决策，并通过组织反馈衡量这些决策带来的超出预期的结果。

（3）战略规划主要应对组织目标、方向、未来产品和服务以及处理有助于组织实现目标的执行政策制定的组织工作。

（4）战略规划是一个一体化决策系统的形成、产生，进而导致连贯协调结果的正规化程序。

（5）战略规划是制定组织的长期目标并将其付诸实施，它是一个正式的过程和仪式。

2. 战略规划与战略制定的关系

关于战略规划与战略制定的关系，狭义地说，战略规划就是战略制定，但从更广义的角度，战略制定除战略规划外，还包括各种长期计划、战略研究等内容。

战略规划和战略制定的区别在于：前者是规划战略，后者是精心设计战略；前者是形式化系统，后者是非正式的；前者以日期为准，后者是任何时间；前者由上至下，后者由所有经理参与；前者是分析，后者是综合；前者是硬数据，后者是软数据；前者根据历史推断，后者寻求间断性的；前者是传统的、遵循的，后者是分歧的、另类的；前者是客观、理性的，后者是斗争性的；前者是知识性的，后者是实践性的、有远见的；前者是思考者，后者是行动者；前者是左脑，逻辑性的，后者是右脑，创造性、直觉性的；前者是教条的，后者是机会主义的；前者是刻板的，后者是能够接纳回馈的；前者是正确的计划，后者是实验性的。

（二）图书馆战略规划的意义

对任何一个应用战略管理的组织而言，战略制定是一个深刻反省组织使命、全面分析内外环境、慎重选择组织目标的过程，最终形成一份战略规划。公共图书馆战略制定所形成的战略规划不仅可以为后期的战略实施提供可靠的依据，而且可以向上级主管部门彰显自身的价值。

首先，规划可以作为一个指引灯，为全馆的发展指明方向。像任何一个组织一样，图书馆的发展需要一个明确的方向，这个方向可以引导所有的馆员、所有的工作向着同一个目标迈进。战略规划就是这样的一个指引灯，它通常明确一个图书馆在未来五年或更长时间内的发展目标，例如，一个图书馆为了"普遍、均等、全覆盖"的理念而致力服务体系建设，或者一个少儿图书馆为了培养当地儿童的阅读习惯而致力阅读推广。在我国，文化和旅游部通常会制定图书馆发展的规划文本，这就为我国图书馆事业的总体发展提供了一份指导纲要。具体到一个图书馆，战略规划可以为全馆的工作提供指导。

其次，规划有利于全馆管理工作的开展。体现在两个方面：一方面，战略规划为组织设定了一个共同的目标，使得馆员的力量使向同一个方向，凝聚馆员的士气，增强他们的斗志；另一方面，战略规划的制定过程需要图书馆中层管理人员和馆长们共同参与，这一过程可以让所有管理者理解、接受和认可战略管理，有利于后期战略的实施和评价。

最后，规划可以宣传图书馆的价值。战略规划是图书馆一个很好的宣传名片，它可以向上级主管部门彰显图书馆的潜在价值，帮助社会了解图书馆的发展目标，提高领导对图书馆工作的认可度，这就为图书馆争取经费提供了很有力的依据。同时，不少图书馆都把战略规划放在自己的网站上，向公众展示它们的未来发展目标，一方面宣传了本馆的发展意愿；另一方面也培养了公众对图书馆的认知。

二、公共图书馆战略规划的启动与准备阶段

公共图书馆战略规划工作的第一个阶段是启动与准备阶段。虽然这一阶段可细分为规划启动、建立规划组织、相关准备与保障三个子阶段，但在实际工作中，并不能严格区分，因此，下面列出了这一阶段的主要内容与任务。

（一）战略规划的动因确定

公共图书馆在设计规划过程中首先要明确图书馆通过规划打算实现的目标。

确定图书馆战略规划动因是一个复杂的工作过程，需要图书馆召开一次图书馆委员会（馆务会或工作委员会）讨论、确定规划启动原因。

图书馆制定战略规划的原因有：①图书馆需要通过制定规划获得更多资源来支持自身的发展；②设计蓝图以帮助图书馆未来3~5年内为读者提供更优质的服务；③为满足读者新的需求设计新的服务和工作计划；④对重要的预算增减作出回应；⑤图书馆行业发展出现新趋势或出现新机遇、新威胁需要进行调整保持图书馆发展；⑥图书馆的上级主管机构要求制定新规划以及为了保持现有规划的持续发展而制定新规划。所有规划的可能原因都应当列出和讨论。

图书馆在战略制定过程中可参考回答几个问题有助于明确启动规划的原因：①谁来决

定我们应该做出这个规划？②启动这个规划的明确理由是什么？③在启动这个规划的理由中，是否存在尚未说明的理由？如果有的话，那么这些理由是什么？④是否还有别的原因让我们制定这个规划？⑤这个规划进程最重要的成果是什么？⑥这个规划可能有什么其他积极成果？⑦这个规划是否会产生负面效果？⑧如果这个规划还有潜在的不利因素，那么怎样减少或者消除这些因素？⑨如果这个规划以失败告终，那么它的后果和负面效应是什么？⑩如果我们现在不能启动这个规划进程，那我们应该何时启动？

（二）制定战略规划的方法

根据不同的图书馆工作人员介入战略分析和战略选择工作的程度，可将战略规划形成方法分为自上而下、自下而上、上下相结合、战略小组四类。

第一，自上而下的方法。指由图书馆的高层管理人员先制定总体战略目标，然后再由图书馆各部门根据自身的实际情况将图书馆的总体战略具体化。这种方法有利于图书馆的高层管理者能够牢牢地把握图书馆整体的发展宗旨和目标，但它束缚了图书馆中层干部和普通工作人员的积极性和创造性。

第二，自下而上的方法。这是一种先民主后集中的方法。在战略制定过程中，图书馆高层管理者在各部门提交的部门目标的基础上，加以协调和平衡，对各部门的战略目标进行整合、修改形成图书馆的总体战略目标。这种方法集思广益，有助于充分发挥图书馆各部门和各级管理人员的积极性和创造性。同时，战略目标若具有广泛的群众基础，在实施过程中则有益于获得大家认可和支持。但这种方法难以协调各部门的使命，影响高层管理者对图书馆整体的、前瞻性发展目标的把握。

第三，上下相结合的方法。这种方法是指在目标制定中，图书馆的高层管理者和中层干部以及普通工作人员共同参与，通过集体研讨和小组讨论，上下级人员共同沟通和磋商，编制出适宜的目标。这种方法可以产生较好的协调效果，有助于使命的实现。

第四，战略小组的方法。由专门的图书馆战略规划制定小组负责编制战略初稿，然后通过由图书馆高层管理者和馆员代表参与的座谈会，征求修改意见，逐步完善形成最终稿。这种方法的目的性较强，效率较高。

每种战略制定方法各有优缺点，图书馆可以根据自身的组织结构、规模等选择合适的方法。

（三）选择图书馆战略规划制定的机构

图书馆自身就是编制战略规划文本的首选机构。同时可以由图书馆与外部机构联合制定，也可依靠上级部门，还可适当考虑借助各级图书馆学会的力量，甚至尝试借鉴国外由议会、基金会、个人等参与制定规划的做法。

需要注意的是在战略分析、制定，甚至实施与评价阶段需要成立专门的战略规划小组，负责战略规划各项工作的开展。

（四）图书馆战略规划组织的成立

图书馆战略规划组织主要包括确定委员会成员来源与规模、各方职责、委员会工作原则与方式、由谁负责规划工作等内容。

1. 确定委员会成员的来源

图书馆战略规划委员会主要对规划的总体方向、使命、愿景、战略目标等问题的确定起引导作用。

委员会成员除了包括本馆馆长、中层干部、馆员代表及图书馆馆务委员会代表外，还应考虑从图书馆主管部门、读者等利益相关群体中选取代表，广征意见，以扩大图书馆规划视野。

选择委员会成员时除了考虑人口学特征外，还要综合考虑他们的工作经验（如战略规划经验）、技能特长（如熟练计算机技术、相关统计软件）、思维特征（如思维活跃、具有创新性）等因素。

在战略规划制定委员会下需要常设一个战略规划工作小组，具体包含总体负责人、具体管理者、资料收集人员、咨询人员、审核讨论人员、子目标负责人员、文本形成人员、联络人员等，负责战略规划制定的各项具体工作。

2. 确定规划委员会的规模

在确定规划委员会的规模时，要考虑两方面主要因素：一方面，委员会成员要有代表性，能够囊括持有各种观点的人和图书馆服务社区的各阶层代表；另一方面，委员会要保证高效精干，根据图书馆规模等考虑适当的人员数量以保证委员会成员有足够的发言时间，以实现有效的工作目标。

关于规划委员会的人员数量应以 9~20 人为宜。

3. 确定战略规划制定负责人

图书馆战略规划的负责人可以从外部聘请专门的战略规划顾问、图书馆业界专家担任，也可以由图书馆馆长担任，或从图书馆管理者中选取。

聘请专业的图书馆战略规划顾问或经过培训的图书馆顾问这种做法在国内不实际。因此借鉴国外经验并结合国内实际，图书馆在战略规划过程中可根据规划委员会规模、以往战略规划经验、组织氛围、组织结构等因素来考虑如何选择战略规划负责人/主持者。

对于规模较小、组织结构较为简单的图书馆可直接从图书馆内部选取，如直接由馆长负责、图书馆馆务委员会成员或推选的业务部门主任负责。

对于规模较大、组织结构较为复杂、组织氛围较差的图书馆可考虑聘请顾问对战略规划过程进行指导，如关注战略管理研究的图书馆学专家、图书馆上级主管部门负责战略规划制定的人员等。

4. 明确各方职责

图书馆战略规划中涉及的人员主要有图书馆工作委员会、馆长、其他馆领导、图书馆规划委员会、部门主任、员工代表、普通工作人员、咨询顾问、上级主管领导、读者代表以及其他人员等。

（1）馆务委员会或工作委员会：图书馆的馆务委员会在图书馆战略规划制定过程中，一般承担如下任务：听取图书馆馆长对已有规划、图书馆发展概况的报告，并对规划进程、规划参与人员、组织保障等准备方案进行审议、修改。对确定的图书馆使命、愿景、战略重点、战略目标、任务等进行审议、修改、提供建议。委员会需要对图书馆最后制定的战略规划及实施过程中的年度计划等审议、修改和批准或拒绝。

（2）馆长：馆长在战略规划准备阶段承担战略规划委员会的组建、合理授权以及规划进度安排、组织保障等职责。在图书馆使命、愿景、战略目标、任务方面图书馆馆长主要承担前瞻性预测、给予指导、提供建议等任务。总之，馆长在规划过程中有四项主要任务：提出目标任务和发展思路、听取咨询意见、进行激励和加强沟通交流。

（3）规划委员会：图书馆战略规划委员会作为承担图书馆战略规划分析与制定任务的专职部门，从创建之初便全程参与，其负责各项议题的组织、开展和规划结果的修改、整理。图书馆战略规划需要组建一个特定的战略规划工作小组，具体包含规划制定负责人或促进者、具体管理者、资料收集人员、文本编制人员、联络人员等，并可邀请专家、馆长或主管业务的副馆长作为负责人，在规划制定中发挥重要领导作用。总体而言，战略规划委员会职责包括：收集并评估外部宏观信息以及内部环境变化信息；对前期制定的规划进程与具体工作安排等准备活动进行调整、修改、确定；与各职能部门进行沟通，确定图书馆战略目标体系；筹备图书馆内部咨询与管理审核活动；负责战略规划文本草案的形成、意见征集、修改等；向馆长、上级主管部门提供战略规划进程数据与最终文本。

（4）部门主任：他们主要负责在战略准备阶段辅助馆长成立规划组织、制定时间进度、经费预算等工作；对本部门大型投资项目、新兴服务种类进行建议和可行性分析；提供战略目标、任务清单供规划委员会成员讨论、选择；提供部门月度、年度内部管理资料；参与战略规划讨论，对战略规划文本修改提供建议。

（5）图书馆工作人员代表：工作人员代表加入战略规划委员会，参与战略规划的制定工作，协助收集、分析与图书馆发展相关的数据，还可选为战略规划制定小组中的联络员，具体负责委员会会议筹备、会议记录、联络参会人员、转发相关资料等工作，并为图书馆使命、愿景及战略目标、任务的制定提供发展建议。

（6）普通工作人员：主要是作为图书馆战略规划修改与完善的战略咨询者，日常一般工作人员通过会议、邮件、论坛等形式平等、自由地参与到委员会的讨论中来，为图书馆确定的战略重点、使命、愿景、任务与行动计划清单、战略规划文本草稿等提供反馈意见。

（7）咨询顾问：通过提供配套的管理工具来引导、协助规划活动的专业人士，在图书馆战略规划制定过程中为战略规划的制定工作全程提供指导。

（8）读者代表：读者在图书馆战略规划制定中主要是以图书馆开展的读者调研、读者意见反馈的形式间接参与，为图书馆提供需求数据，为图书馆明确战略重点提供基础；同时通过参与读者代表会、座谈会、听证会、论坛等形式为图书馆确定的战略规划文本提供修改意见。

（9）其他人员：其他类型参与者包括图书馆相关的友邻部门、机构，这些群体或个人对战略规划的参与程度虽然不高，但在规划分析和文本编制的意见征询等环节中的重要性不容忽视。

5. 培训规划制定人员

了解图书馆战略规划参与人员是否具有战略概念与观念，能否主动从战略高度考察各种问题，能否坚持战略规划的实施使其达到预期效果等都是培训规划制订需要考虑的问题。

以馆长为代表的图书馆核心领导的战略意识的培养是一项长期学习过程，具体包括基本的战略思维锻炼、战略制定技能与战略实施评价手段等多方面的观念准备。可以通过日常学习、集中培训、馆际交流等多途径实现观念准备。

对图书馆工作人员战略意识的培养，可考虑在战略规划启动之前，以组织"图书馆发展大讨论""假如我是馆长"等战略研讨活动形式调动工作人员的战略意识。

图书馆需要把自己的战略意图、战略制定理念传递给文化主管部门、读者、具有业务合作的其他部门等。通过馆内宣传、网站公示、讲座、活动招标等形式逐步向读者介绍本馆历史、本馆发展等问题，争取读者的配合；通过日常业务交流、座谈等形式向主管部门表达自己的发展意愿，以此获取支持。

同时还要求图书馆专家或战略规划顾问需要对战略参与人员进行一次集中培训，使参与人员对图书馆战略规划背景、制定流程、具体步骤、注意事项等有所了解。

（五）制定规划时间表

在企业战略规划制定中，各行业规划期限（Planning Period）各不相同，例如，在快速消费品公司，制定3~5年的战略规划较为合适；而其他一些需要从长期发展的角度看待资本投资的公司（如石油行业中的公司），规划期限可能长达14年（如埃克森石油公司）或20年（如壳牌石油公司）。

关于我国图书馆战略规划期限，可分为短期、中期和长期。图书馆战略规划期限可根据国民经济发展的五年规划考虑选择5年为规划周期的中期发展规划。图书馆可结合本馆实际具体考虑设置年度，如先制定1~2年中短期的行动计划和监督测评，逐步推进本馆的中长期规划的实施。图书馆还要在5年中长期规划的基础上明确前瞻性战略目标，考虑制定未来10~20年的长期战略发展规划。

在图书馆战略规划实践中并没有明确统一的规划制定的时间跨度，但应注意制定规划的周期不能太长，让规划制定人员看不到自己努力的结果；也不能太短，使得规划不具备战略性。我国图书馆战略规划制定过程中可考虑选择4~6个月为规划制定周期，各类型图书馆可结合本馆实际情况进行适当的压缩或扩展。

此外，由于战略制定过程中有时会出现应对紧急环境变化的临时会议，以及反常修改战略规划文本等，这就需要在制定规划进度表时，应该保证充足的时间开展战略规划流程，预留一些时间。

（六）安排战略规划制定过程中的会议

1. *确定会议次数与主题*

图书馆战略规划过程中，需要召开多次会议针对规划中某些具体任务进行讨论、征求意见、审定。

规划制定过程中至少要召开3~4次会议、一次战略规划启动会议，对战略规划相关准备工作进行讨论，开展任务分工安排等工作。

有关图书馆环境、需求与发展分析，图书馆使命、愿景、战略重点、战略目标等的选择与确定等工作的开展需要以会议的方式集中讨论。

有关于战略规划文本的征求意见、讨论、审定等工作需要通过会议的方式进行。各图书馆可根据本馆实际情况适当安排会议。

2. 选择会议地点

图书馆战略规划会议的召开地点的选择要么在图书馆，要么不在图书馆。在图书馆召开会议是图书馆最普遍采用的方式，有利于图书馆工作人员参会，同时比较节省经费。如果图书馆没有合适的会议室或者为了有效开展规划而选择远离日常工作干扰，则可以考虑选择一些度假屋、私人俱乐会所等外部地点，这种方式一般需要较高的费用。无论决定在何处开会，都要确保每个委员会成员都能清楚地知道会议地点，特别是关于会议室的名称或号码的信息。

3. 准备战略规划会议

每次会议召开之前，必须要有专门人员对会议召开需要的各种材料、会议安排等进行筹备。

（七）确定战略规划保障

图书馆战略规划的顺利制定除了需要基本的人力、时间支持外，还需要充足财力、良好的文化基础及有效的沟通计划。

1. 制定预算表

战略规划编制同样涉及成本问题，确定战略规划制定成本预算有利于统筹管理整个战略规划制定过程，减少不必要的支出，控制战略规划质量。

2. 制订沟通计划

图书馆在制订沟通计划时需要考虑"谁需要知道这些信息""为什么需要知道""他们现在知道哪些信息""他们需要知道哪些信息""什么时候需要知道""通过什么方式或渠道知道""谁通知他们"等问题，让图书馆的利益相关者能够随时全面地了解规划制定的进展和方向。

要非常重视与图书馆员工的沟通，其最有效的办法就是为全体员工召开一系列规划进程的基本情况介绍会，介绍应该围绕规划的原因、进度、阶段成果、时间、人物等要素进行展开。

要保证图书馆战略规划制定委员会成员对规划过程的状态随时了解，保证战略制定过程中的相关资料与信息及时传送到各委员会成员手中。

要保证及时向图书馆工作人员征求意见，其最简单、有效的方式就是建立一个战略规划交流平台，该平台提供规划过程的简要介绍并根据规划流程阶段设置子网页，每个子网页都提供该规划过程的不同阶段的信息。

三、公共图书馆战略规划的分析阶段

图书馆战略规划的第二个阶段是分析阶段，这一阶段可细分为历史回顾、调研分析、战略方向推导三个子阶段。

（一）历史回顾

对已有规划进行回顾与总结，目的是研究图书馆已有的发展基础、现有的服务项目与发展方向及本机构的独特性，以便找出图书馆在寻求发展过程中可以汲取与借鉴的经验。该阶段主要从前一规划已经实现哪些目标、还有哪些目标未开展、哪些中途终止、哪些开展了还尚未完成、进行到何种程度、战略目标、实施的成功经验与失败原因、尚未完成的战略目标、当前的机遇等方面展开。

（二）调研分析

在这一子阶段，主要是进行调研和分析工作，在调研和数据处理的基础上，进行综合分析。综合分析包括环境分析、需求分析和发展分析三方面。

1. 调研对象及数据收集

读者和馆员是最为重要的两类调研对象，图书馆同类服务部门和上级主管部门也应受到重视。

具体信息的种类与获取渠道有很多种，详见表2-1[①]。

---

① 柯平. 图书馆战略管理 [M]. 北京：海洋出版社，2015：63.

表 2-1　数据收集种类与途径

收集数据分类		获取途径
宏观环境数据	国民经济、文化、教育、新闻出版等数据	报刊、影视、专业网站、年鉴、官方的工作年报、政府公告、白皮书、资料汇编等出版物
	相关制度规程（如教育、文化等领域的各类规章、条例、法规）	官方网站、政府公告、白皮书、资料汇编等
	技术发展数据	实地考察先进图书馆、图书馆行业技术发展介绍、技术公司的介绍性数据等
行业环境数据	国内外图书馆发展状况、本地区乃至全国图书馆联盟发展状况	国内外行业发展报告、图书馆事业发展报告、图书馆行业统计数据、图书馆发展年鉴、图书馆专家的会议报告、同行业者的访谈、实地观察、委托咨询公司调查等
需求数据	读者需求数据	读者问卷调查、读者座谈、网络交流、读者图书馆利用习惯、读者满意度调查数据等
	母体机构发展的需求	母体机构的发展报告、战略规划、政策条例等
图书馆内部环境数据	图书馆资源数据	人才队伍、馆藏资源、建筑设施、财政收支数据等
	图书馆服务数据	服务时间、办证率、读者数、开展业务活动总结、分馆建设数据、图书馆服务绩效、网络服务与手机图书馆使用数据等
	图书馆组织管理数据	图书馆规章制度、组织结构设置、图书馆业务系统内管理数据等
	组织内部观点数据（图书馆员工对未来愿景的展望，对战略方向的建议，对发展现状的评价等）	研讨交流会议、网络论坛、公共邮箱、电话访谈、现场交流等
战略规划指导数据	图书馆行业相关标准	图书馆评估、服务、用地、建筑、文献资源建设等标准
	相关战略规划文本与研究	图书馆战略制定相关研究成果、图书馆战略制定手册、国内外同类型图书馆的规划文本、上级部门的发展规划文件、政府颁布的本行业的中长期发展纲要等
其他	根据各馆情况自行确定	略

各图书馆在数据收集阶段并不需要收集上述的全部数据,而是要结合本馆实际有选择地收集。在数据收集阶段:首先,要选择合适的负责人,该人应该对图书馆内部部门、工作流程较为熟悉,同时对图书馆外部环境变化有较强洞悉能力,并且对 Word、数据库、统计分析软件较为熟悉。其次,要选择最简单、实用的方法收集数据。

收集数据中要注意的其他事项:①要多利用其他组织已搜集、整理过的数据;②提前明确搜集的每条信息将要发挥的作用;③允许有足够的时间思考和整合获取的数据;④保持环境的持续监测;⑤搜集比实际需求更多的信息。

2. 处理数据

第一,需要利用 SPSS、Excel 等工具将所得的数据加以整理、归类、简化或绘制成图表,采用平均数、标准差、相关系数等进行描述性统计以此反映相关变量的现状。

第二,可对相关数据进行推断统计,即用概率形式来决断数据之间是否存在某种关系及用样本统计值来推测总体特征。推断统计包括总体参数估计和假设检验,最常用的方法有 Z 检验、T 检验、卡方检验等。描述性统计在图书馆领域运用得较为广泛,战略规划分析的大部分统计数据均以描述性分析为主。推断性统计较为复杂,对数据要求较高,但能够发现数据之间的内在联系,帮助找出解决问题的方案。战略规划制定数据分析中,是采用描述统计还是推断统计,应视具体的研究目的而定,如研究的目的是要描述数据的特征,则需用描述统计;若还需对多组数据进行比较或需以样本信息来推断总体的情况,则需用推断统计。如对图书馆的读者入馆率、馆藏增长数量、员工数量等数据进行分析时应采用描述统计分析方法;若还需要考察近年内图书馆的投入产出的关系,则需要采用推断统计,如图书馆投入与产出的回归分析。

3. 环境分析

(1) 内部环境。

内部环境分析的基本宗旨就是对图书馆的现状进行诊断,确认现状有哪些优势、哪些不足,内部环境的分析通常包括以下因素:①服务。服务包括"当前开展了哪些服务""这些服务的对象是谁""这些服务取得的效益怎样""哪些区域的服务还存在空白""哪些服务还需要深入"等。②馆舍。馆舍包括具体馆舍面积、阅览坐席等。如果一个图书馆通过对服务的分析发现在展览和讲座方面还需要扩大和深入,那么就要考虑场地的问题。③馆员。具体指标包括馆员数量、专业馆员结构比例、馆员的学历水平、馆员的专业背景、馆员的性别比例、馆员的特长等。通过对现有人才队伍结构的详细了解可以为战略的制定提供真实的材料。如果一个图书馆想要在参考咨询服务上有所突破,就要考虑到现有馆员的学科背景。④馆藏。包括现在馆藏资源的种类、数量、新旧程度等。⑤经费。包括当前的财政拨款、经费的利用情况、经费是否存在缺口等。

（2）外部环境。

外部环境分析是诊断图书馆所处的社会环境，分析出面临的威胁和机遇，具体分析因素如下：

经济因素：图书馆的发展与社会的经济水平、自身所处的地方经济水平密切相关。一方面，图书馆作为全额拨款的公共服务机构，它的发展依赖于政府的投入量；另一方面，地方经济发展与当地人口素质和地方劳动者技能高低密切相关，而人口素质与民众的受教育水平又息息相关，同时，受教育水平在很大程度上影响着当地民众的阅读能力和阅读需求量，进而影响人的素质和地方经济发展水平，这是一个不断循环的过程。此外，经济发达了，随之而来对信息的需求也就更多，这会刺激包括图书馆在内的信息交流机构。因此，对所处区域经济状况的分析至关重要，值得一提的是在分析经济状况的同时也要关注地方政府对文化的投入程度及未来的相关政策。

文化因素：作为为公众服务的图书馆，它所处区域的社会环境对图书馆服务效益有潜移默化的影响，地方文化在很大程度上决定着社会成员的生活方式、思维方式、价值观念及行为准则等。文化因素一方面影响着图书馆本身的职业发展，另一方面决定着民众对图书馆的认可、依赖程度。

技术因素：作为以信息为主要资本和产品的图书馆，新兴的技术对图书馆产生着巨大的影响，尤其是信息技术。有些信息技术为图书馆的服务、管理带来了便利。

人口因素：所处区域的人口特点，如年龄构成、性别构成、人口素质、人口增长情况等都是图书馆读者群的特征。

需要注意的是，环境分析要有综合思维，图书馆要特别重视内外环境相结合的分析，这种分析中应用最多的方法就是SWOT分析法。

4. 需求分析

需求分析主要对读者需求、读者满意度、读者对图书馆的服务期望、图书馆服务区域或机构的需求、母体机构对图书馆发展的期望等的调查或访谈数据，进行分类、统计。

图书馆战略规划委员会需要对需求数据进行讨论，明确图书馆服务对象当前和未来一段时期内最迫切的需求，可以从"当前图书馆读者构成（包括年龄、学历、职业、收入等人口学特征）是什么样子的""在未来几年内会否增加新的读者群体""这些新的读者群体将会产生何种新服务需求""读者最迫切的需求是什么""读者对图书馆哪方面最为满意或最满意""当前图书馆服务区域内的人们都从哪些渠道获取信息资源""读者对图书馆未来五年或十年的服务期望是什么""图书馆的母体机构要求朝哪个方向发展"等等方面进行讨论,将讨论结果一一记录下来。

5. 发展分析

发展分析的主要目的是对收集的图书馆的行业发展趋势、地区发展趋势等信息进行整理,同时对图书馆自身发展特性进行分析,提出适合自己的发展思路。发展分析的主要方法有焦点小组讨论法和关键成功因素分析法。

图书馆的发展分析中要注意以下几点:

首先,要强调根据收集的宏观环境数据,对图书馆外部的政治、经济、技术、政策法规等的发展、变化对图书馆未来发展产生的影响进行预测。

其次,要根据收集的图书馆行业发展数据,重视对国内外同类型图书馆的发展趋势进行分析。

最后,要结合需求数据和图书馆内部统计数据,注重对图书馆未来自身发展特征的分析。图书馆的发展分析对分析者具有较高要求,他们必须具有前瞻性战略思维,对图书馆行业发展趋势有独特的思考。

在此分析阶段,除了图书馆制定委员会成员集中讨论之外,如有可能可开展几位相关专家的访谈,以便较为准确地把握图书馆的未来发展趋势。

（三）战略方向推导

根据数据分析结果,图书馆现有的能力、资源与服务需求的匹配推进发展方向进而细化成图书馆的发展愿景。然后,图书馆再根据确定的新规划周期内致力满足的需求作出需求响应,进而逐条形成图书馆功能列表。经过讨论与分析,功能列表最终形成目标体系。

战略选择主要是图书馆通过SWOT矩阵来确定如下四类战略:SO（优势——机会）战略,即依靠内部优势去抓住外部机会的战略;WO（劣势——机会）战略,即利用外部机会改进内部劣势的影响;ST（优势——威胁）战略,即利用图书馆优势去避免或减轻外部威胁的战略;WT（劣势——威胁）战略,即克服劣势、避免威胁的战略进行战略选择,并结合图书馆未来发展预测、用户需求等进行战略选择,最终选择适合图书馆自身的战略。

1. 确定图书馆的愿景、使命与价值观

战略使命（Strategic Mission）来源于战略意图（Strategic Intent）。战略意图是指充分挖掘企业的内部资源、能力和核心竞争力，以便在竞争环境下实现企业目标。战略过程会使组织确定众多的目标，在这些目标中，如果有一个雄心勃勃或非常有野心的目标，让组织坚持不懈地追求，集中所有的资源和竞争活动去实现这个目标，那么这个组织就展示了它的战略意图。因此，战略意图可以被认为是一个"大的、令人不安的、大胆无畏的目标"，通常需要很长时间才能实现（可能要10年或20年）。组织的战略意图能够使其变成公认的行为领导者，导致现有的行业领导者退位，传递在行业（或世界）任何组织中最好的顾客服务，或者把一项新技术转变为能改变人们工作和生活方式的产品。

与战略意图针对企业内部不同的是，战略使命针对企业外部，描述了一个企业的目标及所从事的生产领域和市场范围。一个有效的战略使命面向所有的利益相关者，决定企业的独特性，并且鼓舞人心。战略意图和战略使命共同带来公司规划和实施战略所需的远见卓识。

2. 确定战略主题/重点

战略主题/重点是指组织为实现愿景而确定的新战略规划周期内的重点发展领域。战略主题/重点是由战略规划人员集中根据确定的图书馆愿景、使命以及确定的角色列表讨论形成的对图书馆发展方向的陈述。

战略主题/重点的表述要行文高度简洁、概括，条目不宜太多，一般3~6条。

四、公共图书馆战略规划的制定与发布阶段

战略规划制定与发布阶段是在上一阶段形成目标体系的基础上，通过战略选择，确定总体战略和业务战略，形成战略方案。这一阶段主要包括形成战略方案、文本编制、规划审定发布三个子阶段。

（一）形成战略方案

（1）制定行动计划。把战略方向落地成行动计划，也就是说，不再只是完成一个个任务，而是进入战略拆解和执行阶段。

（2）整合优化战略目标体系。图书馆战略规划是一个长期策略的制定与实施的体系，由战略重点、战略目标、任务和行动计划等构成，自上而下呈现出由宏观、抽象到微观、具体的战略思维。前面已经分别形成了战略目标体系的各部分，现在需要将它们组合在一起。由于规划过程的主观性、非线性等特征，需要以全局的视野和统筹的思维对战略目标体系进行优化，对战略行动计划、任务和目标进行重组、调整和排序，确保整个战略规划

的有效实施。目标体系的整合优化需要由战略规划制定小组负责，图书馆各部门主任和普通工作人员参与讨论。

（3）专项规划。除了战略规划以外，还有些图书馆制定一系列专项规划，如信息资源建设、人力资源建设、基础服务等专项规划。专项规划并不是每个图书馆必须要制定的，各图书馆可根据已制定的战略目标，结合本馆实际情况，有选择地制定专项规划。

专项规划一般作为单独的规划文件，为实现图书馆的战略规划服务，需要与战略规划进行有机地结合，每个专项规划应支持战略规划中至少一个目标的实现，或为其实现提供条件。制定专项规划一般采用与战略规划制定相似的方法，也应该包括相应的具有可操作性的行动计划。

图书馆在制定专项规划时应注意以下问题：第一，要对图书馆已制定的总体战略规划进行充分的考虑，以保证专项规划能够体现图书馆的总体战略和重点需求；第二，要鼓励图书馆领导和管理者的参与，避免专项规划只体现少数人的想法，难以体现图书馆战略；第三，制定过程中要开展广泛的咨询，以保证规划的相关人员理解，获得他们的支持；第四，需要对图书馆相应的资源进行准确评估，以保证专项规划的可行性；第五，需要对其他相关的专项规划进行充分考虑，避免各专项规划之间各自独立，难以协调统一；第六，要有规范、合理的批准程序，专项规划通过图书馆领导和专项规划制定部门之间上下多轮讨论批准以保证其与总体战略统一、协调。

（二）编制战略规划文本

（1）战略规划工作小组开展工作并讨论。战略规划工作小组的主要任务是负责规划文本起草研制。战略规划工作小组一般在第一阶段已经成立，到这一阶段，工作小组的任务转移到汇总各种分析材料、凝聚主要内容、集中讨论形成框架。要从战略规划委员会成员或图书馆员工中挑选一位负责文本初稿。此人必须是参与过战略规划制定的前期工作，同时具有较好的写作能力和丰富的写作经验，并且对来自各方的评论和建议有较强的理解、思考和吸纳能力。

（2）形成战略规划讨论文稿。经过研究，可以形成图书馆战略或战略规划的讨论文稿，它不仅是战略讨论的结果，也是下一步正式制定战略规划的基础。

（3）拟定规划文本初稿。将战略规划制定过程中确定的使命、愿景、战略目标、任务、行动计划整合在一起，然后再将战略制定人员、制定过程、图书馆现状回顾等信息适当整合到文本中形成文本初稿。

（三）审定与发布战略规划

战略规划文本起草完成后，需要进行修改与批准，然后进行发布工作。

第一，文本修订。文本初稿形成后，需要经过多轮修订，首先文本编制人员进行剔除错别字、修改病句，然后分别提交馆长和战略规划促进者进行修改，最后将修改过的文本传给规划委员会的每位成员，如有必要再次进行修改。

第二，广泛征求意见。通过图书馆员工大会、网络发布、馆内公示、通告等渠道向图书馆工作人员、图书馆馆务委员会成员、读者等利益相关群体广泛征求修改意见，寻求各方的支持、认同。

第三，修改定稿。在修改过程中，可根据各方给予的修改意见，对规划文本进行有针对性的修改。

第四，审定和提交。战略规划只有获得审批以后才能公布，因此这一环节必不可少。国外一般由图书馆理事会负责审定，并向上级主管提交。值得注意的是，图书馆战略规划的批准主体，不同类型、规模的图书馆会有所不同，在我国，可通过召开图书馆馆务委员会扩大会议对文本进行审定，再向上级提交获得认可。

第五，战略规划发布。规划制定完成后，必须立即进行发布与宣传工作。为了更好地进行发布与宣传，必须对规划文本进行形式化加工，包括确定文本的格式、内容、排版等。还要考虑设计一些重点突出规划使命、愿景与战略目标图文并茂的简报、活页、手册等以便图书馆利益相关者能够迅速、准确掌握图书馆战略规划重点，便于战略规划的宣传推广。

第三节　公共图书馆战略的实施与评价

一、公共图书馆战略管理的实施

战略实施是战略管理过程的行动阶段，比战略制定阶段更为重要。战略实施阶段可进一步细分为战略发动、战略计划、战略运作、战略控制与评估四个子阶段。战略实施前，要通过各种手段进行宣传，使组织的所有成员都能够理解和掌握，并用来指导自己的行动；制定实施计划，使战略最大限度地具体化，变成组织各个部门可以具体操作的业务；

在此基础上开展的实施运作，要注意组织领导人、组织制度、组织文化等诸方面与实施相匹配；在实施过程中，只有加强对战略执行过程的控制与评价，才能适应环境，最终完成战略任务。狭义的战略实施与评价指战略规划的实施与评价。战略规划制定完成，经过批准、发布与广泛宣传之后，便正式进入战略实施阶段。

（一）公共图书馆战略的实施意义

战略不仅仅是大脑中的一个好主意或纸面上的一份陈述，战略的意义只有通过战略实施才能得到体现。换句话说，战略和战略规划如果没有或不能实施，那就是纸上谈兵，最终使管理一事无成。战略实施既是一门科学，也是一门艺术，因为要将战略从计划转变成行动，然后转变成结果。与战略制定相比，战略实施是一个更加复杂和难以控制的过程。

战略规划制定是以思维活动为中心，由少数具有分析能力的参与人员从事的，具有创造力的活动；而战略实施则以操作活动为中心，由组织内部全员参与的，以效率和执行力为标志的活动。

对公共图书馆来说，仅仅有了战略规划还不够，因为图书馆通过战略制定仅仅解决了哪些事情该做、哪些事情不该做、这些事情应该怎样做的问题，而只有实施，才真正解决该做的事情是否做了，而且是否按照原来的战略规划去做了。

另一个值得注意的问题是，战略实施不只是馆长的事情。由于规划的实施业务范围涉及图书馆各部门甚至各个岗位，因此，必然依靠各级的参与，调动各部门和全体馆员的主动性和积极性。馆长在战略实施中起着十分重要的领导作用，各部门负责人要考虑明确任务范畴，具体包括两个问题：一是规划实施方案中哪些是本部门必须承担的任务；二是规划实施方案中哪些是本部门需要配合其他部门完成的任务。在明确任务后，接着要考虑的是：一是如何组织实施，有无本部门的实施具体计划；二是如何采取行动，完成具体的任务，并注意任务间的衔接。

（二）公共图书馆战略实施的任务与原则

战略实施的核心是整体性，即通过战略来协调各种活动之间的关系，它追求整体而不是局部最优，追求相互协作和配合，而不是各自为政。战略的实施是战略意图和战略定位的逻辑分解和逻辑延伸，是对经营管理各个职能的有机整合。

一般来说，组织中的战略实施包括8大任务：①建立一个有竞争力、能力和资源力量的组织以成功地实施战略；②建立预算以将足够的资源投入到战略成功至关重要的价值链活动中；③建立支持战略的政策和程序；④对价值链活动进行最佳运用，并不断提高其运作水平；⑤建立信息沟通、电子商务和运营系统，使图书馆的人员日常能够成功地承担其战略角色；⑥将报酬和激励与达到业绩目标很好地实施战略相联系；⑦创立一种支持战略的工作环境和工作文化；⑧发挥带动战略实施所需的内部领导作用，不断提高实施战略的水平。

战略实施活动内容是十分丰富的，涉及许多管理活动，如：调整组织结构和重新安排人员；强化组织领导与指挥；制订相应的计划与预算；形成良好的激励与约束机制；完善企业文化；建立控制系统；通过调动组织不同领域的资源来制定新战略，促进组织战略的成功；最重要的是改革，包括改变组织日常惯例的需求、改变组织文化特征的需求及克服组织改革遇到的阻力等。

在战略管理中，战略实施必须遵循三个基本原则：一是适度合理性原则，战略在实施过程中会受到各种不可预测的因素影响，战略制定部门和战略实施部门在战略实施中也可能会发生冲突，因此，管理者需要对这些矛盾冲突进行协调、折中或妥协，只要不损害总体目标和战略的实现，应当是可以接受和容忍的；二是统一领导和统一指挥的原则，维护战略的权威性，保证战略得到无阻力的顺利实施；三是随机应变原则，及时掌握环境的变化，并随环境变化作出相应的调整和改革。

（三）公共图书馆战略实施的步骤

1. 成立专门的战略实施小组

该小组负责监督图书馆各项战略目标的执行进展。图书馆战略规划制定小组成员在规划制定中发挥着重要作用，他们对规划的内涵有最深刻的领会和理解，图书馆的战略规划实施专门小组可吸收大部分的规划制定小组的成员或直接由战略实施小组成员继续承担战略实施小组的职责。

2. 重视战略规划目标的分解、排序和实施计划的制订

通过战略规划目标的分解、排序和实施计划的制订，对具体目标配置资源，确保战略规划的实施落实处。

对战略目标分解可采用时间、职能和测量三个维度进行：

在时间维度上，将图书馆的中长期战略规划目标分解到图书馆的近期目标和年度工作计划中去，使图书馆的长期行动有效转化为短期安排，从而逐步推进图书馆战略目标的实现，这主要指战略制定环节编制的行动计划。

在职能维度上，根据图书馆的职能部门设置，将图书馆战略规划中的总体目标分解为职能部门目标，具体融入各职能部门日常工作中。

在测量维度上，可将图书馆战略总体目标、分目标转化成为定量的、具有标志性的发展指标，形成"目标—指标"体系，为图书馆战略规划实施提供可操作性、可考核性的工具。

最有效的实施计划应当是年度计划。年度计划要有针对性、可测量性、可达到性、可行性和及时性，并且战略目标应该在图书馆日常工作计划、部门计划和个人计划中得到体现。个别关键目标可通过具体项目的形式来落实。图书馆根据本馆拥有的资源、能力制定战略规划实施的关键性目标之后，应对各项行动计划进行排序，研究每一年度启动的重点项目和建设内容，然后为各项行动计划制定实施时间表，提出相应的资源配置方案。

在战略实施中，图书馆需要对未来愿意和战略目标开展至少每年一次的不同于年度工作总结的全面审核与测评的战略绩效评价，通过评价对规划文本进行动态调整。图书馆规划文本的修订应针对已定战略与复杂环境之间的矛盾、战略制定的主观判断和图书馆实际的限制导致预测的失准、战略实施过程中产生的明显失误、战略规划过程中自身不符合图书馆发展规律之处等。修订的内容和重点包括：针对内容结构的扩充与完善，从目标体系到附录增补均是可能更新的范围；针对规划实践的递进与提升，通过战略绩效评价，促进新版文本的合理性和可操作性。

此外，图书馆可以根据战略规划中的关键指标、核心目标设置若干专项规划。经过图书馆高层管理部门或行政咨询等机构的论证、审议和图书馆工作委员会批准后，列入预算计划，配置相应的人、财、物等资源。

3. 确定各项战略任务的负责人

战略实施负责人一般由各部门主任承担，及时了解战略发展领域的实现情况。负责人需及时对一定周期内战略规划的实施情况进行总结调整，并向图书馆决策层和战略实施负责机构做年中和年终进展情况报告，随时向战略规划实施委员会汇报战略实施进程中遇到的困难并寻求解决的策略。

4. 制定战略实施监督机制

实施监督的关键是有关规划执行情况的信息获取。战略实施的监督主要注意的事项有：

第一，考察战略实施是否严格按照战略规划内容执行。

第二，需要确立战略规划执行年度汇报、中期检查制度，及时对一定周期内战略规划的实施情况进行总结，根据图书馆战略环境的变化对规划进行调整。需要制定每月和年度监测，每月监测主要是为了了解项目取得的成就、战略实施中存在的问题、意外事件或有待完善的信息、战略实施需要的支持、优先事项的变化、下一步的行动、图书馆各方利益相关者对战略实施的建议和意见；年度监测主要是为了审核具体目标和每项行动计划的执行状况，审议规划执行部门的年终报告，对下一年度的工作重点或某些活动的扩大、继续、停止或改进进行讨论做出决策。

第三，战略实施监督需要有一个支撑系统。监督负责人员应当需要足够的监督信息并对信息进行质询、核实其可靠性和一致性。

第四，营造图书馆战略实施的和谐氛围。将战略实施内容嵌入图书馆业务流程系统或内部知识管理系统中，将战略实施变成日常工作，同时信息公开，加强内部监督。

第五，可考虑引入外部监督评价，以读者座谈、专家座谈、主管部门汇报等多种形式将图书馆战略实施情况或年度监测报告的结果定期公布，以实现对战略规划的动态监督，及时收集新情况、新建议对规划进行必要的动态调整和修改完善。

（四）公共图书馆战略实施的要点

1. 依据战略目标实施具体方案

（1）制定短期目标的实施方案。主要包括：①战略管理小组可以将短期目标和SWOT环境分析的结果发给本馆的管理人员，召集大家在一起进行2~3次的头脑风暴，将大家的方案进行汇总集中讨论，确定最终的方案；②将多个短期目标分摊给每个管理人员，并附上SWOT环境分析的结果，给予2~3周的准备时间再集中演示讨论。这两种方案都要求制定者在制定具体方案的过程中一定要结合环境分析中的优势、劣势、机遇和威胁。

（2）明确实施方案的负责人及相关部门。具体方案的实施需要相关的责任部门和负责人，这样才能明确实施主体，保证方案的实施，避免推脱或"踢皮球"现象。在方案确定的会议上，要由馆长牵头确定好实施方案中的责任部门、分管领导，可以制作一个战略目标实施任务表。

2. 依据战略目标调整组织结构

公共图书馆内部结构可分为四种模式：①以服务项目为基础的划分方式；②以服务地区为基础的划分方式；③以图书馆职能为基础的划分方式；④以读者对象为基础的划分方式。各种划分都有利有弊，要根据使命、环境、任务、资源、效率等进行综合分析。在战略实施过程中，根据战略目标对组织结构进行调整，这种调整一定要避免盲目，要根据战略实施的需要因时而异、因事而异。需要指出的是，图书馆作为事业单位，组织结构的变动没有企业那样大的自由度，一个部门的建立或者更改都需要征得上级主管部门同意甚至需要获得当地编制委员会的审批，所以图书馆在组织结构的调整过程中，不仅要学会变通，更要慎重。在这种情况下，可以作如下调整：

一是部门业务范围的调整。在实施过程中可以根据环境分析的结果和战略目标将部门业务范围进行重新梳理。

二是人员的调整。战略管理的实施需要多方面的人才，一个图书馆在确定了战略目标后，会有一些新增的或需要改进的业务范畴，这些业务需要能够胜任的馆员去实施。因此在实施过程中，对人员进行调整，将合适的人用在合适的岗位上，可以最大限度地发挥馆员的潜力。

三是资源的调整。在战略目标实施过程中，要分析资源对实现战略目标的制约，重点突破是管理中常用的方法，这时，优化资源配置是必要的，把资源调配到最需要的部门和地方，让有限的资源发挥最大的作用，因而可能会使某些部门（业务）强化，某些部门（业务）弱化。

3. 构建有效的人员薪酬制度

公共图书馆的馆员工资由基本工资和绩效工资两部分组成，基本工资按照国家事业单位人员工资规定发放，属于固定工资；绩效工资（奖金）是激励馆员工作、实现公平公正的重要筹码。作为馆领导，绩效工资如何分配、分配的依据和重点、分配比例等，都必须考虑本馆的实际情况，主要有以下三种方式：

（1）项目奖金。与上述战略实施中的项目管理相对应，对于重大项目要给予奖励；奖励的多少按照完成情况、项目大小来确定。

（2）部门奖金。与绩效管理相对应，针对每个部门年度目标任务设立部门奖金。

（3）个人奖金。在战略实施过程中，对于表现优异、贡献突出的个人要给予奖励，比如项目管理小组的组长、某一大型项目的负责人等。

奖金的发放时间既要兼顾平时又要兼顾年终，平时发放有利于项目工作的推进，年终发放则有利于对项目完成情况进行考核，体现绩效，并使下一年度项目工作顺利进行。奖金数量的多少，既取决于预算、资金，也受制于工资总额，所以在内部预算编制时就要放进去。一旦确定了奖金发放的考核办法、奖励方式，就应该予以公示，让所有馆员明确本馆的奖惩机制。

二、公共图书馆战略管理的评价

（一）公共图书馆战略评价的意义

战略评价可能是一项特别繁琐而又敏感的工作。过度地追求战略评价会使得费用的大额提升，各种负面作用的影响也会加剧。此外，任何人都不会希望被人进行过度评价。若是馆领导对他人的行为进行过度地评价，则不利于其控制能力的形成。当然，不评价或者太少的评价也会引起一些问题的产生。因此，为了有效达成既定目标，就需要一定的战略评价的存在。

第一，及时发现战略实施中资源利用问题。公共图书馆的资源是有限的，通过战略评价，可以发现哪些资源可能被过分利用、哪些资源可能不足，并及时处理。

第二，保障战略实施方向与战略目标的一致性。战略的实施涉及很多细节问题，并不是每一个方案的实施结果都与战略目标相一致，尤其是一些非量化的指标。战略评价通过科学的方法来进行考核，可以及时发现问题。

第三，为有效管理提供依据。评价不仅可以发现问题，也可以发现亮点和成绩，这为馆员的考核提供了确凿的证据，馆领导可以以此作为馆员奖惩的依据。

（二）公共图书馆战略评价的方法

战略实施的评价可以以季度考核、年终考核、三年考核等时间间隔来进行。为了保障评价效果的客观真实，每次评价都可以设立评价小组，季度考核和年终考核评价小组可以由部门负责人组成，三年考核可以邀请一些专家进行助阵检测。

（1）品质管理方法。品质管理方法是企业较常用的一种方法，它通过对管理者所扮演的角色、品质管理部门所扮演的角色、训练、产品的资料报告、员工关系等8项因素来测评组织品质，这8个因素不仅可以用来衡量品质管理的状况，而且对组织绩效也有很大影响。作为公共服务部门，一些图书馆已经采用此方法来检测自己的服务工作。

（2）平衡计分卡法。平衡计分卡由哈佛商学院教授罗伯特·卡普兰和诺朗诺顿研究所所长戴维·诺顿提出，它将企业的关键成功因素、绩效指标或者企业目标同企业长期的愿景联结起来，提供了一个综合性的绩效管理框架。该方法有效地将管理层制定的战略与运作层面的活动整合起来。它的四个衡量标准分别是财务、客户、内部流程以及创新与学习。

第四节 公共图书馆隐性知识的战略管理

随着知识经济的发展,知识已成为社会发展的资本和动力。对于以知识传播为主要阵地的图书馆来说,知识管理也就成为公共图书馆管理的热点。以往的图书馆知识管理只注重对显性知识的管理,随着图书馆员对隐性知识认识的不断提高,逐渐意识到隐性知识对于图书馆未来发展具有战略意义。

一、图书馆隐性知识概述

(一)隐性知识的主要特征表现

人类的知识有两种,即显性知识和隐性知识。可以用文字、图形和公式等形式表达出来的知识叫作显性知识;而不能被上述途径所表述的知识,比如我们在做某事的行动中所拥有的知识,叫作隐性知识。

隐性知识的主要特征表现在以下方面:

(1)默会性:即隐性知识是无法通过文字、图形和公式等方式来明确表述的。这是隐性知识最本质的特性。

(2)个体性:即隐性知识最基本的特征是主要的载体是个人,它存在于个人的头脑意识之中,它无法通过正规的宣传、教育等形式进行传递。但是隐性知识并非不能传递,只是它的传递方式比较特殊。

(3)非理性:即隐性知识无法经过逻辑推理来获得,而是通过人们身体的感官或者直觉,依靠经验、教训等方式领悟获得的。因此,人们没有办法对隐性知识进行直观、理性的批判。

(4)情境性:即隐性知识总是存在于特定任务和情境中,与之紧密联系的是对特定的任务和情境的整体把握。这也是隐性知识一个很重要的特征。

(5)文化性:即隐性知识与显性知识相比具有更强烈的文化特征,处于不同文化环境中的人具有不同的隐性知识"体系"。

(6)偶然性与随意性:即隐性知识的获得相对于显性知识来说比较偶然,随机性比较大,很难刻意捕捉,所以比显性知识的获取要困难。

（7）相对性：即隐性知识相对于显性知识而言，在一定条件下，或者特定的情境中可以被转化为显性知识，并不是永远绝对的隐性。

（8）稳定性：即隐性知识与显性知识相比，隐性知识就像一个观念、一种意识、一种信仰一样，不会轻易因环境的影响而改变；它几乎不受年龄的影响，也不容易消退和遗忘。

（9）整体性：即隐性知识虽然缺乏直观的逻辑推理支持，但它是个体意识对某种技能消化吸收、进行整合的结果，是完整个体的必要组成部分，对个体在特殊情境中的行为起着决定作用，个体具有的隐性知识本身也是整体统一，无法分割的。

（二）图书馆隐性知识的构成

图书馆隐性知识是指存在于图书馆、图书馆员个体和图书馆内部各级组织中的，通过长期的工作实践所积累起来的，可以推动和促进图书馆事业不断发展的，却又难以用规范化的语言、图形和公式来描述，而且很难交流与共享，同时也不会很容易地被复制或窃取的各种知识。其中也可以是通过馆际交流、互访学习等方式从其他图书馆获取的知识，例如其他图书馆先进的办馆经验和技术手段等。

在图书馆内部组织中，按照隐性知识所依附存在的主体可以分为以下几种：

（1）图书馆每位馆员个体拥有的隐性知识。图书馆员隐性知识，主要是指每位馆员在图书馆日常工作中以及在为读者提供相关服务时所体现出来的经验、技能、灵感，学习和接受新知识、新事物的能力，也包括能够灵活处理图书馆日常工作中出现问题的能力等。对于图书馆来说，每位图书馆员个体所拥有的隐性知识是最为宝贵的财富，是提升图书馆核心竞争力的重要能量。

（2）图书馆下属各部门拥有的隐性知识。图书馆下属的各个部门，虽然在工作性质上不尽相同，但是由于在同一环境下，各种工作都会彼此紧密互动和直接沟通，经过长期的工作实践，形成了许多无法言传却又心领神会的知识，主要体现在各个部门所掌握的技能、业务操作流程以及工作方式、方法，部门成员之间的默契合作和沟通协调能力，甚至长期以来通过相互交流、合作所达成的共识等等，还包括部门领导处理问题的经验等。各个部门所拥有的隐性知识不能也无法脱离部门中个体成员而独立存在，但又不仅仅是个体成员拥有隐性知识的简单累加，而是个体成员及部门的各种隐性知识转化、整合得来。

（3）图书馆整体拥有的隐性知识。图书馆整体拥有的隐性知识是指图书馆事业在长期发展建设的工作实践中摸索、积累起来的经验和知识。包括办馆理念、价值体系、图书馆机制、图书馆形象和图书馆文化，也包括图书馆对内外事务的应对能力和协调能力，以及图书馆的信誉。这些都是难以清楚言明却发挥着重要作用的知识。同样，图书馆整体拥有隐性知识也不能脱离馆员个体或部门的隐性知识而独立存在，它是以每个馆员个体和各个部门的隐性知识为基础，不仅仅是馆员个体和部门隐性知识的简单累加，它具有个体或部门无法具有的知识特质。

二、公共图书馆隐性知识管理的必要性及对策

（一）图书馆隐性知识管理的必要性分析

隐性知识是知识管理体系中最有价值的知识资源，从"量"的角度来说也大大超过了显性知识。隐性知识对于图书馆知识创新和价值创造有着举足轻重的作用。正确运用图书馆中蕴含的隐性知识并加以显性化利用，是实现图书馆跨越式发展的重要途径。①加强图书馆员个体间的隐性知识交流，提高个体的知识技能，增强个体的工作技巧，从而激发个体对工作的热情。②加强图书馆部门间的隐性知识交流，可以提高各部门的整体服务水平和能力，也能提升个体间的默契协作水平，以集体促进个体。③加强图书馆之间的隐性知识交流，可以提高整个图书馆的服务能力，通过馆际合作，互相取长补短，能够增强图书馆的知识传播能力，强化社会文化职能，共同发展、提高。

（二）图书馆隐性知识管理的对策

隐性知识的管理既是知识管理的核心和要求，也可以弥补信息技术不够人性化的不足；既是图书馆知识创新的关键，也是提高图书馆工作服务质量的力量源泉。针对当前隐性知识管理过程中的种种障碍，图书馆需要采取有效的手段，来对个体所拥有的隐性知识进行发掘，促进隐性知识的共享。

第一，做好激励工作，建立奖励机制。基于人们总是将个体的隐性知识作为自己的竞争优势，为了防止优势的丧失，具有不愿共享隐性知识的观念，图书馆应建立对积极参与隐性知识共享的馆员进行奖励的激励机制。当他们意识到自己的利益与共享知识一致时，他们就会乐意与大家一起分享自己的知识。只有建立了完善的机制，才能使馆员甘愿分享，激发馆员贡献个体隐性知识的积极性。

第二，建立图书馆内部有效的沟通渠道。建立图书馆内和谐、宽松的交流环境，通过充分的知识交流，将每个人拥有的隐性知识与大家一起共享，群策群力，形成创造性的理

念和思想，为图书馆事业的发展奠定良好基础。

第三，培育开放和信任的图书馆文化。图书馆应该积极创造一种互相信任、互相尊重的文化氛围，使图书馆员愿意分享个体的隐性知识，这样在提高图书馆员素质的同时也能够提升图书馆的综合实力。使图书馆员明白，隐性知识的共享对于个人和图书馆来说是一个双赢的结果，鼓励他们积极投入到知识的共享中。

第四，利用"传帮带"培养新员工。新馆员到馆后，馆领导应根据其自身知识能力、专长等因素考虑安排到合适的岗位，同时指派资深馆员指导其工作。经过一段时间的配合，新员工就能从资深员工身上学到许多隐性知识。通过交流也可以缩小文化背景的差异，使将来的隐性知识分享沟通更加容易。

第五，加强沟通，促进馆内外隐性知识交流。图书馆可以通过借用、特邀等方式引进人才，并聘请其他图书馆、科研单位的专家学者来馆举办讲座，交流经验；也可以定期安排馆员外访、参观、学习等，获得来自图书馆外部的隐性知识。

注重以上几点的同时，图书馆领导还应该重视隐性知识的管理，重视隐性知识拥有者，使个体拥有的隐性知识不轻易流失，并尽量使其最大显性化，成为图书馆整体拥有的知识。

图书馆中蕴藏着丰富的隐性知识，从个体到整体，涉及面非常广阔。对图书馆中所蕴藏的隐性知识进行合理的发掘与利用，将图书馆的隐性知识显性化，可以提高图书馆的社会地位和核心竞争力，是图书馆实现跨越式发展的重要途径和基本方法。

第三章 公共图书馆精细化管理研究

第一节 公共图书馆精细化管理概述

所谓精细化管理，就是将管理工作精细到每个工作岗位和业务，同时形成一套规范、完整的工作和业务流程。精细化管理是一种管理技术，按照一定的标准规范，合理科学地优化精细化管理流程，属于管理学范畴，采用标准化的信息和数据手段，通过精细的系统化和标准化，使组织各部门高效、持续、精确地运作，简单地说，就是要通过建立合理、科学的激励机制，充分发挥员工的价值和能动性。"将企业精细化管理的先进理念融入公共图书馆管理中，不仅激活了图书馆员的责任心，更激发了各个部门的创造性。"[①]

一、公共图书馆精细化管理的主要特征

公共图书馆建设有必要从传统管理模式中转型升级，实现图书资源管理的精益求精、精雕细琢、精严考核和精准定位，这样才能让图书资料发挥出作用，满足人们的阅读需求，让自己的视野更加开阔，知识更加渊博。

第一，精益求精。精益求精的管理理念是对公共图书馆进行精细化管理的核心，因此图书管理员的作用十分关键，图书管理员自身不仅需要具备专业的管理水平，还要具有良好的合作意识。此外，还要不断改进管理方法，处理好管理工作的每个细节，对图书资料合理分配，为广大读者提供精品图书资料。

第二，精雕细琢。我国很多公共图书馆的图书资源有限，还存在图书管理员少的情况，在近年来，国家高度重视文化建设，各地政府不断加大对图书馆扶持力度，但是在服

[①] 韩莉君. 浅谈公共图书馆的精细化管理 [J]. 科技情报开发与经济, 2014, 24 (07): 84-85+89.

务上依然不能满足读者需求，管理细节需要进一步精雕细琢。因此，在为读者提供服务中，必须细化工作内容，充分考虑到读者的感受，落实每一个关键点，树立高度的责任意识，对图书资料管理每个流程精雕细琢，使图书资料的利用率提升，进而实现图书资料效用的最大化。

第三，精严考核。在图书资料引进方面，要制定有效的图书馆资料管理工作规范，使采购流程得到优化，精挑细选读者真正需要的图书资料，不仅可以为有用书籍提供空间，还可以减少资源的浪费。同时，图书资料管理人员需要具有较强的业务能力，接受图书馆的考核，在管理方法上采用员工聘任制度和绩效制度，根据不同的岗位工作内容量化细则，建立具体的考核指标，融入奖惩机制，结合现代精细化管理，进而为读者提供高质量的图书资料和服务。

第四，精准定位。图书资料管理的价值体现在为读者提供有用的图书，因此需要对用途精准定位，管理人员要明晰图书馆的服务价值，对图书采购进行精准判断。此外，面对信息时代的新挑战，应对广大读者快、多、便的新要求，实体图书分馆的发展建设依旧责无旁贷，需要加强数字图书馆与实体图书馆的联合，可以实现线上结合线下的运营模式，借助精细化管理可以对图书馆的图书资料做好管理信息和时间衔接，真正实现精准高效，使读者的满意度提升。

二、公共图书馆实行精细化管理的意义

（一）有助于提高管理效率

目前我国已经进入全面改革的时期，其社会组织的发展也与社会基础发生了不一样的变化。在公共图书馆中应创新全新的管理体系，整合社会各方资源，积极努力完善公共服务体系，以此促进社会和谐发展。公共图书馆作为人们接受思想教育，丰富文化生活、精神文化的主场地，在新时代下图书馆的发展应立足于传统图书馆的形式和职能，努力跟上时代潮流，满足时代需求，顺应时代发展，以精细化管理体系为基础提高管理效率，适应时代的发展需求。

公共图书馆可以根据馆内图书资料为基础进行精细化管理，以此实现数字化图书馆的发展目标，并且以同步数字化进行图书馆内部管理。从而真正提高人们的阅读兴趣与热情，通过精细化图书资料管理后人们可以以更方便、快捷的形式进行阅读等活动，以此掀起全民阅读的热潮，使公共图书馆逐渐步入现代化时代发展中。

（二）有助于发挥最大效益

由于受到图书馆传统因素的影响，我国公共图书馆管理呈现出滞后性，过分重视投入与建设规模而忽略管理以及效益。至今这种格局仍旧存在，积极将精细化管理应用到图书馆之中，能够将思想观念中所存在的弊端进行打破，能够将经验型以及粗放型管理模式进行打破。作为一种以经济管理为主的管理模式，精细化管理能够推动图书馆可持续发展，在精细化管理下，各职责明确，业务流程优化处理，岗责体系得到完善，在协调配合的过程之中能够真正将图书馆工作中所存在的各项弊端进行打破。

此外，公共图书馆采取精细化管理还可以降低成本投入，提高图书馆服务效益，对提高图书馆管理效能以及核心竞争能力有着十分重要的推动作用。

（三）有助于实现创新发展

目前，国际竞争十分激烈，创新作为一种指导因素，对提高公共图书馆的创新发展具有十分重要的推动作用。在图书馆的管理工作中，将创新积极融入其中，保证各项工作的系统性以及规范性，真正实现精细化管理。近几年，伴随着我国信息社会的不断发展与进步，我国公共图书馆在管理理念以及服务理念上发生了重大变革，公共图书馆积极应用精细化管理，可以实现管理手段的创新，并且能够为公共图书馆的发展提供条件与发展动力，促使公共图书馆管理工作能够实现规范性与创新性的相互融合，对提高公共图书馆自身竞争力具有十分重要的推动作用。

第二节 公共图书馆精细化管理途径

一、深化公共图书馆的各种资源

在人力资源方面，要将它作为管理工作的重点，对每个工作人员进行动态化控制，强化工作人员的岗位职责，让他们了解各自的工作职责，也要设置一定的工作权限，对其进行分级管理，让其成为一个系统化的组织，以便对每一项工作进行精细化管理。在对岗位的职责有正确认知后，要创设相应的考核机制，量化精细化管理工作，让各个部门相互配合，让人力资源的作用得以体现。

在资金方面，当前大多数图书馆管理的资金一大部分是来自政府拨款，还有一些是来自社会和个人关于图书资料和资金的捐助，由此图书馆的资金不能只依靠财政拨款，还要与相关单位和科研机构合作，共同进行管理工作。图书馆还可以与当地的政府、教育部门合作，对阅读推广的目标再进行细化，这样当地的教育部门可以根据读者的阅读情况，为他们推荐适合的阅读材料，以此扩大影响力。

在物力资源方面，公共图书馆里的图书资料是由工作人员负责的，在精细化管理中，可先收集几位具有代表性的读者的实际需求，对图书馆内部全部设备进行管理。一是可先制定图书资料的采购、上架、借阅、归档等制度，完善全部工作的管理制度；二是要根据网络来创设相应的平台，对图书馆的动态情况有足够的把握，防止重复购买图书，浪费采购的成本，让图书馆的空间价值得以提升；三是要对图书馆中的期刊、纸质图书、电子资料等进行完善、精细管理，在保管上，纸质图书要做好防火、防潮等工作，在电子资料方面，要保证借阅的有效性和合理性，让读者有一个良好的阅读平台。

二、创新公共图书馆的管理制度

信息化已经逐渐覆盖到我国人民生活的各个方面和领域，读者对于公共图书馆的管理工作也有了更高的要求，只有将现代化信息技术融合到图书馆的管理工作中，才能够真正满足读者的实际需求。与此同时，也可以提升图书馆在市场中的竞争力，适应市场的发展需要，促进图书馆管理工作更加科学化、系统化。图书馆与人民群众的精神文明建设密切相关，同样由于网络信息技术的发展，群众获取信息的渠道逐渐增多，但是却越来越碎片化，导致读者没有完整的阅读体验，公共图书馆的转型对于我国人民群众的精神文明建设有着重要意义。

三、利用技术驱动优化阅读服务

在构建公共图书馆精细化管理体系时，要充分了解读者的需求，提升用户资料的服务质量，因为每一个用户在阅读时，都有不同的阅读需求，优化图书馆阅读服务的前提是了解用户的需求，可充分利用技术手段，优化阅读的服务。首先，利用技术驱动实现服务创新，因为图书馆只靠技术来支撑，即使资源和服务再丰富、便利，也不能使图书资料管理的内涵和价值得以体现。在这种情况下，可利用技术促进图书馆的服务，深化图书馆的管理职能；其次，可利用技术了解用户的阅读爱好、年龄、职业等，以用户需求为标准，创新规划图书管理服务种类，让用户主动地获取图书资料，让他们主动地接受智能服务，提升阅读服务的优质性。

四、采用主动式精细化管理方式

在传统的图书资料管理模式中，大部分是被动地为用户提供服务，主要是通过给读者提供空间，不需要向读者咨询、询问想要浏览的内容与需要的服务类型。而在精细化的图书资料管理体系中，管理人员需要提供主动的服务方式，根据对读者需求的了解与分析，有针对性地提供服务，并且对不同读者类型有清晰的定位，有助于管理人员在提供服务时，能够定向推送，利用新媒体平台进行图书馆藏资料的宣传，匹配到关注该项资料的用户，对用户信息展开分析与研究，通过各种渠道了解他们对不同品类的需求，提升图书管理的主动性从而提升整个图书馆的服务效能。

五、进行精细化资源管理

公共图书馆是人类文明的产物，是人类通过生产经营不断开发利用形成的一种精神财富，其通过大量收集、加工、传播并将资料记录保存下来，是一个社会化的机构。但长年以来，我国在图书资源方面的管理手段较缺失，没有做过全面的规划与统筹安排，导致很多文献资料出现缺漏与不合理重复的现象发生。因此，公共图书馆的图书资源管理，提倡将图书馆资源联合共建，以资源共享的方式进行精细化资源管理。

首先，从人力资源管理方面对图书馆内部的相关岗位进行精准定位，将图书资源的管理工作流程不断细化，并且适时把握各部门之间的团结协作。

其次，严格规范对图书资料的管理，通过建立共享平台将图书资料实时地上传至系统中，从而把控图书资料的更新状态，还能一定程度上减少图书采买成本。

最后，在财力上面，不仅要靠国家的财政拨款，还应细化精细化管理的优势，通过社会的力量筹得资助，使公共图书馆得到扩建。

六、构建独特的公共图书馆文化

在公共图书馆管理工作中，核心问题便是人的问题，尤其将精细化管理融入其中，以人为本的理念需要格外重视。在图书馆管理工作中需要创建独特的图书馆文化，这不仅是图书馆发展的基础，也是图书馆精细化管理的核心内容。图书馆文化主要是指在图书馆的发展历程之中所形成的一种价值理念以及精神信念，属于一种以文化为导向的现代管理思想以及管理模式。图书馆文化的构建能够调动起图书馆员工的工作积极性。

此外，当图书馆文化越发达，图书馆管理人员的个体荣誉感会越来越强烈，会指引图书馆朝着规范化、专业化方向发展。根据相关数据统计，在美国图书馆管理理念中，图书馆服务效能中人为因素占据80%，文献资料占据20%。所以，图书馆要想实施精细化管理，则需要将人才建设与图书馆文化放在首位，积极创设独特的图书馆文化，推动图书馆管理工作的创新发展。

七、提供主动式管理方法

精细化管理体系的发展使一些图书馆员能够按照传统的管理方法在工作过程中被动地为读者提供服务。这种被动服务主要来自管理员认为读者需要的内容以及图书馆可以提供的服务类型。虽然被动管理可以在一定程度上为读者提供准确的服务，但实际上并不能达到书籍材料精细化管理的目的。图书馆员需要提供主动管理服务，以便根据他们对读者需求的理解提供有针对性的服务。当然，在提供服务的过程中，管理员需要了解不同的读者群，准确定位读者，并定向推送。

八、确定规范化的管理制度

公共图书馆针对图书资料管理的发展需要与转型需求，应不断健全与完善管理制度，制度的制定紧紧围绕图书馆的科学发展，包括激励机制、责任分配、运营体素等。其中对于运营体系，图书馆管理机制的有效性直接决定其运营情况，再根据当前的情况进一步调整工作流程，从而发挥激励机制的作用，不断调动员工的工作积极性，创建一个积极向上的内部环境氛围。在工作中，将精细化管理作为整个工作的核心对象，合理分配布局相关工作人员，将管理人员分配至适合的岗位，并起到监督管理作用。

与此同时，还应实时掌握读者对图书馆的反馈意见，结合意见不断优化工作流程，将图书资料管理流程细化分解，并定期开展归纳、总结与评价。在此基础上，进一步融合精细化管理体系，通过完善人力资源、信息资源、环境资源并将资源整合在一起，从而对员工与读者进行高效管理，定期开展业务技能比赛、劳模评选活动，评选出优秀员工，给予表彰。

另外，公共图书馆精细化管理有控制经费的作用，对于图书资料的管理也设置了大量的要求，而有些时候由于管理要求太过苛刻，导致管理人员对工作产生厌倦的心理，管理人员在工作中无法发挥自己的潜能，束手束脚，这对于图书馆的长远发展具有一定的负面影响。因此，在图书馆加强内部精细化管理的同时，还应注意制度人性化的设置。依据读者在馆内实际的阅读过程，对读者反馈资料进行整理、收集并优化，图书资料管理人员在服务读者时需要责任分明，不同岗位承担各自的责任，并且对自己在工作中作出的成绩与所犯错误进行评估，从而使图书馆内部形成良性竞争的工作氛围。

九、做好公共图书馆精细化数字管理

随着信息技术的进步，构建数字资源平台成为现代图书馆发展的必然趋势，图书馆走过传统阶段、自动化阶段，现在正处于数字化的阶段。数字化图书馆的出现，使人们足不出户就可以获取大量数据信息，对教育、科研、经济的发展具有重大的推动作用。对于图书馆藏的数字化，通过对书刊文献设置数字，提高了海量图书的检索速度，呈现出资源数字储存、智能检索、网络传递等特征。

公共图书馆精细化数字管理，使图书资源的储存方式发生了巨大的改变，由过去传统的纸质存储转变为磁性介质的电磁信号，通过对资料进行压缩空间、改变组织方式，很大程度上提高了检索速度、加快了维护工作、降低了维护费用。图书馆的存储不仅有纸质文献，还扩展到很多以文本、图形、动画、音频、视频等方式保存的数字化的知识产品，通过多媒体技术将其统一存储与管理。通过网络智能化的检索，改变了传递信息的形式，从原始的纸张顺序、线性方式转变为直接用电子计算机网状的方式，使读者不再受到时间与位置的限制，通过设置广泛的用户连接接口，提供便捷的检索功能，通过访问网络用户就可以获得所查询的资源，大大地提高了信息共享程度，并缩短了信息传递与反馈的速度。利用互联网将馆藏的资源与网络资源有机结合在一起，满足了不同读者不同的阅读需求，读者可以以自己喜欢的方式进行检索与浏览，并将线上数字平台与线下借阅平台联系在一起，细化借阅流程，大大地提高了图书资源利用率。

十、持续优化服务流程

公共图书馆是面向大众的社会化服务平台，馆藏中的文献资料是为广大群众提供服务的，因此，在图书资料精细化管理建设中，应根据人们的需求有针对性地提供服务，并且将优化服务流程放在整个工作的重心。在服务的过程中，通过运用计算机技术为读者提供快速资料检索、解决阅读难题等帮助，建立便捷的图书馆服务模式，为读者提供个性化的服务。

第一，通过信息技术收集存储全面、完整的文献资料，并将大量图书资料存储至信息管理系统，这个系统在图书馆官网设置链接向社会开放，使之能够便捷查询与传递，馆藏资料数据库的建立在提供个性化服务中起着至关重要的作用，方便读者实时掌握最新资料。

第二，加大对用户信息需求的研究，通过了解用户信息需求行为，对所获取的信息不断分析研究，其研究结果直接决定图书馆的服务方向与服务内容，并沿着用户的信息需求如读者访问频次、借阅情况、反馈信息等内容，有针对性地开展信息服务。

第三，打造个性化的阅读环境，通过对用户基本信息的了解，制定个性化的用户跟踪服务，提高工作人员的服务质量，培养良好的服务态度、语言、行为，增强其服务意识，使用户能够被图书馆具有亲和力的氛围感染，从而体验到图书馆的服务质量。

第四，建立专业的资源导航体系，在满足读者基本检索需求的基础上，借助检索工具，将用户查询的主题与关键节点进行整合筛选，分析出用户检索的原则，通过简洁语言的设置，使用户在进行检索时能够自动呈现出与检索词相关的语句，从而提高检索的速度与智能化。

第三节　公共图书馆采购精细化管理

对于图书采购行业来说，相关管理人员十分重视管理工作，只有拥有较强的管理能力，才能够占据市场竞争优势地位。因此，现阶段大部分的图书采购行业管理人员已经认识到管理的重要性，已经逐步形成一种精细化的管理思想，并在图书馆藏书采购管理中得到充分的应用。

一、公共图书馆采购精细化管理的意义

第一，实现了图书采购的时效性。随着信息技术的迅猛发展，数据价值愈加凸显，图书馆可以利用大数据技术对图书馆数据库中存储的海量数据信息进行实时的收集和分析，从而快速及时地获得读者在最近时间段内对图书馆资源的利用情况，指导文献资源采购工作，提高图书采购质量的时效性。

第二，实现了图书采购的主动性。在传统的文献资源采购模式中，公共图书馆工作处于比较被动的位置，其原因之一是工作中缺乏科学数据的支撑。影响文献资源建设的因素纷繁复杂，公共图书馆采购精细化管理让采购工作更加精准，以数据为支撑，深入挖掘与采购相关因素之间的关联，可以使采购人员在工作中做到有的放矢、科学决策。在藏书采

购过程中及时了解资源内容与读者需求之间的关系，实现个性化的采书推荐和有针对性地采购，避免因被动盲目造成资源的浪费。

第三，实现了图书采购的预测性。公共图书馆采购精细化管理，通过对相关数据的深入挖掘，发现读者的兴趣偏好，预测读者的需求，从而做出准确的采购决策和信息推送。读者需求驱动采购是以读者为中心的采购方式，一方面读者可以直接代替图书馆采购人员做出订购决策，读者选择了该书，只要符合图书馆预设的订购条件，即可自动进入订购环节，因此需要工作人员根据数据分析结果做好前期的预测工作，设定科学的订购条件参数，并为读者提供精准的信息推送服务；另一方面采购人员可以根据数据分析结果，从数据的角度量化读者需求与文献资源之间的关系，预测读者需求，制定采购决策，增强馆藏建设的针对性。

第四，实现了传统采购模式的新突破。公共图书馆采购精细化管理是以用户需求为中心，以技术为手段，搭建起以各类数据为支撑的智能化的文献采购数据管理平台，让读者积极参与到图书馆资源建设中来，改变传统图书馆馆藏建设中存在的主观、被动、盲目的弊端。精细化管理与图书馆馆藏采购工作的结合，突破了传统图书馆资源建设的藩篱。

二、公共图书馆采购存在的问题、模式与方式

（一）公共图书馆采购存在的问题

（1）订单模式的改变。在传统模式下，图书馆的采购活动通常采取长期订购模式，而政府采购模式限制了供应商的交货时间，这与传统的采购模式有很大的不同。在这种模式下，图书馆的馆藏业务面临着巨大的挑战，因此，图书馆要想在这种模式下更好地发展，就必须改变订购模式，用短期订阅模式代替长期订阅模式。订单采购是由工作人员根据本馆的馆藏方针有计划、有选择地选购图书，再将订单发送给馆配商。其弊端在于书目信息汇集得不完整，图书采购范围完全受馆配商限制；现场采购时间受限，采购人员工作量增大。另外，以上两种方式都是基于采购人员的个人经验，因此很多图书在专业性和需求程度上很难满足读者的要求。读者荐购在目前还是一种辅助采购行为，由于读者推荐的图书必须通过馆配商购买，图书订到率和到馆时间得不到保证，往往等读者看到其所荐购的图书时已经过了需求的最佳时机，更无法对读者的阅读起到推荐和引导的深层作用。另外，传统的读者荐购方式，荐购书目要经采购人员收集、审核、下单，到馆后还要单独验收、加工、联系读者借阅，工作量明显增加。

（2）采购模式的长期运作。与传统的采购模式相比，政府采购模式具有更高的标准化程度，整个采购模式需要严格按照规定的步骤分步执行，从最初的计划到最终的结算时间较长，直接延长了整个采购周期。这种标准化的程序模式可以在很大程度上保证采购的质量，然而，由于图书馆市场的不确定性，在过去的采购过程中，图书馆很容易遇到库存短缺或库存订单率不足以满足客户需求。

（3）增加文献信息资源合理配置的难度。图书馆是接触不同领域知识的重要场所，每个图书馆都有不同种类的书。在中国，数百家出版社都十分重视图书资源的配置，出版商的书目资源可以成为图书馆的重要馆藏，更符合现代交易市场公平竞争的原则。然而，在这种模式下，供应商很容易为了赢得投标而任意降低图书资源的价格。

（4）编目中心责任重、压力大。政府采购模式与传统模式相比，它有助于增加图书馆的图书数量。但由于这种模式采购时间较长，通常会从当年中标人确定后到下一个年度，需要中标人目录中心的编目工作按照图书馆的要求快速完成编目工作。在这种情况下，编目员除了要把控编目质量外，还要完成上架的新书，这直接增加了编目工作人员的任务和压力，影响编目工作的效率。

（5）中标人提供的自编数据存在问题。通常情况下，供应商在签订采购合同的同时发送具体的书目数据，以减少图书馆员的工作量。但是，图书馆的实际书目数据必须根据情况进行修改，如果供应商提供的目录数据不正确，将会导致附件目录数据出现严重问题，影响正常使用。

（二）公共图书馆采购模式构建的建议

1. 协调公共图书馆图书采购数量与质量

信息化时代要求图书馆图书采购工作要充分应用数字化资源，从而实现纸质图书资源与数字化图书资源合理分配，并通过增加图书馆购买数字化资源的比例优化图书馆的馆藏资源结构，从而有效地提升图书馆的文献资源保障水平。图书馆图书采购工作的根本目的是满足读者需求，并不局限于扩大馆藏规模。这就要求图书馆在有限的图书采购经费允许范围内，统筹规划图书采购工作。图书馆采购工作人员不仅要关注本馆的图书采购范围，还要关注影响图书采购的各方面因素。图书馆图书采购工作人员需要对采购图书价值、用户需求综合考量，尽可能地选择用户急需且与本馆图书资源建设相符的图书，从而有效地提升读者满意度。

2. 加强公共图书馆与图书供应商的合作

图书馆应该与图书供应商形成良好的合作关系，这样能够在第一时间与图书供应商取得联系，并获得先进、优质的图书资源，满足图书馆的资源建设需求。一方面要求图书供应商能够为图书馆提供图书资源，另一方面也要尊重图书供应商。要经过大量的市场调查与比较，选择一些信誉良好、品牌形象优良、渠道宽广的图书供应商，从而有效提升图书馆馆藏资源质量。可以通过应用互联网技术实现与图书供应商的沟通，并通过在线服务平台了解图书采购进度。图书供应商将准确、完善的图书信息上传平台，从而能够使读者与图书产品实现直接连通，从而能够使图书馆的图书采购成本降低。

3. 加强图书采购信息的反馈及调整

图书馆的图书采购工作根据用户的需求，存在明显的采购周期差异。图书馆需要将读者的反馈信息进行汇总与分析，并结合图书馆管理工作中图书采购成本分析结果，及时对图书馆的图书采购工作作出调整。针对一些图书馆馆藏资源建设必需但是读者使用率较低的图书，可以酌情减少采购量；针对一些图书采购成本低且使用率较低的图书，如果图书馆的图书采购资金比较紧张，则可以不再采购。通过应用创新的图书采购模式，可以使以往图书馆管理中的信息不对称问题得到解决，满足高端图书资料信息的需求。

（三）公共图书馆图书采购的常用方式

1. 现场采购方式

这种方式是最简单，也是最直接的采购方式。就是采购人员通过与图书的直接接触，然后做出采购的决定。这里的现场既包括出版社、书商的书库，也包括书展、馆配会等活动现场。现场采购的优势显而易见，一方面具有直观性的特点，采购人员能够直接对图书的内容、装订、纸质等作出判断，从而保证采购的书籍的质量满足一定的要求，并能够准确地淘汰掉一些不适合图书馆需求的书籍。另一方面具有有效性，现场采购模式的采购人员具有很强的目的性，依靠自身的专业能力和经验，同时辅之以出版社的介绍，能够很快完成图书的删选和订购。但是现场采购的劣势也非常明显，一是选择有限，只能在提供的范围内选择，二是耗费的时间精力相对较大。

2. 书目预定方式

书目预定也是图书馆较为常用的采购模式，就是由书商向图书馆发送一些新出的，或书商可提供的，或专门拟定的适合图书馆的书目，然后由图书馆采购人员从中选择预定。

这种方式的优势：一是非常方便，采购人员足不出户就可完成预定；二是效率很高，这种模式采购图书几乎无需付出采购成本，且可以在短时间内完成大量书籍的采购。但是这种方法的问题同样存在，一是受书目的严重局限，对书目的内容完整性、真实性、准确性有很大的依赖性；二是无法看到实体的图书，对于一些有装订要求的图书馆，有一定的风险。

3. 网络订购方式

随着网络的普及，网络订购逐渐成为一种新型图书采购模式。通过网络图书平台，能够大面积地对书籍实施筛选，不但能够看到图书的封面、简介，还能够看到哪些书籍最受读者欢迎，另外还可以看到读者购买以后的评价，从而对图书作出更全面准确的判断，以帮助采购人员选择更合适的图书。而且网络订购也非常方便，通过网络就能够完成图书的选择、下单、付款。网络订购的风险在于质量，相对来说网络订购的质量参差不齐，甚至可能会有盗版图书，更重要的是现场采购与书目预定都有确定的书商提供售后，而网络订购则风险较大。

4. 读者荐购方式

图书馆是服务于读者的，所以要更好地满足读者需求，读者荐购就是一种非常好的图书采购方式。通常市级图书馆都设有专门的读者荐购平台，比如在服务台设置了专门的读者荐购本，图书馆官网上也有专门的读者荐购渠道，另外图书馆的微信公众号、微博等也同样可以满足手机读者的荐购需求，从而使读者与图书馆之间形成紧密联系。

读者荐购这种方式一方面需要图书馆采购人员进行大面积筛选，另一方面其规模相对较小。但是作为一种更加体现读者意愿和读者需求的图书采购方式，更符合人性化。

三、精细化管理在公共图书采购管理中的应用

（一）基于"顶层设计"理念强化图书采购管理

对于图书馆而言，图书采购的主要目的是满足读者的需求，能够为科学研究、专业知识学习等提供有价值的图书。图书采购工作不是独立的，需要综合分析整个图书馆的情况，进行统筹规划。馆藏图书因新书不断补充、旧书及利用率不高的图书被剔除而时常发生变化。因此，馆藏信息也在不断更新。图书采购前要对整个书库的图书组成结构有个大致的了解，对馆藏信息的准确把握是新书采购的重要前提。在实际工作中要积极开展精细化管理，合理应用"顶层设计"的理念，以此统一思想。对于"顶层设计"来说，是指

利用系统论的方式，对某一项目或任务进行全面的统筹规划，能够有效集中各项资源，快速实现既定目标。在图书采购中要建立专门的部门，选任专业的人员负责，提高采购队伍的综合水平。

另外，要以精细化管理为中心，建立健全相关体系，尤其是图书采购和评价体系，要重点关注。此外，要转变传统的管理理念，优化落后的资源体系，从顶层设计角度入手，不断完善精细化采购管理制度。

（二）制定完善的采购计划

近年来，我国图书市场日益繁荣，出版社规模不断壮大，书刊出版数量急剧增多。年均出版图书种类已高达十几万种。除去再版书、重印书以及其他不宜收藏的图书外，实际可供采选的图书仍有五万余种。在这个前提下，面对堪称海量的图书品种，做好采购前的准备工作，制定完善的采购计划，就显得十分必要。简言之，图书馆在正式采购图书前，应做到如下三点：

1. 拓宽沟通渠道，全面了解读者需求

图书馆服务的读者数量大、覆盖面广，可谓上至八十老翁，下至两岁孩童。而年龄差、学历差等因素也决定了读者对图书馆的需求会呈现出多元化态势。比如，有的读者倾心于畅销书，有的读者爱好经典书，有的读者则只选择与自己业务相关的进行专题阅读。这种纷繁复杂的现状就要求我们在进行文献采购时，一定要正确处理好个体与共性、当前和长远、现实需求和潜在需求等辩证关系。应积极拓宽沟通渠道，将读者需求作为馆藏资源建设的努力方向。采购人员应经常深入图书市场，开展调查研究，掌握各类文献的流通趋势，分析读者利用文献的规律。

同时，尽可能熟悉读者队伍，聆听读者心声，听取读者的意见和建议。可以通过微信调查问卷和现场调查询问等方式，定期掌握读者需求，并做好统计和分析，提高馆藏文献资源与读者需求的契合度。此外，在图书馆内部，采购人员还要加强与本馆各部门之间的沟通，听取一线工作人员的意见和建议。在多年的工作中，图书馆一线工作人员多数能够积累一定的经验。在采购工作正式开始前，如能有意识地搜集、整理这些同行们的意见和建议，势必会对后续的具体工作带来便利，也使得专家型馆员的工作智慧有了更为充分的展示舞台，从而提高采选文献的适用性与针对性。

2. 做好调研工作，制定采购计划

开始图书采购前，应根据读者需求和本地区社会经济发展的特点，结合馆藏发展目标、年度购置经费,确定纸质书刊、数字化书刊以及音像制品等文献的购置比例。在此基础上,制定一个较为详细的采购计划,包括书目、数量等不出现缺订、漏订,获奖图书及畅销图书尽量全面采取及时入藏,各学科的重要及经典著作,丛书、多卷书籍、重要的工具书等不缺订、漏订,明确采选模式和采选程序,确定采购人员的责任和权限,明确工作进度,按要求编写计划草案,组织讨论、修改并送上级审批。采购计划必须充分考虑读者的需求。应将"读者决策采购"(PDA)作为传统采购模式的有益补充,一方面积极搭建读者荐购平台,增强读者荐购的参与度和服务效率,避免由于荐购系统的缺陷而造成读者参与度不高的情况。我们相信,只有积极稳妥地做好上述工作,才能制订出较为具体、详细、有操作性的采购计划,为后续工作的顺利开展打下良好基础。

3. 规范采购流程,做好招标工作

现阶段,图书馆的采购招标工作多由政府统一实施,即通过政府招标的方式确定几家本年度的图书供应商。政府采购招标在一定程度上能够杜绝图书采购中的腐败,但也带来了一定的弊端,如图书的购买渠道和经费使用的灵活性都受到了一定程度的限制,一些低价中标的图书供应商服务能力和服务质量无法达到图书馆的要求。在招标过程中,由于有的工作人员不了解图书馆业务工作,往往仅仅靠价格杠杆来运作,导致一些个体书商把折扣压得很低。其弊在于,一些低价中标的书商无法提供较为齐全的书目,到书时间长,沟通不畅,事实上制约了图书馆文献资源建设的质量和效率。鉴于此,评标时应抽调一定数量的图书馆专家参加评标工作,通过内行把关的方式选择优秀的图书供应商。此外,招标完成后、图书采购前,应要求书商提供核心出版社的合作协议或授权书,在招标合同中明确规定核心出版社的书目数量和质量。也就是说,通过签订协议的方式约定双方的责权利,保证服务质量。最后,在一个招标周期完成后,图书馆要从书目质量、服务质量、到书率、到书周期、沟通反馈等方面对馆配商进行全面的考核评价,重点考量订单采购能力,为下一年度的采购招标提供依据。

(三)制定科学全面的采购标准

为了提高图书采购管理工作的整体质量,相关人员一定要转变传统理念,在制定采购计划时不能只关注图书数量而忽视质量。等采购到一定数量的图书时要将重点放到图书采购的质量上来,并不断优化图书采购流程。另外,采购人员要关注读者的需求,因为读者是图书的直接使用者,他们的实际需求和满意度直接关系到图书采购工作的完成质量。在制定采购计划之前,要全面调查他们的兴趣爱好和专业需求,尽最大能力满足他们的需求。

同时，图书馆要积极采取精细化管理方法，这样可以及时掌握读者的需求，使图书采购工作更有针对性。还要安排专人负责统计图书馆已有的图书资源，并调查各类图书的实际使用率，这样可以推断出人们的需求。采购人员可以着重关注那些使用率高的图书，在制定采购计划时可以适当增加这些类型的书籍，这样图书入馆之后使用率会高，能够提高图书采购的价值。

（四）坚持质量至上的采购原则

在执行文献资源建设采购策略时，一定要秉承质量至上的原则。图书馆的读者面广、文化水平差异大，这使得不同读者会对文献资源有多元化需求。理想的馆藏文献资源体系应具有如下特点：结构合理、学科完备、内容丰富、借阅方便。只有这样，才能充分发挥图书优势，吸引更多读者利用图书馆、爱上图书馆，从而更好地为经济社会发展作出贡献。在具体执行过程中，要努力做到如下四点：

1. 书目采购和现场采购相结合原则

书目采购和现场采购是图书采购的主要方式。书目预订采购模式在方便采购工作的同时也具有一定的弊端。国内学者对多家馆配商提供的书目进行分析，发现各馆配商提供的年度新书目其实只是总书目的一部分而已。可以理解的是，书商以利益最大化为经营目的。由于在初选书目时，不同出版社的图书的质量有差别，折扣也不同。因此，书商提供给图书馆采购人员书目时，往往会人为去掉一些质高价昂的图书。在这种情况下，如果仅仅依靠馆配商提供的书单进行圈选，一些优秀出版社的高质量图书往往会被漏掉，从而影响馆藏质量。还有一些经典图书因书名重复，难以作出优劣判断。这就需要图书采购人员对馆配商提供的书目信息进行精挑细选，实施核心出版社优先、口碑好的出版社优先的策略。"从征订书目著录信息入手，根据影响采访质量的内容因素和形式因素以及图书馆读者的阅读特点对书目进行控制，进而提高购书的针对性和质量。"同时，图书采购人员应经常关注出版动态，与重要出版发行机构建立联系，积极拓展获取信息的渠道，及时获取最新最全的图书出版发行信息以弥补馆配商书目数据的不足。

2. 注重年度图书排行榜单

采购人员应充分利用参加全国性书展、供货会或学术活动的机会，了解学科动态，加强同行间交流，多方位开辟购书渠道，扩大图书选购范围，以弥补馆藏已有图书的相关缺漏。尤其重要的是，要合理规划，积极采选获奖图书补充馆藏。当年获得各级各类奖项的图书一定程度上反映出当前的出版动态和阅读热点，本身也有一定的热点效应。因此，采购工作人员应主动关注《图书馆报》等刊载图书评奖工作的杂志，筛选出优质的出版单位和作者，及时入藏国内外优秀获奖图书。要善于利用新媒体，通过微信公众号等平台发布好书推荐，定期梳理国家图书馆文津图书奖及出版系统评选的获奖图书书目。例如深圳图书馆评选的年度"南书房家庭经典阅读书目"、广州"书香羊城"十大好书等均是有益的参照。

同时，对新媒体推荐的书目也要进行甄别，以优中选优的方式采购入藏。在采购当年出版的新书的同时，要注意查漏补缺。过去年份出版的经典书目，以前未采齐的多卷书以及连续出版物等，都应该纳入采购计划中，以保持图书文献的连续性和入藏完整性。

3. 特色馆藏文献资源建设

根据所在地区经济社会发展需要，公共图书馆要积极建设地方特色馆藏文献资源，逐步形成本馆的馆藏特色。比如，收集本地区历史名人的相关资料，有关本地区各乡村的历史发展动态、历史沿革、人物传记、地方志、年鉴、老照片、老物件等文献资料和实物，并将这些资料拍照录入数据库中。凡与本地政治、经济、文化、科技发展相关的重要文献都要按照计划逐步配齐。密切关注本地区特色文化发展，收集与当地历史和社会发展相关的文献资源，挖掘乡土文化资源。

通过特色文献馆藏建设，有助于构建有地域色彩的文献收藏体系，为党政机关的决策提供更为丰富和全面的本土文史文献信息。积极参与和推动本地区图书馆合作和文献资源共建共享，为区域经济建设作出应有贡献，使图书馆在社会发展中的地位和作用不断提升。同时了解本地区企业在科研方面的需求，建立相应的专题学术资源，为科技创新、学术研究等活动提供高层次的知识支撑和信息服务。

4. 关注少儿的图书需求

据统计，少儿类图书是图书馆利用率最高的图书。要重视各年龄段未成年人阅读内容的均衡，考虑不同年龄段少儿的阅读习惯、阅读能力、注意力等特点，进行有针对性的采购。比如，对部编版小学语文课本《快乐读书吧》中小学生必读书目应挑选优秀版本入藏。对于确实借阅量大的图书，应适当增加复本量。收集与整理人民日报社推荐的1~9年级必读经典书目和各学校各年级的必读书目，在加工整理的基础上采购入藏，并设立专题书架。多种举措的实施，势必能够引导学生阅读，完成老师布置的阅读任务，并切实提升孩子们的阅读兴趣，为营造书香社会奠定良好基础。

（五）科学管理图书采购工作

目前，在图书采购工作中会选择招标的方式来完成。图书馆里的大多数图书都是通过招标采购的，为了保证招标的公平、公正，提高采购质量，一定要建立健全招标管理方面的制度，组建专门的部门和成员来负责这项工作，保证招标文件的合理性和可行性。同时，要加强监管力度，由专人来对整个招标环节进行有效监管，防止出现控标现象。

此外，在实际开展中，一些图书馆还会采取网上订购的方式来完成图书采购工作任务，采购人员要对供应商的资质材料等进行全面了解，这样能够进一步保障图书质量。在实际采购中，采购人员要综合分析图书需求和市场情况选择合适的采购方式，有效提升采购效率和质量。

（六）制定完善的合同期限评价标准

选定好图书供应商之后，双方需要签订合同。相关人员要对供应商的服务质量进行评价，可以从书目信息、图书到货率、编目数据加工等方面入手。在图书馆管理工作中书目信息非常关键，代表着是否可以有效保障采购图书的质量。一般而言，出版社有许多类型的书目，不方便使用，会花费大量的时间。因此，若是供应商的自编书目信息精准，那么在评价过程中该供应商能够得到较高的分值。图书馆发出订单后，一些供应商因为自身原因无法全面满足采购需求，这样会耽误采购进度。为了解决这类问题，在满足图书质量可靠性的基础上能够按时完成图书采购计划，必须要求供应商保证图书到货率。编目数据加工是图书馆定期抽查的关键事项，分值占比较大。它是合同中约定的一种外包加工业务，是图书馆与供应商共同商量后签订的条款，供应商也要完成相应的要求。

（七）组建专业高效的采购队伍

文献资源建设工作是一个综合性的系统工程。其中，图书采购人员的素质直接关系到馆藏文献质量和图书馆发展水平。加强采购人员队伍建设，打造专业高效的文献资源采购队伍是提升馆藏质量的必由之路。

1. 树立终身学习的意识

图书采购人员要树立终身学习的意识。要爱学善学，不断增加知识储备；要善于利用计算机进行数据分析，提升采购工作素养和业务水平，不断积累采购工作经验，深化对采购工作的理解，提高图书鉴别能力。通过借阅查询统计，掌握读者阅读倾向并挖掘其心理需求，杜绝更多的个人判断所导致的偏颇现象。要采取积极有效措施，引导采购人员学习，培养责任心、事业心。通过不断学习，努力提高采购人员的思想素质和业务素质，强化职业道德。比如，要注重阅读反馈工作，定期通过系统统计数据了解读者借阅量最高的图书，定期进行读者问卷调查，多渠道积极了解读者的需求，以便图书能够得到更充分的利用。只有这样，才能最大限度满足读者需求，真正担当起新环境下文献采购工作的重任。只有这样，才能保证采购过程的科学性、合理性，提高综合素养和服务水平。

2. 积极培养高度敬业的精神

采购人员应具有高度敬业的精神，把为读者挑选好书、发挥阅读引导作用、激发读者阅读兴趣当作一件很有意义的事。在开展业务时要"走心"，要经常关注当当网、京东网的畅销书排行榜，豆瓣读书网、凤凰读书网等热门书以及"学习强国"的读书频道，善于发现好书并及时采选。通过统计图书借阅相关数据了解读者的阅读倾向，对读者借阅量高的医学保健类、计算机类和烹饪类图书可以适当增加采购比例。努力做到"既考虑研究型读者的需求，也兼顾娱乐型读者的需求，因势而谋建设馆藏信息资源"。图书采购人员要充分认识文献建设的意义。事实上，提升文献资源建设质量，是一件利在千秋的大事。其价值在于，有助于提高图书经费使用效益、保障文献资源建设工作持续健康发展；有利于构建公共文化服务体系、促进文化事业持续健康发展；有利于满足人民日益增长的文化生活需要，提升国民综合素质，促进经济社会发展。诸多实践充分证明，认知层面的这种提升，对于后续业务工作的开展至关重要。

3. 加强专业精深的技能培训

尽管相对于专业图书馆，图书馆具有大众化的特点，但这不能成为回避专业、拒绝精深的理由。作为图书采购人员，既要有广博的知识储备，也要有灵活运用知识的能力；既要对图书市场有敏锐的嗅觉，还要有"采、访、编、藏"等扎实的专业技能。在开展工作时，要对文献采购的类型、类别、文种水平等，做到心中有数。同时，在文献资源构建过程中，要发挥专业优势，将书刊的情报性与学术性、知识性作出区分，充分彰显图书馆的教育功能。专业精深的技能，还体现在充分尊重读者需求。一般而言，图书文献资源建设以满足馆内年度工作任务为准则。但从长远来看，读者的呼求以及自我教育的需要也是一个非常重要的考量标准。一个优秀的图书采购人员，必须时刻留意广大读者对文献的个性化需求，注重馆藏文献的连续性、实用性和完整性，在点点滴滴的积累中突出馆藏特色。落实责任审批制度，以宁缺毋滥为原则，对价格昂贵的大部头文献资料贯彻分级上报的申请程序，对畅销书、学术书也要努力做到"家底清、情况明"，真正将专业精深的"工匠精神"体现在图书馆文献资源建设的环节中,为社会主义文化建设作出应有的贡献。

第四节 公共图书馆流通精细化管理

一、公共图书流通精细化管理的内容

公共图书馆在社会发展中有突出的作用,其存在就是为了方便人们的阅读,从而提升大家的文化软实力。"图书馆图书流通管理是重点,在具体的工作过程中需要图书馆的工作人员能发挥自身的作用。"[1]

图书流通管理,是指收集、检阅、整理、收藏图书文献资料等内容,通过图书整理可以满足不同读者的不同需求,这也是图书馆的重要工作内容。图书流通管理的工作内容有以下几点:将借还文献图书放到指定位置,并将新购进的图书资料上架分类,便于读者取阅;如果读者在图书借阅过程中出现问题,管理人员需要及时解答;定期整理图书,将摆放错误的书籍重新归位,并注意图书倒架;保证图书资料可随时取阅,提高信息利用率,为读者创造良好的阅读环境。只有加强流通管理才能保证图书馆服务质量。因此,图书流通管理一直是图书馆重点关心内容。图书上架、图书整理、图书保存等工作都属于流通管理工作内容,流通管理工作人员只有对这些工作了然于心,才能快速解答读者问题,为读者提供更好的服务体验。并且,很多图书馆会根据图书类型,对其进行针对性分类,还会加强对纸质书籍及数字化书籍的科学储存,这都有利于图书馆实现科学化管理,也能不断推动图书馆健康发展。图书馆图书流通管理有助于实现传统优秀文化的继承和发展,提升国民文化素质,也能及时弥补制度漏洞,推动图书馆高质量发展。

二、公共图书馆流通精细化管理的提升

(一)加强对管理人员的培养

公共图书馆流通精细化管理工作的提升,需要人才的支持。因此,图书馆要加强对管理人员的培养力度,管理人员也要加强自我提升,这样才能促进图书流通管理工作不断

---

[1] 彭天宇. 图书馆图书流通管理工作转变思路 [J]. 文化产业, 2021 (18): 97-98.

优化。

公共图书馆要加强对管理人员的人性化管理。所谓人性化管理是指要根据管理人员需求，制定相关的管理制度和管理策略，也要根据图书馆发展需要，对相关管理制度进行适当优化，这样才能使人才的综合能力和综合素质不断提升，也能使人才在发展过程中，了解更多图书流通相关知识和技能。故此，公共图书馆领导应适当提升流通管理工作人员的薪资待遇，吸引更多高素质复合型人才前来就业，以此降低招聘难度。仅提升薪资待遇，无法提升现有工作人员的工作积极性，可适当完善晋升机制，晋升一些优秀管理人员。例如，图书馆领导可根据流通管理工作需要，针对性制定相关考评方案，通过全方位考评，能了解流通管理工作人员的工作状态及目前流通管理制度中存在的不足。这能帮助流程管理工作人员正确认知自身薄弱点，进行针对性提升，也能优化流通管理制度，为流通管理发展保驾护航。信息技术的发展和普及，也为公共图书馆流通管理工作人员提供更多接受再教育的机会，工作人员可根据自身发展需要，积极通过互联网接受再教育。接受再教育能助力流通管理工作人员，打破时间和空间限制，随时随地进行自我提升，更能使图书馆流通管理工作人员提升自身综合能力和综合素质。例如，工作人员可利用互联网学习先进的管理理念，更可通过互联网学习专业的图书分类知识，这能强化图书分类，提升流通管理工作质量和效率。

（二）建立健全流通管理规范内容

目前公共图书馆图书流通管理工作效率下降的主要原因在于，缺乏完善的图书馆流通管理规范内容。因此，公共图书馆为更好地服务广大读者，应建立相关的管理制度，并坚持以人为本满足读者对于阅读的各项需求，从而确保图书馆内部管理工作发挥实质效益，确保图书流通管理工作的顺利进行。例如，公共图书馆可为人们提供检索系统，并以检索系统开展读者在图书馆的借书服务功能，读者提交预借登记。馆员根据预借登记，在书库里提取图书，并通知读者。读者在指定地点领取图书并在流通台办理外借手续。以此促进图书馆图书流通管理规范性、有效性，并提升图书流通管理工作效率。

（三）使用大数据进行分层管理

为促进公共图书馆管理执行力度，可利用大数据，提升图书馆服务质量。目前，由于文化旅游业的发展，越来越多的读者是来自外地的游客，此时大数据的统计，对于提升服务质量格外重要。根据大数据所提供的数据信息来改善图书馆的服务质量，一直是图书馆服务人员所共同探究的重要问题。在确定如何利用大数据库来完善图书馆图书流通管理制度时，技术人员应该对于当前图书馆所提供的服务质量进行预估判断，以便在将大数据信息应用的图书馆服务中层层有序。

（四）提升图书馆管理人员综合素质

公共图书馆图书流通管理人员可以通过交流探讨等方式，发现图书馆服务过程中存在的问题，同时，公共图书馆服务单位应该根据每一个工作人员的业务能力、性格个性来分配工作，并且要注意发配任务的公平性，如果在发配任务的过程中出现了不公平的状况，很可能会使图书馆工作人员出现不满，从而不能认真刻苦地完成工作。在图书流通管理工作中，图书馆应确保每个工作人员各司其职，在各自的工作岗位上发挥自己的能力，只有这样才能让图书馆工作人员态度良好地完成图书馆的服务工作。采用一定的激励手段使图书馆工作人员热心工作、投身工作、提高工作效率、营造良好的图书馆文化学习氛围，从而在整体上让图书馆的大环境有所改善，进而提高图书馆的服务效率与工作质量，真正提升图书流通管理工作效率与质量，并以专业的服务促进读者来馆的积极性。

（五）增加资金投入，完善软件硬件设施

完善公共图书馆软件和硬件设施，积极采购数字化及纸质图书资源，需要政府、社会共同努力。财政部门可适当为公共图书馆建设拨付一些资金，但也要设立专业监督部门，对资金使用情况进行监管。强化监管能提升资金利用率，更能确保建设现代化图书馆。而公共图书馆应聘请专业维修人员，对相关设备进行定期维护和检修。强化保养能减少设备故障率，也能快速发现设备运行中存在的问题，及时进行维修和更换。公共图书馆也应提升对图书馆建设的重视，适当拨付一些资金，助力图书馆建设和完善。

公共图书馆工作人员可向社会一些企业寻求支持和帮助，引导企业为图书馆建设注资，能丰富图书馆建设资金来源。例如，政府可适当提供一些优惠政策，为踊跃捐款的企业提供一些政策支持，以提升企业捐款积极性。图书馆采购数字化书籍时，要特别注意版权问题，更要在采购时充分参考教育者及受教育者意见，可以确保采购的全面性和合理性，更能在软件及硬件设施完善时，充分考虑人员需求。而图书馆流通管理工作人员，也可对软件及硬件设施提出相关意见及建议。作为相关软件及硬件设施的长期使用人员，流通管理工作人员能为设备优化提出一些合理性参考意见。

（六）建立健全相对应的服务规范

一方面，公共图书馆相关方面要结合实际情况，建立健全相对应的管理制度。公共图书馆要高度关注相关规章制度的建立和完善情况，确保各项制度内容更加科学合理。同时，要求图书馆的图书流通部门把相应的规章制度进行不断的完善和优化，确保各项流通管理工作更加细化和规范化，使流通部门的管理员能够在具体的图书流通管理工作中有据可依、有章可循。在建立相关规章制度的过程中，要贯彻落实刚柔并济的基本原则，遵循以人为本的原则，结合读者的个性化需求，做好图书流通精细化管理服务。

另一方面，要进一步加大相关制度的执行力度。公共图书流通管理人员要在实际的工作中坚定执行相应的规章制度和规范要求，在最大程度上提升图书流通工作的执行能力，严格按照相对应的操作规范，履行自身的职责和使命，同时，要制定出相对应的工作目标，贯彻落实奖惩责任制度，确保部门考核和个人考核能够融入年底的评比体系中，以此使相关人员和部门的积极性、主动性得到充分的提升，从而进一步提升整体图书流通管理工作效率。

（七）提高图书管理服务质量

公共图书馆的图书流通管理部门要具备服务意识，针对服务质量进行切实提升，在各项管理工作中要把读者放到第一位，注重把握读者的内在需求，针对传统的管理模式进行不断的转变和完善，积极有效地和读者进行全面细致的沟通，通过更加优质的服务和亲切的态度、专业化的水平，为每一位读者提供全方位多层次的服务，特别是在图书流通管理工作中，要关注细节工作，针对细节服务进行不断的优化和完善，这样才能更有效地优化读者的直观感受，确保图书馆的信誉得到充分增强。

（八）提升管理人员的专业技能和综合素质

第一，要结合具体情况，积极有效地引进专业化的人才。公共图书馆相关方面要想使流通精细化管理水平和管理效率得到显著提升，就需要不断地引进专业化的人才，选取专业对口的适用人才，构建更加高素质的专业人才队伍，转变管理思路，践行全新的管理理念，使专业人才能够在实际的操作过程中明确自身的岗位职责，在专业技能方面显著增强，从而确保高校图书馆能够焕发全新的活力。

第二，针对现有人员进行切实有效的思想道德学习和培训。图书馆图书流通管理部门要着重加强馆员的思想道德学习和培训工作，使其增强责任心和使命感，具备服务意识和质量管理意识。在具体的工作实践过程中，逐步培养自身的服务理念和服务技能，成为职业和道德素质过硬的专业化人员，在工作实践中具备足够的耐心和细心，真诚友好，特别是在借阅高峰时期，要保持平和的心态，确保每一本书的信息都能够正确录入，按照相应的流程进行管理和服务。同时，尽可能营造出更加良好和谐的图书馆氛围。针对读者的不正确行为，要及时有效地制止，并耐心细致地讲解相关方面的管理制度，从根本上有效避免冲突。同时，尽可能换位思考，充分尊重每一个读者，使读者能够充分享受到图书馆的安静和祥和。

第三，提升馆员的专业技能和综合素质。要充分认识到，公共图书馆流通精细化管理工作需要很强的专业技能，因此，要着重针对馆员进行切实有效的职业技能培训，使其专业技能进一步增强，在综合素质等方面有全面提升。特别是在信息化时代背景下，要确保馆员能够掌握相关方面的信息化操作技能，针对各项流程进行有效把握，以此使管理效率显著提升，为读者提供更为精准有效的图书信息。

第四章 公共图书馆阅读服务发展与优化

第一节 阅读与阅读行为分析

一、阅读的特征与功能

阅读是指读者主动从媒介所提供的符号信息中获取意义的一种实践活动、社会行为和心理过程。

（一）阅读的特征表现

1. 阅读是视觉感知的活动

读者首先由视觉感知文字信息，其次由传导神经将文字信息输入大脑，最后大脑的中枢神经从中提取所需的信息。人们通过默读和朗读，把无声的文字转变为有声的语言，同时听觉器官感知并监听口读。感知文字符号信息只是阅读的手段，阅读的主要对象是书面语言（文本、数字、图像等），通过视觉的扫描从书面语言中获取意义。感知只能了解读物的个别属性和外部特征，从而获得感性认识。人们的一切认识都是从感知开始的，感知是阅读的开端，从这个意义上讲，感知能力是十分重要的。

2. 阅读是一种复杂的语言技能活动

阅读是由一系列阅读行为和阅读技巧组成的语言实践活动。阅读技能又可以细分为许多微技能，如字词的识别、语义的分析、提取有关知识、思考推理、归纳等。这些过程在人脑中是同时进行的，只有学会释词断句、撷取重点、归纳中心、查阅工具书等技能，才能把书本上的语言变成自己的语言，把文章所要表达的中心思想通过思考转化成自己的思想。

3. 阅读是个人思维活动和理解的过程

在阅读的过程中，人们通过感官感知文字信息后还必须经过思考、想象、判断、推理等一系列的思维活动，才能将文字信号转换成各种概念和思想。无论是从生理的角度还是从心理学角度，理解文章都是一个复杂的过程，这种过程被一定规律所支配，由人的大脑思维非常独特的特性所决定。理解是人们逐步认识事物的联系，直至认识其本质、规律的一种思维活动，阅读理解的实质就在于以原来掌握的固有知识与读物中的新知识建立必要的联系。理解的过程是对文献进行再加工的过程。在这种过程中，人们通过对文献内容的逻辑分析和综合判断等一系列的思维活动，将文献中的语言进行总结、提炼，变为自己的思想，从而获得阅读的乐趣，从中获取知识。

（二）阅读的主要功能

阅读对人们的价值观、道德观、人生观和审美观等方面有着深刻的影响。阅读不能延伸人生的长度，却可以改变人生的深度和厚度。阅读的功能主要体现在以下几点：

1. 求知功能

阅读是获取信息和占有知识的重要手段，是一种不受时空限制的受到人们普遍接受的行为方式。人们获取知识的主要途径除自身实践外，还要靠阅读。阅读实际上就是挖掘知识的过程。阅读的材料越多，获取的信息、占有的知识也就越丰富。人们掌握了丰富的知识，方能达到认识世界和改造世界的目的。

阅读是人们的终生活动，不论对儿童、少年、青年、中年还是老年人，都具有增加知识的效果。"学会求知"在某种意义上就是学会阅读。通过阅读，既能接受前人探索自然、观察社会的成果，从中汲取经验和教训，也能通过报刊、书籍和网络搜集需求的最新信息。阅读是读者认识客观世界的向导、桥梁。

2. 审美功能

人类追求的最高价值是"真、善、美"，其中，"真"属认识的价值，"善"属道德的价值，"美"属艺术的价值。阅读的审美价值即指读物和阅读活动本身对读者产生的美感陶冶作用。阅读可以增强读者的审美意识，培养读者的审美能力，激发读者审美创造精神。阅读的审美价值来自读物内容方面的思想、哲理、品质、情操、意境美与读物形式方面的语声、结构、形象、节奏美。阅读是复杂的心智技能，阅读审美价值的实现依赖于读者对读物内容和形式美的体验、鉴赏和评价。读者在阅读活动中能陶冶高尚的审美情感，能熏染健康的审美趣味，从而完善读者的审美心理结构。

3. 开发智力、锻炼思维功能

智力指人认识、理解客观事物并运用知识、经验等解决问题的能力，包括记忆、观察、想象、思考、判断等。这个能力主要包括：理解、计划、解决问题，抽象思维，表达意念以及语言和学习的能力。其中思维能力是最主要的智力因素，处在智力因素的核心地位。阅读过程从本质上说也是思维过程，当阅读者聚精会神地阅读时，即是在不断地思索、想象、判断、推理和评价。

广泛的阅读能不断促进知识的积累和技能的增长。一个人的知识越丰富，对事物的观察就越敏锐、深刻，而在诸多能力中起决定作用的思维活动就能在广阔的领域中进行，就能对事物的判断和推理更准确、更富有想象力和创造力。

4. 培养品德、陶冶情操功能

培养品德、陶冶情操，除了依赖于社会实践之外，善于阅读也是重要的途径之一。阅读有助于人们深刻地了解人与人、人与社会之间的关系实质，而这正是科学地对待人生、树立高尚道德情操的必要基础。阅读有价值的读物会使读者的心灵得到净化，性情得到陶冶，甚至影响读者的人生道路和人生观。

总而言之，阅读作为人们精神生活的基本内容和精神交流的重要渠道，其促进社会发展的作用是不可替代的。

二、阅读行为的研究

阅读涉及人、阅读对象、阅读环境、阅读过程等多个方面，每一方面又包括诸多内容，归纳在一起，阅读行为包括以下三个方面的内容：

（一）阅读行为的主体

阅读行为的主体主要是指与查找、选择、阅读和利用文献有关系的人。它包括两个方面的社会成员：一是对文献信息有着现实需求的读者；二是文献信息的提供者和服务者（包括文献的作者与图书馆工作人员）。

作为阅读主体的读者，广泛存在于社会的各个行业和阶层之中，一切具有阅读能力并从事具体阅读活动的人，都属于读者的范畴。一个人成为阅读主体应该具有三个条件：第一，有阅读欲望；第二，具备一定阅读能力；第三，从事阅读活动。三者兼备，才是真正意义上的阅读主体。

（二）阅读行为的客体

阅读行为的客体又称阅读的对象，是阅读主体（读者）依据一定的时境，采取一定的手段所指向的对象。阅读客体不仅包括阅读对象（读物），而且包含阅读环境、阅读时间、阅读工具等基本要素。

1. 阅读对象

阅读对象是以文字为主体符号、固定在一定物质载体上并被读者所认识了的精神产品，简言之，即读物，它是阅读客体中的第一要素。根据不同的分类标准，读物有不同的类别。从符号看，可分为文字读物和图画读物；从载体看，可分为无声读物和有声读物；从地域看，可分为中文读物和外文读物；从内容看，可分为人文读物和自然读物，等等。阅读的客体或对象只能是文本（包括超文本，即数字化文本）。对阅读对象的非文本化超越只能是对科学阅读概念的解构。

（1）文本的含义：第一，文本译自英文的 text，是文学理论中的基本术语之一，是书面语言的表现形式，从文学的角度说，通常是具有完整、系统含义（Message）的一个句子或多个句子的组合。一个文本可以是一个句子（Sentence）、一个段落（Paragraph）或者一个篇章（Discourse）。第二，计算机的一种文档类型。该类文档主要用于记载和储存文字信息，而不是图像、声音和格式化数据。常见的文本文档的扩展名有 txt、doc、docx、wps 等。第三，指任何文字材料。如基本由词汇组成的思维导图、广告材料等，也可以看作是文本。

（2）文本的特征。根据文本形态来看，从历史上的甲骨、青铜器、莎草纸、羊皮、竹简、木版、缣帛、纸张到今天的胶片、磁带、光盘、电脑网络等都是阅读的文本。总体来看，文本经历了从简策到纸本，从抄本到雕版印刷再到机器印刷，再从印刷型到电子本的发展过程。然而同一发展阶段存在多种文本并存的现象。某一时期文本的选择，受当时文献发展的客观需要、社会生产技术提供的现实性、读者个人的阅读兴趣等多种因素的制约。

2. 阅读环境

阅读环境被称为仅次于阅读对象的第二信息源，有主观和客观之分。主观环境指阅读的精神状态，包括读者的心理状态、学术观点等。客观环境指阅读的物质环境，包括自然环境和社会环境。

3. 阅读时间和阅读工具

阅读时间和阅读工具也是阅读客体中不可缺少的因素。任何阅读活动都是在一定的时间链条上进行的。科学地管理和运筹时间是提高阅读效率的保证。阅读工具是联系阅读主体与阅读客体的中介，是读者在认识把握读物过程中运用的手段。阅读工具包括各类工具书籍、器具以及各种阅读工具学科和工具语言。

任何阅读实践，除阅读主体、阅读客体、阅读环境之外，都离不开阅读时间和阅读工具。

（三）阅读行为的本体

阅读本体属于一种实践活动，通常指读者对某种读物的阅读。对阅读行为进行研究分析就会发现，阅读行为的本质是读者和读物互相作用的过程。在阅读行为中读者与读物会产生精神方面的统一，这不仅是物质与精神的统一，更是个人行为与现实行为的升华。因此，我们可以认为阅读是开放的，通过阅读可以实现我们全方位的提升。也就是说读者、读物与阅读本体是一个相互关联的整体，对读者阅读行为的研究需要结合各个因素综合考虑。

三、读者的阅读行为分析

顾名思义，读者行为学主要研究的是读者的行为，而读者行为中的阅读行为属于其外在表现。通常情况下读者会根据自身的信息需求去查找相关资料，在资料查找与汲取过程中便会自主设计阅读行为。阅读行为是以信息需求为基础的，不仅反映出了外部的环境，也在一定程度上与心理环境相联系。因此，通过对读者阅读行为的研究与分析，可以了解其需求以及动机；通过阅读行为可以了解阅读者的能力；通过对其一系列的行为能力展现可以对其进行研究总结并发现其中规律。

（一）阅读行为的特性

阅读行为是读者生理行为与心理行为相碰撞的展现。随着阅读过程中能动性的提升，阅读目的逐步完成，阅读效果提升。阅读行为是对信息媒介的感知与接受，不仅包含读者和读物两个要素，还包含阅读时境。在阅读时读者是其主体，阅读行为的产生与否受主体主观意志的影响；而读物则属于阅读行为的对象，阅读对象的作用在于其可以与主体产生精神层面的碰撞。通常情况下读者在阅读过程中会对文本有初步的认识，随后会根据自身侧重点与目的去进行阅读调整。

尽管读者的阅读行为会因为个人的需求、动机、能力、文化阶层等不同而异，但总体而言，读者的阅读行为有其共性。

一是广泛性。当今，在知识主宰人类生产和发展，主导整个经济社会进步的信息化时代，任何有阅读能力的读者都会以各种阅读方式广泛阅读、汲取知识，丰富自身的知识结构，全民阅读已经成为社会发展的必然趋势。

二是目的性。阅读是一种目的性、动机性很强的心理活动过程，阅读目的在整个阅读活动中的意义是不言而喻的，目的越明确，阅读的效率就越高。阅读行为的目的性是读者阅读行为的显著特点之一，没有阅读目的的阅读行为是毫无意义的。每个读者都是为了获取某一方面的知识而去阅读，这是自觉的、有目的的阅读行为。

三是多样性。人在社会实践中会产生阅读需求，而阅读需求既是阅读行为的基础，也是阅读动机的基础。阅读行为是从阅读需求到阅读动机再到阅读实践的过程。阅读行为主要受两方面的影响，分别是阅读环境与阅读者的心理。因此阅读行为可以说是阅读者心理反应与环境融合的外在体现。阅读行为具有多样性与复杂性，不同时间、地点的阅读行为也会存在一定的差异。

四是阶层性。不同层次的人员，其阅读的内容不同，所对应的社会问题、经济问题等均存在差异，文化水平的不同形成了不同层次的阅读行为。当然不同层次的阅读不仅体现在阅读内容上，还体现在思想、社会地位等方面。修养不同、兴趣不同等均会影响阅读行为。因此不同阶层的人群的阅读需求、阅读内容、阅读深度等均存在不同。通常情况下处于同一阶层的人员其阅读的兴趣、理解能力等趋于相同。如知识分子读者、学生读者、工人读者、干部读者其阅读行为明显带有各自的特点，存在着差异，这体现出读者阅读需求在阅读内容和阅读水平上的层次性。

五是连续性。阅读是一个循序渐进的知识积累过程，更是潜移默化的人格修炼过程，读者的阅读行为表现一种连续不断的过程，即阅读需求—阅读动机—阅读目的—阅读行为—阅读目的实现—新的阅读需求—新的阅读动机—新的阅读行为，如此循环往复。

六是社会性、环境性。阅读行为总是不能脱离一定的外部环境，包括阅读者个体的社会文化背景及阅读发生环境，阅读者文化背景的差异必然导致他们认知习惯、学习方法和思维方式等方面的差异。就跨文化阅读来说，文化背景差异势必影响到阅读者的解读方式和理解水平。只有历史地、具体地研究读者，把读者放在特定的时代和社会环境中加以考察，才能认清读者的社会性特点。

（二）阅读行为的影响因素

不同读者的阅读行为存在很大差异，我们在对其影响因素进行研究分析时不仅需要分析其行为规律，还需要考虑不同人群的心理活动，了解其在不同环境下的阅读行为差异。如果需求不能得到很好的满足便会形成阅读需求，以汲取更多的知识。通常情况下个人需求受所处环境的影响，因此周围环境因素对阅读行为的影响非常大。行为的产生是内部立场与情景立场相互作用的结果，情景立场是其主要影响因素，内部立场是其主要决定因素。人的行为是个人与环境相互作用的函数或结果。

阅读行为是社会发展的产物，根据勒温的理论，影响读者阅读的因素不外乎两种，即个人因素和环境因素。因此，读者阅读行为除了受自身知识水平、职业特点、思维方式及个性心理等个体因素影响外，还受到社会政治、经济、文化、科学技术的发展及读者所处特定环境等社会因素的影响。而读者行为又会随着社会因素与个体因素的变化发展而变化发展，从而处于一种动态过程。

读者的阅读行为不是孤立存在和发展的，都要在一定的环境中进行。环境是阅读行为不可或缺的重要的外在条件，阅读行为是"读者—媒介—环境"三者相互作用的关系，凡是来源于外在的，影响读者阅读需求及行为的均属于环境因素。

而来源于读者自身的影响阅读行为及阅读需求的均属于个人因素。主要包括以下4个方面：

1. 自然环境因素

社会发展在一定程度上依赖于自然环境，环境必然对读者的阅读需求及行为产生影响。这种影响表现在不同的自然资源状况形成不同的产业结构和就业环境，导致读者对社会产业阅读需求的差异。一个国家或地区的地形、地貌、地理位置等地理条件所决定的社会活动和建设，直接影响读者对知识信息的需求。不同的社区环境形成生活方式、经济结构、文化氛围以及自然资源利用和再生的不同水平，这种差异又造成居民在知识信息需求的广度、深度、形式和途径方面的不同特点。

2. 文化水平因素

读者的接受能力、理解能力，主要受其生活经历、教育程度、知识结构、思想水平等因素的制约。不同文化程度的读者表现出不同的阅读能力和行为，其利用和理解阅读媒介的语种、类型、类别、等级存在较大差别。在知识结构相同的情况下，读者的智力发展状况也严重制约其阅读需求。比如知识分子（包括教师、科研人员、律师、作家、医生、艺术家等），他们是具有一定文化科学知识的脑力劳动者，从事的是以知识为工具的精神生产，阅读是他们生活中不可缺少的一部分，因此他们大都表现出强烈的阅读意识。而工人群体属于体力劳动者，从事的是简单的机械劳动，不要求有很高的文化水平，阅读对他们来说不是必需的，因而阅读意识不是很强烈。特别是由于工人群体接触社会实际，阅读上容易受各种社会潮流的影响，容易形成流行性阅读现象。

3. 社会环境因素

阅读是人类社会生活中一种特有的、必不可少的精神活动，是自有文明以来人类接受文字信息的一种社会行为。社会是人类生存的直接环境，阅读产生于社会，又服务于社会。社会成员的阅读活动与社会环境存在着必然的、直接的相互作用、相互影响的关系。每一个社会成员都不可避免地受到各种社会因素的影响。社会因素不仅影响人们的需求和态度，而且左右和约束人们的思想与言行。不同社会发展阶段、不同社会制度，在政治经济、文化教育、科学技术、宗教信仰诸方面的影响下，读者的阅读行为也在发生着变化。对图书馆读者行为的研究，从社会发展总体背景的联系进行分析，能帮助我们对读者丰富多彩的行为表现作出深层次的研究。影响读者阅读的社会环境因素包括以下六个方面：

第一，政治环境。政治环境影响文化环境，进而影响阅读行为。生活中的方方面面均受国家政治经济环境的影响，阅读活动作为生活的一部分，也是如此。不同时代的读者有着不同的思想，均是受到了政治环境因素的影响。阅读者在阅读活动中或多或少地会根据自身需求转变阅读的方向，其阅读的内容也会因为政治环境的不同而发生变化。可以说政治因素影响着阅读者的阅读需求，影响着其阅读行为。良好的政治环境为健康阅读打下了坚实的基础，促进了阅读活动的持续发展。

第二，经济环境。阅读的持续发展与经济持续发展相辅相成，想要开展良好的阅读活动需要具备一定的物质生活条件。社会主义市场经济的不断发展影响了一代人的思想，形成了大量极具多样性的经济价值观，为我国创造了更多的经济效益，促进我国经济飞速发展。与经济环境相对应，阅读者的需求也有所改变，随着经济环境的变化更多的人开始关注金融信息、管理信息等。

第三，文化环境。文化影响着社会的发展，也影响着阅读者的心理与行为。文化具有多样性、渗透性等特点，因此人们在阅读活动中会潜移默化地受文化的影响。阅读行为在一定程度上带有文化的色彩，处在不同社会环境中的个人，受到不同文化的影响，会表现出不同的文化色彩。长期受某种文化熏陶的个人会表现出明显的文化特质，并区别于受其他文化熏陶的个人。所以人类行为常常是带有某种文化倾向性的行为。同样在读者行为中，也表现出不同的文化倾向性。

第四，教育环境。社会教育是提高生产者文化水平和生产技能的重要途径。教育越发达，社会文化教育普及程度就越高。一个国家的教育水准直接提供该国读者阅读能力的保障，决定着社会的智力结构。而社会文化教育普及程度直接反映在社会具有阅读能力的人的数量上，全民族文化水平的提高，高学历人员比例的增长，为知识传播与交流繁荣提供了可靠的保证。

第五，物理环境。阅读的物理环境指从事阅读的外界客观条件，指阅读的具体处所及其周围的境况，如教室、图书馆、文化馆、宿舍及家庭等。它一般和阅读内容不发生直接的联系，而是多作用于阅读主体的身心情绪，从而影响阅读的效果和质量。

第六，技术环境。现代计算机技术、网络通信技术的飞速发展，给社会生活的各个方面带来了强烈和深远的影响。以多媒体网络技术为标志的信息技术已在各领域得到广泛应用，它使传统的阅读方式得到了全新演绎。读者阅读率高低和技术环境的互联网基础设施发达与否有着直接的关联；技术既根植于机器和机械设备，同时又包含了阅读者的知识和技能，从而导致不同层次读者阅读行为的差异。

4. 生理、心理特征因素

心理特征是指读者心理活动特征的综合反映，由于读者的性别、年龄、性格不同，他们表现出来的心理素质和智力状态对阅读的心理和行为产生很大的差异，所从事阅读活动的心理倾向或状态也有很大的区别。读者个性的心理倾向包括阅读动机、阅读兴趣、信息意识以及读者的信念、理想等因素。而读者行为过程中的态度、所表现出的能力等，这些心理因素对读者行为有着极其重要的影响，个人爱好和个性特点往往引发读者个体特殊的阅读需求，影响其阅读吸收的能力。

人的行为总要受动机、兴趣、理想、世界观等因素的制约和影响，使人以不同的态度和积极性去组织自己的行为，有选择地对客观现实作出反应，读者的阅读动机可影响阅读行为，比如青年读者世界观刚开始形成，这时期思想活跃，情绪波动不定，易冲动，较容易受外界新思想、新观念的影响，阅读兴趣、方向比较广泛；中年读者随着个人经历、年龄的不断增长，气质和个性心理日趋成熟、完善，他们往往把阅读兴趣和职业特征结合起来，为工作需要而阅读；老年读者随着退休生活的到来，生理和心理都发生了巨大的变化，地位和角色与从前有很大的不同，这些都会影响他们的阅读行为，他们主要是为生活、健康而阅读，关心一些养生益寿、健康咨询等方面的知识。

第二节 公共图书馆阅读服务的特征

阅读不仅仅是指个体、单向的行为，同时也是一种双向互动的社会活动。激发国民阅读兴趣、帮助国民培养阅读习惯、提高国民阅读能力是图书馆提供阅读服务的出发点和目的。图书馆阅读服务是指图书馆利用馆藏资源、空间资源、人力资源等向社会公众提供与阅读相关的服务。信息载体形式多样化带来阅读方式、阅读内容、阅读目的"连锁反应"，信息载体有传统、数字、多媒体等多种形式，阅读方式从传统阅读方式到移动阅读、滑频阅读、交互阅读和体验阅读多元阅读方式共存。

公共图书馆阅读服务是图书馆利用自身资源开展与阅读相关的一系列活动的服务，以人为本的服务理念贯穿整个阅读服务。

公共图书馆阅读服务有以下特点：

第一，坚持以人为本。阅读服务一直坚持以人为本理念。随着社会发展，人的需求发生改变，阅读方式发生改变。图书馆阅读服务以人为本看似不变但一直随着人的需求与时俱进。传统阅读方式主要提供传统阅读服务，数字阅读方式开展移动阅读服务等数字阅读服务，从安静阅览空间到分享交流、热闹非凡的阅读活动服务，从信息中心角色到创造、分享、休闲娱乐的"第三空间"转变。以人为本理念一直贯穿在阅读服务每一个时期当中，是与时俱进的具体表现。以人为本是以满足人的需求为出发点，根据人的需求变化改变图书馆阅读服务方式和服务内容，是指导实践活动的指南针。

第二，阅读资源多元化。图书馆多元化资源建设，不再局限于传统资源。虽然图书馆传统资源是资源建设的重要组成部分，但是目前图书馆资源形式多种多样，包括纸质资源、数字资源、多媒体资源、三维信息资源和其他形式资源。多元化资源建设为提供高质量、优质化服务奠定坚实基础。

第三，阅读服务方式多样化。阅读服务有阵地服务、流动服务、阅读空间打造、数字阅读服务、虚拟阅读体验服务、阅读推广等多样化服务。阅读服务已经融入读者生活、工作、学习等各方面，图书馆向集学习、休闲、娱乐、交流、创造多功能"第三空间"转型。

第四，服务手段智能化。图书馆借信息技术创新之风推动服务智能化发展。大数据、云计算、RFD技术、智能感应技术、智能导航技术和增强现实技术及虚拟现实技术、人工智能、5G等各种新技术逐渐应用于阅读服务，促进图书馆阅读服务智能化。新技术发展创新引领阅读服务发展。

第五，服务人员专业化。图书馆服务人员专业化是提供服务质量和水平的基本要求，图书馆越来越重视馆员知识结构层次化和专业化。图书馆追求服务专业和服务深度，阅读服务是图书馆服务的核心工作。阅读服务专业化和深度化是图书馆服务基本要求，因此馆员专业素养提升十分重要。目前社会各界对于阅读推广人培养十分关注，图书馆界关于阅读推广人培养和培训已经开展，对阅读推广人培养给予高度重视。

第三节 公共图书馆阅读服务的发展演进

阅读，已经成为全球关注的焦点。"世界读书日"为推动更多人阅读而设立，我国学习型社会、书香社会构建以及倡导全民阅读也是为了让更多国民加入阅读行列之中。公共图书馆作为社会文化服务机构，阅读服务是其履行社会职责和实现社会价值的途径之一。信息科技发展与创新、国家政策出台和国民阅读方式改变影响图书馆阅读服务的发展演进。

一、公共图书馆阅读服务的发展历程

长期以来，人们是通过纸本等传统文献载体进行阅读。图书馆提供的服务都是传统模式、被动服务。20世纪初，人们对图书馆的需求和社会发展对图书馆服务的影响，图书馆出现"开放藏书，启迪民智"思想转变，使图书馆服务理念从"重藏轻用"到"以用为藏"和以人为本的转变。这一时期的阅读服务主要以馆藏图书资源外借、阅览为主。从古代藏书楼"藏"的主要社会职能到"开启民智"的公共文化服务设施，图书馆阅读服务处于传统服务时期。

（一）传统阅读服务时期

图书馆传统阅读服务时期的主要内容是文献外借、阅览服务、参考咨询服务以及传统阅读宣传等。

1. 传统阅读服务的内容

（1）文献外借。传统阅读服务时期的主要服务是文献外借，文献外借从闭架服务到开

架借阅服务，节省读者时间，也便于读者选择图书。文献外借服务在这个时期主要有传统手工借阅、馆际互借以及流动图书馆借阅方式。

（2）阅览室开放。传统阅读服务时期图书馆空间主要作为藏书空间、流通空间和阅览空间。随着开架服务的发展，藏书空间和阅览空间逐渐合一，并且趋向于"借、阅、检、询"统一服务。阅览室作为图书馆传统阅读服务的实体空间，利用图书馆空间资源为读者提供服务，是阅读空间打造最早体现。这个时期的阅读空间打造主要为读者营造安静优雅的阅读环境以及阅读氛围。

（3）传统阅读活动。图书馆从"为书找人"的角度出发，开展阅读推荐、阅读指导、交流会、培训班、图书展览等形式多样的阅读活动，不仅向广大民众宣传图书馆，让更多的人认识图书馆、了解图书馆并走进图书馆和利用图书馆，同时也为阅读服务打开服务新视角。

2. 传统阅读服务的局限

传统阅读服务受到古代藏书楼"重藏轻用""重管轻用"思想和现实条件的制约，图书馆服务工作常常受到忽视。这个时期的阅读服务在服务模式、服务观念、服务方式和服务重点等方面具有特定特点。

第一，服务理念被动。传统阅读服务过程中主要围绕"书"和"馆内"开展服务，重心在"藏书"和"管书"方面，因而不能根据读者需求主动提供服务，只能等待读者走进图书馆才提供服务。虽然开展流动服务，但是并未针对读者需求提供，服务被动性较强。

第二，服务内容单一。传统阅读服务时期有图书借还服务、实体阅览空间服务、书目推荐、传统阅读指导、读书交流会、培训班及图书展览等阅读服务，阅读活动存在形式化，读者参与活动较少，对读者活动满意度调查回访等问题也未引起重视。

第三，服务范围局限。传统阅读服务的局限性制约读者对图书馆的认识和利用。服务局限性表现在空间距离、开放时间、管理制度方面。首先，空间距离是指读者与图书馆的距离，空间距离的远近是影响读者需求行为转变为利用行为的直接因素之一。其次，在过去很长一段时间里图书馆的开放时间与读者的工作时间基本一致，导致读者利用图书馆受到了限制。再者，这个时期对图书管理有着严格的借阅、阅览和检索制度，这些管理制度对读者进行限制，甚至有些书库不开放，导致服务局限性和封闭性。

（二）数字阅读服务时期

随着信息技术的发展，进入到信息化、数据化时期。人们获取信息的方式和手段发生变化。图书馆资源建设出现纸质馆藏和数字馆藏"两条腿"并行的情况，因此图书馆阅读服务也不能停留于传统阅读服务层面，再加上人们对电子书、阅读 APP 等数字阅读媒介的选择也促使图书馆改变阅读服务模式。阅读方式出现传统阅读、互联网阅读和移动阅读方式共存，国民阅读方式改变图书馆阅读服务模式，同时数字图书馆建设提上日程，图书馆资源建设、管理、服务方式等多方面发生巨大改革。图书馆意识到阅读方式改变，数字阅读对传统阅读的冲击，读图、滑频阅读、听书等成为人们喜爱的阅读方式。图书馆顺应时代发展，阅读服务从传统服务时期进入数字阅读服务时期。

1. *数字阅读服务的内容*

（1）阅读导航。阅读导航是图书馆数字阅读服务的第一步，阅读导航指深层次、多角度地组织和揭示信息内容，以读者容易使用的方式展示馆藏，让用户轻松发现所需内容，即帮助读者更有效地找到所需资源。图书馆网站栏目设计和布局体现阅读导航功能，为用户发现馆藏和检索资源提供导向服务。

（2）阅读提供。阅读导航是帮助用户快速寻找资源的服务，而阅读提供则是为用户解决"如何读"的问题。传统阅读载体是纸质文献，数字阅读载体则是数字化资源，图书馆数字阅读提供在线阅读、资源下载和数字阅读器借阅等阅读资源服务。

（3）阅读互动。图书馆阅读互动服务是指读者参与到图书馆开展的活动中，实现读者与图书馆员、读者与读者之间互动交流。图书馆论坛是读者与图书馆员进行交流、评书荐书的平台，论坛是一种随意性较强的虚拟空间，读者可以自由在论坛上发表自己的想法和建议，而图书馆员则需要做好管理和引导工作，保障论坛"杂而不乱"，为读者创建一个良好阅读交流空间。

（4）移动阅读服务。移动阅读方式兴起，给图书馆的发展带来新机遇和挑战。移动阅读服务是指图书馆针对移动终端推出数字图书馆 APP 软件或者数字阅读平台，读者在移动终端上可以利用图书馆资源，了解图书馆动态等。移动阅读服务具有移动性与即时性。数字阅读平台在资源整合和共享方面具有优势。虽然目前国内数字阅读平台建设面临很多问题，但是上海市民数字阅读平台和南京图书馆移动阅读平台的典型案例为数字阅读平台建设提供借鉴经验。即使目前国内图书馆数字阅读平台服务无法像国外拥有成熟的电子书平台——Over Drive，但是通过元数据整合数字阅读平台一样可以满足用户的阅读需求。

（5）"微"服务。"微"服务是指图书馆利用微博和微信平台提供阅读服务。"微"服务不仅在宣传推广图书馆方面具有优势，在与读者互动、提供咨询服务方面也具有优势。"微"服务是数字阅读推广活动宣传的有效方式，结合线上线下宣传，引导更多读者学会阅读、利用图书馆资源学习，提升个人素养和能力。

（6）数字阅读推广活动。图书馆数字阅读推广是利用网络平台提供阅读活动服务，解决了传统阅读服务时期服务受众、服务时间局限的问题，使不能到馆的读者可以通过数字阅读推广活动享受图书馆阅读服务。数字阅读推广活动已经由"网络书香"主题活动发展到了视频、讲座、征文比赛、信息检索等内容丰富的服务。

2. 数字阅读服务的特点

第一，服务模式主动化。数字阅读服务时期图书馆服务由被动向主动转变。图书馆根据读者阅读方式改变资源建设类型和内容，从传统资源到数字资源等的体系化、特色化建设，为数字阅读服务奠定资源基础。通过网络媒体、新媒体等新媒介向读者推送图书馆相关信息。阅读服务从等待读者走进图书馆到为读者推送信息，转变为主动服务。

第二，服务方式多样化。图书馆利用互联网、新媒体开展阅读服务，如电子阅读器外借，数字阅读 APP 资源、扫码阅读、阅读平台资源整合、数字阅读推广活动等方向。数字阅读服务方式多样化，在服务中应用新技术不断提高服务效率、提高服务水平和读者满意度。

第三，服务平台在线化。数字阅读服务时期在线是指在网络平台上开展服务工作，数字阅读服务是从实体空间走向网络空间，阅读资源数字化推动图书馆服务空间的拓展和延伸，从服务进馆读者到通过互联网、新媒体等方式服务馆外读者。不仅扩大服务受众范围，还可以将潜在读者转变为现实读者，拉近图书馆阅读服务与读者的距离，同时也能够引导读者走进图书馆，利用图书馆的各种资源进而实现图书馆社会效益。

（三）智能阅读服务时期

随着智慧城市的建设与发展，智慧图书馆研究与实践也提到了建设日程，图书馆阅读服务也迎来新的时期——智能阅读服务时期。大数据、数据挖掘技术、物联网技术、情景化技术、RFID 技术、3D/AR/VR 技术、人工智能等技术的成熟与广泛应用为图书馆带来新机遇。"图书馆学新五定律"强调新技术应用目的是提高服务质量和满足用户需求，并非以"技术至上"作为目标。智慧图书馆建设不仅需要人工智能技术的支撑，更需要智慧图书馆员。智慧馆员是智慧服务、智能服务的核心，技术是辅助手段。

1. 智能阅读服务的内容

（1）智能机器人。智能科技的成熟与应用对于智慧图书馆建设十分重要，图书馆智能机器人服务在阅读服务中发挥很大作用。智能机器人通过交互系统、语音系统等与读者进行交流，为读者提供图书定位和智能导航，给出最便捷的取书引导路线，不仅给读者带来新颖体验，同时能够节省查找资源时间，提高服务效率。智能机器人还可以提供读报、读书以及分享其他读者读书感悟等服务。

（2）虚拟阅读体验。虚拟现实技术（VR）应用于读者阅读体验，通过穿戴式设备提供虚拟场景体验服务。虚拟体验服务有虚拟+阅读、虚拟+检索、虚拟+查询等。虚拟阅读体验让读者的阅读更加轻松、愉快并且更沉浸于阅读之中。场景式阅读体验是智能阅读服务方式之一，为读者打造一个全景化阅读空间。现实增强技术（AR）也带来阅读新体验，通过扫描二维码，就可以体验到不同于传统方式的阅读乐趣。

（3）品牌阅读活动。智能阅读服务时期的阅读推广活动致力于打造品牌化阅读推广活动，通过打造品牌阅读推广活动，形成具有特定目标人群、活动名称、活动标识、活动方案、活动宣传等一系列完整品牌活动规划。这个时期的阅读推广活动从专业上进行深度挖掘，注重活动分级细化，针对更多的群体开展活动，服务辐射面广。

（4）城市公共阅读空间。城市公共阅读空间是图书馆打通"最后一公里"的阅读服务，而且城市公共阅读空间是自助、智能化管理，为人们提供自助办证、自助借还等服务。这个空间从绿色、智能、便民、地域文化的角度进行设计，不仅在地理位置上充分考虑便民，还具有地域文化特色。亲民、便民服务方式让更多的人享受到图书馆的阅读服务。

2. 智能阅读服务的特点

一是服务场所泛在化。智能阅读服务场所已经不限于馆内，城市公共阅读空间打造及人工智能技术的应用，图书馆阅读服务已经渗透到读者日常生活的每一个角落。24小时自助图书馆、城市书房、地铁图书馆等各种服务形式弥补图书馆阵地服务的不足，同时也拉近人们与图书馆、与阅读的距离。

二是服务融入高新科技。阅读服务应用技术越来越多，新技术的应用使服务高效化、智能化和人性化。3D技术、虚拟现实技术、智能定位和物联网、人工智能等新技术的应用对馆员的专业要求更加严格，馆员的知识素养需要不断加强学习和培养。

三是服务推送智能化。大数据、数据挖掘、用户画像等新技术的应用是图书馆实现智能化推送的技术支撑，读者阅读信息和行为可以通过图书馆借阅系统和读者信息管理系统进行分析统计，从而对每一位用户的阅读行为进行标签化处理，形成读者的用户"画像"，针对读者的阅读习惯和兴趣进行精准化、个性化推送。智能化推送服务在馆内活动、馆藏结构、馆内导航方面也有所体现，根据读者在馆内位置，通过定位系统进行馆内信息推送，让读者随时了解馆内动态以便及时参与感兴趣的活动。

四是阅读推广品牌化。智能阅读服务时期要求提高优质化服务，阅读推广活动品牌化是图书馆阅读服务主流形式，阅读推广活动针对目标人群策划品牌活动已经成为图书馆界的共识。阅读推广品牌化离不开阅读推广人才培养，因此人才培养成为图书馆服务重中之重的工作。

二、影响图书馆阅读服务发展的因素

（一）信息技术不断创新引领阅读服务发展

人工智能、5G等高新科技逐步融入日常生活，给人们带来更多便利和新体验，图书馆实践领域对信息技术应用一直是个先行者，运用高新科技不断提升服务质量。从被动服务模式到主动服务模式到如今自助化、智能化、人性化模式离不开信息技术的不断创新，同时信息技术的创新也为阅读服务带来创新机遇。由此可见，信息技术创新对图书馆阅读服务发展具有引领作用。信息技术创新发展过程中，图书馆阅读服务从单纯手工服务方式到在线化、自助化、人性化、智能化发展。随着人工智能和5G等技术的成熟和普及，图书馆将会不断优化服务、拓展服务、创新服务，为读者打造智能化、人性化阅读空间和环境。

（二）国家政策为阅读服务发展指明方向

"全民阅读"已经第九次被写入政府工作报告，阅读已经受到国家和社会高度重视。近几年国民阅读调查发现，国民阅读氛围浓厚、阅读兴趣高涨、阅读活动需求强烈，阅读推广得到社会各界关注。《中华人民共和国公共图书馆法》指明公共图书馆发展方向、基本目标和重点任务，同时也为我国公共图书馆事业发展提供法律保障。图书馆是一个公益性的文化服务机构，以满足读者信息需求为目标，引导阅读、帮助阅读、解决阅读问题的阅读服务阵地。阅读服务是图书馆服务工作基础，国家政策出台和法律制度建设指明阅读服务发展方向，做好阅读服务工作才能巩固图书馆社会地位和得到国民认可。

（三）国民阅读方式改变了阅读服务模式

从国民阅读调查中发现，阅读已经从静止的阅读到行走的阅读、从系统化阅读到碎片化阅读、从深阅读到浅阅读、从心灵领悟到"视、听、说"等全感官阅读方式，国民阅读方式已经不局限于传统阅读，而是多种阅读方式并存。国民阅读方式改变阅读服务模式，在传统阅读服务时期图书馆为读者提供文献服务；随着移动阅读方式流行，图书馆从传统阅读服务模式转向数字阅读服务和智能阅读服务，服务方式和内容都发生了改变。21世纪阅读开始趋向生活化和休闲化，图书馆为读者开展阅读活动，打造阅读空间，提供虚拟体验服务。

第四节　公共图书馆阅读服务的优化策略

为了应对目前图书馆阅读服务面临的挑战同时也是为了给读者提供优质阅读服务，本节从加强多元化资源建设、打造多样化阅读空间两方面提出优化策略，以达到更好的阅读效果和促进公共图书馆事业发展。

一、加强多元化资源建设

图书馆资源建设是图书馆阅读服务基础，图书馆发展的根本也依赖于馆藏资源建设。随着信息技术的发展，知识的形式不再局限于纸质资源，公共图书馆资源建设必须注重纸质资源、数字资源、特色资源等多元化资源建设才能满足国民阅读需求和保障图书馆事业发展。

（一）资源类型转向传统资源与数字资源并重发展

1. 注重传统资源建设规划

（1）传统资源建设经费合理化。数字出版时代环境下，图书馆数字资源建设越来越受到重视这是不可回避的事实，国内外高校图书馆的数字资源经费远远超过纸质资源经费，甚至占了总经费的70%～80%，并且增长迅速。公共图书馆近几年的数字资源建设投入也增长迅速。虽然数字资源建设比重逐年增长，但是对于纸质资源建设也不应忽视。各馆根据自身服务定位，合理分配各类资源建设经费并做好资源采购策略。纸质资源和数字资源"两条腿"并行方法是图书馆资源建设的最佳解决方案。两种资源建设的比重则需要根据图书馆服务性质和服务读者需求进行策划采购方案。不可一味追求数字资源使用上的"快、广、精、准"的优势就忽视其内容同化、价格昂贵等问题，同样纸质资源建设也需要考虑品种、复本等问题。未来数据库资源建设发展趋势应该更多地考虑联盟、合作、共建共享，而纸质资源建设更趋向于打造特色馆藏建设，但是都离不开"两条腿"并行的发展需求。

（2）注重读者驱动采购模式。为了解决图书馆图书利用率和流通率低的问题，图书馆在图书采购工作中应合理结合读者需求开展读者驱动采购模式服务，把部分资源经费用于读者参与资源建设的采购模式上，不仅增强读者参与感和满足对新书阅读的需求，同时解决图书利用率和流通率低的问题。读者驱动采购模式把读者从阅读资源利用者转变为阅读资源建设参与者，既满足读者对于新书的需求又践行以人为本服务理念。目前，读者驱动采购模式有多种类型，如实地即采即借型，即图书馆与书店合作，形成馆中店或者店中馆模式。馆中店模式如佛山市图书馆的新书采购，店中馆模式如内蒙古的"彩云服务"。线上快采快借型，即读者在图书馆管理系统中认证后便可以在线上通过合作书商的线上平台选择图书进行采购借阅，书商将读者所选图书通过配送商快速运送到读者手上，该模式在浙江省图书馆和新华书店集团已经得到了较好的实践效果。图书馆注重读者驱动采购模式应该结合图书馆整体发展考虑读者驱动采购模式服务开展的价值，加强与图书馆其他服务活动结合，如从读者信息素养教育、学科服务、信息共享空间建设等相结合以拓展读者驱动采购模式服务的价值和作用。

（3）注重多品种采购。面对纸质资源建设经费减少的情况，图书馆在纸质资源建设时应该注重多品种的采购策略，特别是面对国内每年出版50多万种图书的形势。

2. 改变数字资源建设方式

（1）联合建设数字阅读平台资源。

随着数字图书馆建设和公共数字文化共享工程推进，图书馆在数字资源建设工作中逐渐将重心转向数字资源共建共享和数字资源整合方面。数字资源种类越来越丰富，依靠一个图书馆的力量越来越难以满足读者需求，因此联合建设数字资源平台以及整合数字阅读平台资源成为加强图书馆数字阅读资源建设的重要方式。

目前国内在教育、公共文化、社会科学三大系统中联合建设中国高等教育文献保障系统、中国国家数字图书馆、文化共享工程、国家科技图书文献中心等项目，这些项目主要是高校图书馆、公共图书馆和专业图书馆间的共建共享。在公共数字文化共享工程建设过程中，图书馆、博物馆、档案馆、文化馆等机构的联合共建共享还存在数字资源建设标准不统一、缺乏跨系统服务平台等问题。图书馆联合档案馆、博物馆、美术馆等社会机构建设数字资源平台需要强化共建共享思想，强调权利与义务相统一；需要完善统筹管理制度，保障共建共享建设进程；需要构建数字阅读平台标准体系；需要加快构建联合数字阅读平台法律保障等各方面建设。

3. 整合数字阅读平台资源

整合数字阅读平台资源是指将物理上、逻辑上自主的、分布的、异构的数字资源，通过运用各种集成技术和方法将它们透明地、无缝地联为一体，为用户提供"一站式"的服务平台，包括"统一检索、资源链接、身份认证、个性化服务等，同时通过整合能简化图书馆对馆藏资源的管理"。①

图书馆整合数字阅读资源的方式多种多样，具体如下：

（1）通过联机公共检索目录系统，即 Online Public Access Catalogue（OPAC）。这是基于传统书目管理的整合方式，根据整合对象的不同进行馆外整合和馆内整合，馆外整合可以实现本馆与不同馆的 OPAC 系统数据库对接，建立统一的接口后便可以实现资源整合目标。此外该系统还可以进行核心资源整合和相关资源整合，核心资源整合是将 OPAC 系统中书目信息与其电子全文图书、电子全文期刊及视听资料的对应链接，相关资源整合主要指书刊与其评论信息、来源信息的对应链接。

（2）建立链接式数字资源整合，即通过网络超文本链接技术将相关知识点链接在一起，从而形成具有相关性的知识网络，为读者提供数字阅读资源的便捷途径。

（3）通过跨库检索系统整合数字阅读资源，不同的数据库检索界面和检索方式都有所不同，通过整合跨库检索界面可以提供读者检索效率和读者体验度。整合数字阅读资源检索界面是指将检索界面和检索结果反馈界面统一化，通过聚检索技术为读者提供服务。聚检索的服务只是一个代理检索界面，它并没有资源库，通过将读者输入的查询请求转换成相应数字资源系统的检索语言和条件，同时将各个资源系统的检索结果反馈到同一界面，读者点击链接便进入相应数字资源库。

4. 开放获取资源建设

开放获取资源建设方式是图书馆界应对数据商资源垄断的策略。开放获取资源建设可以在一定程度上缓解数字资源"漫天要价"困境，同时网络信息资源数量庞大，可以为图书馆数字资源建设提供保障。此外这些信息资源建设成本远远低于数据库商的定价。正是因为开放获取资源建设的优势，目前已经成为图书馆数字资源建设过程中不可缺少的建设方式之一。

---

① 田向阳. 图书馆数字资源整合研究 [D]. 西安：陕西师范大学，2007：13-17，21-24.

（二）资源内容兼顾体系化与特色化

资源建设不仅需要考虑资源类型，如数字资源、传统资源、视听资源等多种类型资源建设，同时也应从资源内容体系化和特色化视角进行资源建设规划。

1. 建设地方文献资源

第一，根据图书馆所处的地域人文环境和地区发展明确特色馆藏资源的建设范围，可以在自身馆藏资源基础上强化特色资源建设，打造特色资源库或者平台。如从地方文献、地方人文、少数民族文化特色等角度考虑资源范围，并且不局限于当地采集，有意识地扩展地域范围，形成多维资料来源。

第二，地方文献不仅需要维护文献原本形式，也要拓展其他类型，才能更系统更完整地建设地方文献资源。地方文献资源建设最终目的是服务，因此宣传工作成为建设过程中重要的组成部分，使文献资源为人们所知从而利用才能实现资源建设的真正价值。

2. 建设读者知识资源

王子舟教授在《论"读者资源建设"的几个问题》中阐述了读者资源的类型和特点，分析了图书馆对于开发读者资源的重要意义。文章中指出读者资源有读者的知识资源、人力资源、关系资源、资产资源等类型，其特征具有内隐性、活态性、不稳定性、稀缺性、自组织性等。[①]

读者知识资源建设的意义和价值已经得到验证，图书馆开展的借阅"真人书"活动就是开发利用读者知识资源，虽然国内外真人图书馆活动理念和主旨存在一些差异，但是都体现出注重读者隐性知识挖掘和关注读者需求的理念。读者知识资源不仅具有内容的广泛性、隐性和活性的知识形态而且具有阅读的互动性，不同于固态的图书馆阅读资源，通过面对面的借阅方式，实现双向的知识流通。图书馆建设读者知识资源需要考虑以下几点：

第一，明确读者知识资源建设的目的和主旨。首先，在明确活动主旨后确定资源建设的主题和选题范围，如以打破成见、直面歧视、挑战偏见等社会问题或者交流心得、共享知识、分享体验等人生经验为主旨。在主旨确定后通过选题确定读者知识资源建设来源，如面向社会公众征集，只要有意愿的读者都可以成为知识资料来源包括普通民众、特殊工作岗位人员、边缘人士及弱势群体等。也可以根据主旨需求控制来源范围，面向社会精英、在一定领域中具有影响力的人。

---

① 王子舟. 论"读者资源建设"的几个理论问题[J]. 图书馆杂志, 2017, 36(05): 4-15.

第二，组建专门工作成员。由专人负责读者知识资源来源范围、采集方式和借阅方式，同时在"真人书"借阅活动中承担策划、宣传等工作保障活动顺利进行，负责与提供知识资源的读者沟通相关事宜，达成共识。

第三，规范资源建设流程。资源建设工作的稳定开展需要规范化组织与指导，根据馆情制定有效的管理机制和运行机制，可以通过政府和社会出资赞助保障资源建设经费，同时在法律许可的条件下制定读者知识资源建设的相关工作制度。此外，加强宣传工作，提供读者知识资源建设的知晓度和认可度。资源建设的最终目的是服务读者，因此在建设的过程中加强宣传力度，不但可以使更多读者了解图书馆做的事情，也能让读者参与到活动中。

3. 建设三维信息资源

三维信息资源缓解碎片化等阅读方式的"痛点"，沉浸式阅读方式使读者对三维信息资源需求更加强烈。VR/AR 图书是三维信息资源的主要形式，其在儿童阅读资源、儿童阅读培养和古籍善本等方面具有突出优势。VR/AR 图书不同于可穿戴式的虚拟现实技术应用于图书馆实体场景设计和图书虚拟故事场景设计，而是通过具体的电子阅读设备扫描实体图书，图书上的内容便会在电子阅读设备上以动态形式展现，如美国出版的 VR 系列图书《香蕉火箭科学图画书》，读者通过下载相应的 APP 后可以感受广袤的大草原上奔腾的马群，可以"触摸"到书中展现的一切事物，甚至还能实现互动。我国国家新闻出版主管部门已经公布 VR 出版物的生产标准化机制，并且加快推广国际标准关联标识符（ISLI）、中国出版物在线信息交换（CNONIX）等标准。依托大数据、云计算、AR 技术等先进科技，将文字、图片、音频、视频数据集为一体的三维资源很快进入市场，如武汉市档案馆联合武汉市广播电台、武汉市文化和旅游局共同推出全国首部非遗口述 AR 影像图书后引起了社会很大反响。图书馆三维信息资源建设将是构成图书馆多元化建设的必经之路。因此图书馆在 VR/AR 图书资源等三维信息资源建设中首先把重心放在儿童阅读资源类、科普知识类的图书上，如低幼儿童的认知类和传统古诗词文化类等。同时制定三维信息资源的借阅和保管制度，对三维信息资源的宣传和阅读指导加以重视，开展 VR/AR 图书使用指导和阅读体验活动，从而吸引人们走进图书馆，关注阅读和培养阅读习惯。

二、多样化阅读空间打造

随着信息技术发展和数字阅读流行，虚拟阅读空间随之产生。在某种程度上，阅读空间是随着阅读行为不断延伸而扩展。多样化阅读空间打造是图书馆阅读服务创新模式，从概念空间的目标而言，图书馆将会是集信息共享、教育学习、文化交流和休闲娱乐于一体的"第三空间"，从实际空间功能目标而言，图书馆将会打造功能化、智能化空间及虚实融合空间。从馆内主题、三维立体等功能化阅读空间设计、馆外智能化阅读空间布局、虚实融合空间的打造都为图书馆阅读空间服务增加亮点。

（一）馆内阅读空间功能化

1. 打造主题空间

打造主题空间是图书馆阅读服务拓展，阅读空间打造目标不再限于打造创客空间、信息共享空间和知识共享空间，图书馆主题空间将从读者需求、地域文化和馆藏特点等角度打造具有主题特色的阅读空间。

图书馆在打造主题阅读空间实践中，要做到以下几点：第一，应构建主题阅读空间的理念和目标，明确打造主题空间的服务理念和实现目标，从而确定打造原则、空间设计方案、主题选择范围等事项。第二，从空间环境布局、阅读资源、服务内容和主题图书馆员四个基本要素开展主题化阅读空间服务。第三，确定主题化阅读空间的内容建设，可以从贴近人们生活的角度选定主题，也可以从特殊读者服务选择主题，还可以从地域文化角度展开选题。第四，根据主题特征打造阅读环境。阅读空间环境的设计应融入主题元素，展现主题文化，使读者进入每一种主题阅读空间都可以感受到主题阅读气息和氛围。此外，这些主题阅读空间还应具有展示、开展讲座、读者交流等功能。主题化阅读空间从功能角度出发还可以根据读者类型进行打造，如打造绘本空间、阅读疗法空间、经典阅读空间等。

2. 打造三维立体空间

三维立体阅读体验将突破二维阅读感受，三维立体阅读能够调动读者全感官，给读者带来一种身临其境体验和超乎想象的"穿越"感，从而更易于加深读者阅读印象和提升其对知识、信息的理解力。

三维立体阅读空间打造，首先应加强与出版社联系，了解三维信息资源出版情况，调查读者对三维信息资源的需求以及同行开展三维立体阅读体验活动情况和读者反馈情况。其次，根据自身三维信息资源建设程度推广阅读体验服务活动，通过推广活动设计明确三维立体阅读体验空间的服务内容和对象，如三维立体阅读空间打造的主旨、阅读资源类型等。最后，加强对三维立体阅读空间宣传，打造阅读体验空间服务前进行服务活动预告，对三维立体阅读方式进行宣传，可以通过采访已经体验过或者正在体验三维立体阅读的读者，让他们分享自己对三维立体阅读的体验感受。此外，邀请专业人士开展虚拟现实技术等相关方面讲座，向读者介绍三维立体阅读空间的技术支撑、功能等知识。三维立体阅读空间打造也是智能图书馆发展的需要，能促进智能图书馆建设，提高图书馆智慧性和包容性。

（二）馆外阅读空间智能化

图书馆阅读空间服务不仅利用馆内空间资源打造多功能的阅读空间，也注重馆外智能化阅读空间打造，致力于打通图书馆阅读"最后一公里"服务目标，实现图书馆阅读服务价值最大化。

1. 打造自助阅读空间

图书馆自助服务主要分为24小时自助服务和图书馆ATM机服务，前者是将图书自助借还设备、图书检测设备、视频抓拍设备、门禁设备、图书馆业务系统等技术进行整合，建成无人值守、读者凭证入内自助借阅的区域。后者是将银行自助柜员机的理念应用于图书馆服务之中，通过RFID、机械手等技术和图书馆业务系统的结合，建成无人值守、读者自主借还图书的服务站。本书主要分析前者。图书馆打造智能化自助阅读空间，首先需要考虑选址的合理性、科学性和均衡性，考虑周边服务人群特点和阅读需求进行合理规划。其次，做好资源保障。从图书更新、热门图书、最新图书的角度及时补充自助阅读资源，同时提供数字阅读资源下载平台，保障阅读资源充足。自助阅读空间可以通过系统统计分析自助图书馆内读者的阅读行为，根据读者数据行为进行精准细化配置阅读资源，此外注重打造特色自助阅读空间，根据自助图书馆选址、服务人群等打造专题自助阅读空间。再者，注重智能化技术应用。在自助图书馆内引入智能机器人、智能语音助手等先进技术设备，不但能够实现智能化管理还能够给人们带来更温馨的服务。最后，通过新闻媒体进行宣传报道，设计自助阅读空间的品牌形象，同时在新媒体平台上也进行宣传。此外通过线下活动，宣传自助阅读空间的功能和操作流程等，耐心指导人们如何进行自助阅读。

2. 打造城市阅读空间

随着图书馆+理念的兴起，城市阅读空间发展迅速，其发展显现出创建主体"跨界组合"、服务内容"业务混搭"、公益性与经营性运营相结合、"唯美+生态+体验"空间设计等特征。

城市阅读空间是图书馆联合社会机构打造公益性阅读空间，在一定程度上拓展图书馆阅读服务。

打造城市公共阅读空间首先需要明确城市阅读空间的选址问题，如青番茄"In Library"把阅读空间的选址确定为城市中的酒店、咖啡馆、地铁等商业较为繁华地点。而北京西城区特色阅读空间则侧重于社区、公园、街道等公共场所。阅读空间的选址问题可根据图书馆与合作对象的性质决定，同时考虑服务人群特征确定城市阅读空间打造内容和主题。其次，考虑城市阅读空间提供"什么样"的阅读服务问题，图书馆跨界打造阅读空间需要考虑能够提供阅读服务的内容和类型。根据合作对象经营理念和服务特色提供专题阅读服务，如打造书法、绘画、茶艺、花艺等不同主题阅读空间。最后，考虑城市阅读空间环境打造问题。从空间视觉设计入手，融入唯美、时尚、个性的空间环境设计，同时也要注重融入文化元素，城市阅读空间打造也是宣传城市文化的途径之一。

（三）虚实融合环境一体化

虚实融合已经成为现代图书馆阅读服务首要策略和方式，许多新馆建造或者旧馆改造、24小时自助服务、泛在阅读、馆内实时数据统计、馆内安全环境自动化管理及虚拟现实场景体验都实现虚实环境融合一体化。虚实融合拓展服务时间和空间，实体空间是虚拟空间的孵化器，前者功能局限催生了后者。新媒体虚拟空间可以为读者提供阅读咨询、阅读书目推荐、阅读活动预告、图书馆动态等信息服务，此外在移动服务平台上可以提供馆藏查询、图书借还、图书预约及参与活动报名等与阅读相关服务。作为宣传阅读、推广阅读新媒体虚拟空间是宣传阅读服务有效补充。

图书馆虚实融合环境一体化不仅是两种形态空间共存，更重要的是两者互动相生有机融合。在图书馆虚实环境中融入虚拟空间信息对称优势、实体空间服务优势以及读者，形成完整互动链。通过互联网、二维码等新技术支撑，在虚拟空间聚拢读者，在虚拟空间提供阅读服务，如读者通过网上借阅平台提出借阅需求，图书馆找到读者所需图书后通过物流直接邮寄给读者或者投放至读者附近的分馆中，同时通过网上借阅平台通知读者，这种虚实融化环境一体化的服务模式拓展服务内容，同时服务时间和服务范围也在一定程度上得到拓展。

第五章 公共图书馆阅读推广服务活动探索

第一节 公共图书馆阅读推广概述

阅读不管是对个人来说还是对于一个城市来说，都具有十分重要的意义，它能有效地提升人们的知识增长，改变人们的思维模式，有利于一个城市的品位提升和国民综合素质的提高。国家的强大、昌盛和繁荣离不开阅读的作用，因此，从国家的长远发展来说，全民阅读是十分重要的举措和战略。

一、公共图书馆阅读推广的内涵与功能

（一）公共图书馆阅读推广的内涵阐释

图书馆是一个国家或民族最基础及核心的阅读推广主体之一。欧美各国阅读推广事业的发展，往往是在国家政府的引领下出台相关法案或计划，发动学校、图书馆、医疗机构、社区、教堂、出版社、书店等相关机构，携手营造出全社会重阅读、促阅读的文化氛围，进而推动社会阅读的发展。由于现代意义上作为书刊及知识信息提供中心的图书馆在我国出现的历史并不长，因此阅读推广在我国的发展与欧美各国不尽相同，呈现与我国图书馆事业之发展水平紧密相连的态势。

图书馆阅读指导或导读是一个宽泛的概念，涵括了图书馆使用指导、阅读内容与方法指导、目录及工具书使用方法指导、文献检索知识教育等所有指导、引导或辅导读者利用图书馆、文献与阅读的服务及活动。从图书馆重点工作演变历史来看，过去被统括于导读工作范畴的内容逐渐分化并进一步拓展，成为专门的实践及研究领域，如参考咨询、信息素养教育，以及而今应时代需求脱颖而出的阅读推广。图书馆作为藏书机构和阅读的公共场所，推广阅读也是其存在的初衷。

整个 20 世纪我国图书馆事业还处于建立图书馆网络、健全现代图书馆服务功能的状态，阅读推广意识较弱，阅读推广活动较为零散，其目标、理念、模式、规模等与当今提出的阅读推广均不可同日而语。

国家政府层面对于全民阅读的重视与支持，加之中国图书馆学会阅读推广委员会的多方引领，我国阅读推广事业近十年来发展迅猛。中国图书馆学会通过建立阅读推广专业委员会，召开阅读推广峰会，评选示范基地、优秀组织、优秀项目，开展阅读推广人培育，组织出版阅读推广教材等方式，地毯式推广进行阅读工作。中国图书馆学会阅读推广委员会下设的分委会数量逐渐增多，个数已从创建当年的 15 个增加至 21 个，每个分委会的人数 25 人左右，吸纳了大量的阅读推广人员。自 2006 年起，中国图书馆学会开始组织召开"全民阅读论坛"，至 2018 年，已连续开展 12 届。2013 年开始举行"全民阅读推广高峰论坛"。各分委会也举办了很多极具特色的研讨会，如经典阅读推广委员会于 2013 年开始举办"经典亲近边疆·边远·边关行"。这些研讨会的举办，对于阅读推广理论与实践的发展起到了积极的推动作用。为激励及表彰全国阅读推广工作的开展，中国图书馆学会设立了"全民阅读示范基地""全民阅读先进单位""全民阅读优秀组织""阅读推广优秀项目"等评选活动，这些评选活动得到了社会各界广泛的响应。在建设全民阅读社会的呼声下，图书馆、出版社、书店、传媒机构、营利性机构（如亲子教育机构、国学培训机构、会员制的图书出借机构、移动阅读平台研制者）、学校及研究机构、政府及相关公益机构、社会团体（如志愿者组织"故事妈妈"）、个人等纷纷加入到阅读推广大潮中来，从各自的视域开展了丰富多彩、各具特色的阅读推广实践，为整体社会性阅读推广风潮的形成推波助澜。

作为阅读推广的核心机构，阅读推广工作在图书馆全局工作中的位置已全然改变。过去部分图书馆也会举办一些展览、讲座、读书竞赛等推动阅读的活动，但往往处于零星的、可有可无的、非系统非常态的状态。在世界性的阅读推广潮流中，图书馆亦无例外加入其中，面向公众或是所在地区开展阅读推广活动。

图书馆开展阅读推广服务，具有更强的主动性意识，有利于提高人们主动阅读的意识，帮助人们养成良好的阅读习惯，提升人们对阅读的兴趣，最终取得良好的阅读效果；同时借助阅读推广的手段，能够有效地提高图书馆的社会影响力。这样不仅可以提高图书馆纸质馆藏资源及数字资源的阅读浏览量和利用率，还具备推动数字化全媒体时代图书馆发展的重要意义，是推动全民阅读的基本要求。

（二）公共图书馆阅读推广的主要功能

阅读的功能也决定了阅读推广的功能。人类阅读可以带来政治、文化、社会以及经济等方面的积极作用。从个体的角度来说，事业成功、品行修养、身心愉悦、智慧提升等都离不开阅读，这也正是古人思想中诚意、正心、修身以及致知的体现。社会的基本单位是人，所以，社会的整体发展是建立在个体发展的基础之上的，这也是民众教化、创新改进、助力生产以及文化传承等主要的社会功能的体现。作为推广阅读文化的一个组成部分，阅读推广主要有以下4个主要功能：

1. 传承文化

文化传承必须通过阅读来完成。人类文化的承载主要是通过书籍来体现，不管是个体还是群体掌握的书籍，只有通过阅读，才能产生作用，文化不可能自动地进行传承。

2. 教化民众

自古以来，教化功能就是图书最关键的功能，这也需要通过阅读才能达成。亚里士多德是古代著名的科学家和教育家，他认为，官府藏书也好，私家藏书也罢，都需要对外开放并用于教学，这样才能产生积极的用处。梁启超是我国近代著名的改革家、教育家以及思想家，他在中国还未引入图书馆这一新生事物时，就于1895年和康有为一起成立了"强学会"，并为达成"群中外之图书器艺，群南北之通仁志士，讲习其间，推行于直省"的目标而努力着，"强学会书藏"这一新型的图书机构也是由其创造的，这是一个开放性的、以民智启迪和新学普及为责任的新型机构。不过，受当时条件和社会制度的限制，国民对图书馆的利用是非常有限的，甚至"强学会"成员还要号召大家来阅读。所幸的是，这一优于常人的理念和思维也是非常具有感染力的。这一行为和现在的阅读推广具有异曲同工之妙，也是阅读推广对民众教化功能的一种体现。

3. 助力生产

随着知识经济时代的到来，社会第一生产力毫无疑问就是科学技术，它也代表着先进的生产力。创新作为科学的本质内容，人才是不可或缺的重要组成因素，人才的形成离不开教育，而教育是建立在阅读基础上的。只有阅读，才能发挥书籍的积极作用。所以，从个体的角度来说，只有阅读才能使之更加卓尔不凡，从国家和社会的角度来说，阅读推广则是促进国家繁荣昌盛的重要手段。

4. 保持创新

人类进步和社会发展是建立在不断创新的基础之上的，而创新则需要以阅读为基础。

人类的创新并非异想天开、天马行空，而是需要一定的基础和理论支持，这便是前人知识和智慧的重要作用。毫无依据的创新是不可能实现的，需要对先人的成果和成就予以继承，并进行一定的创意和发展，从而形成创新。创新成果的推广也需要借助阅读的力量。

二、公共图书馆阅读推广的发展及新特征

（一）公共图书馆阅读推广的发展过程

我国图书馆的阅读推广工作与20世纪80年代中后期我国开始出现的图书馆阅读指导、图书馆导读工作有所渊源。那个时候，图书馆的资源主要为纸本书刊，比较重视图书导读工作，通过创办读书社团，举办讲座、读书会、新书推介、推荐书目、读书写作与交流等活动，来推动阅读氛围的形成及推进公众人文综合素质的提升。随着信息技术的发展，电子资源逐渐成为图书馆馆藏的重要组成部分，并日益为用户所倚重。在此背景下，围绕着电子资源的推荐与使用，图书馆的工作重心发生了很大的转变，参考咨询、信息素养教育等工作逐渐被视为图书馆支持教学科研的主体服务，而以图书推介为主的图书导读工作逐渐被边缘化，与之相关的阅读指导及推广工作处于可有可无之状态。图书馆如果认为该工作值得投入人力物力去做就开展；反之，就处于断断续续、时有时无的状态。

侧重于业界声誉的宣传推广。图书馆的宣传推广方式包括多元媒介的宣传报道、会议报告及开展读者活动。很明显，这些方式的推广目标、推广重点、方法及对象均有所不同。为增强图书馆与读者的联系，图书馆亦会举办形式多样的读者活动。过去这类活动通常名之为"读者服务月"，活动项目涵括读书活动、信息素养教育活动，以及其他图书馆服务推广活动。阅读推广兴起后，许多图书馆以"读书节""读书月"为名来开展读者活动，有意识地突出活动的阅读主旨，并增强阅读推广活动在整体读者活动中的比重。虽然在图书馆宣传中无需过分关注各类型工作的定义区分，但在整体工作的规划、组织与管理过程中则需要明确其范畴所指，如此方能避免由于概念不明所导致的阅读推广重点与特色不足、创新性不够、成效不佳等问题。作为信息服务机构，信息素养教育是图书馆的重点工作。基于读者活动的传统，现今的研究者或图书馆从业人员经常将信息素养讲座视为阅读推广活动。从图书馆宣传或工作总结的角度讲，这样的归类有较强的便利性，但是，太宽泛的界定必定会削弱核心成效。在阅读推广已成为图书馆常态化、活动化的主体服务内容之一的形势下，仍将信息素养教育的内容归并到阅读推广工作中显然是不合适的认知及做法。阅读推广并不是图书馆日常活动的补充，也不是大众化的读者活动，它已成为与信

息素养教育工作、情报服务工作等同样重要的图书馆服务工作重点领域之一。图书馆是向读者推广阅读的主体，必须要了解阅读推广的概念范畴，方能有效定位、规划、管理、推动各项工作有效开展。

（二）公共图书馆阅读推广的新特征表现

公共图书馆拥有丰富庞大的信息资源。"通过采取科学的措施来提高公共图书馆的资源利用率，并依据公共图书馆的实际情况和发展需求构建完善的管理组织结构，可积极促进公共图书馆的阅读推广。"①

随着信息技术的发展，公共图书馆的阅读推广呈现出新的特征，具体如下：

第一，阅读的载体已经发生大幅改变。需要指出的是，阅读载体的改变，势必会造成载体所能够承载的内容容量也会随之而发生改变。针对传统阅读来讲，其主要阅读对象以纸质为载体，在具体的阅读内容上，比较集中，不容易发生改变。而现阶段，电子载体已经成为最常见、常用的阅读工具，因电子载体在具体的容量上十分的大，所以，它可以承载海量的资源，能够帮助读者获得更为广阔且丰富的阅读选择空间，如此一来，除了能够实现纵向的追踪阅读之外，还能够进行横向的跳跃式、检视式及比较阅读。

第二，信息表现形式变得越发多样化。针对那些将纸质当作载体的阅读对象而言，在相应的表现形式方面，不仅有图表，而且还有文字等；而针对把电子当作主要载体的阅读对象来分析，其内容更为多样，除了有比较传统的图表、文字外，还有视频、音频等。比如通过应用VR技术，让读者有一种身临其境之感，较好地融合到阅读情景当中，给读者一种别样且逼真的认知感受。

第三，阅读方式出现大幅改变。伴随移动终端技术、现代信息技术及互联网技术的不断发展与完善，随心学、随地学、随时学便成为可能，且在采用屏求知的方式的同时，还能够带来"检视阅读"的体验，在此驱动下，形成了一套完整的方法与技能。现代图书馆注重全面阅读素养的提高以及学习型社会的构建，因而会不断向"阅读生态园"转变与迈进。

---

① 吴誉. 公共图书馆阅读推广发展趋势探析 [J]. 大观（论坛），2021（10）：100-101.

三、公共图书馆阅读推广的理念与原则

(一) 公共图书馆阅读推广的理念解读

1. 服务理念

服务一直是图书馆讨论的主题，在某种程度上也是永恒的主题。图书馆服务就是图书馆为了满足社会和用户的文献信息等多方面需求，利用自身的资源，运用多种方法所开展的一系列服务活动。这样一个定义，既符合目前图书馆服务工作的实际，又符合图书馆服务功能开放性发展的趋势，具有一定的前瞻性。

阅读推广属于服务的范畴，不管是采取读书活动的组织还是导读书目的编制等手段，其目标是让读者加强阅读、为读者提供更多更好的阅读服务。沟通和干预是推广的本质属性，其真正的目的在于让更多的读者开展阅读、爱上阅读，而不是评价和教育读者的价值观、道德观和个人行为。推广的内涵中也带有一定的教育意义，所以大部分人认为，推广具有教育功能。认为它是对读者的阅读形式、阅读习惯和阅读内容进行教育的一个过程。但是，这仅仅只是针对小部分阅读人群，如对不会阅读、不爱阅读甚至有阅读障碍的人所产生的教育功能，而对于大部分的读者来说，它仅仅只是所提供的一种服务。

阅读推广属于公共文化服务的一种，从其本质来说，它必须具备服务的公平性，才能确保阅读推广过程中的公益性和非排他性特征的实现。虽然图书馆具有教育职能的性质，咨询服务和传递文献也是图书馆员的主要职能和作用，但在读者对文献进行挑选的过程中，他们不会提供任何参考意见，也不会对读者的阅读进行指导，而是让读者自主享有选择知识和信息的权利，甚至为读者保守他们的阅读秘密，让他们的阅读内容不被其他人知晓。他们秉持的中立服务价值观念，体现出了社会民主制度，这也是许多读者对图书馆持有赞许和肯定态度的原因。目前，图书馆最主要的服务方式就是阅读推广，虽然这种方式具有一定的介入性和活动性，却也是在包容、专业以及平等的服务理念下进行的，因此，也不能违背图书馆的核心价值体系，即"开放、平等、包容、隐私、服务、阅读、管理、合作"。

2. 权利理念

现代公民具有阅读权利，这是不容侵犯的。在阅读推广过程中坚持权利的理念则是要求阅读推广主体不管进行什么样的阅读推广活动，都需要建立在公民阅读权利的保护基础之上。每一个公民依法享有进行阅读的权利和利益称为阅读权，其阅读权的主要内容包括

了自尊、自由和自主等，读者可以根据自己的个性需求进行选择。

全国各地如江苏省、湖北省、辽宁省、四川省以及深圳市等都为公民的阅读权利保障进行了相关的地方性阅读法规的制定。在以上地方立法中也频繁出现了如规范基金经费、指导公共服务、细化新闻出版方面的职责、设立全民阅读组织或机构以及关照特殊群体等词汇，而且作为全民阅读推广的主干和枝节，不管是组织架构还是基金经费，也不管是公共服务还是部门职责等，都在五部地方性阅读法规中进行了详细的论述。这也可以表明，公民阅读权利已经获得了法律上的保障，并对推广主体的职业权利予以保障，这是一个国家文化梦想和追求的必要措施。

3. 创新理念

阅读从本质上来说是具有私密性和个性化等特征，全民理念、服务理念、权利理念以及自由理念也是阅读推广所必须遵循的原则，而且需要在自愿的前提下进行阅读推广，就算进行阅读立法，也只是为了从法律的角度来保障公民的阅读权利，而非强迫和限制公民阅读。所以说，吸引读者是阅读推广方式中最为有效的手段。创新是现代阅读推广过程中需要重点关注的，既要体现温故知新，更要追求推陈出新。为了更好地对读者形成吸引力，完成图书馆的工作，就必然要开展一定的阅读推广活动。近年来，图书馆学界和业界对如何进行图书馆服务空间的设计，如何提供服务场所的设备和提高服务水平等问题都进行了高度关注。同时，对阅读推广服务工作人员的创新意识和服务能力的提升也有了更高的要求。

只有具备以下三项基本素质，才能算是一个合格的阅读推广人：第一，要具备工作的自主性；第二，要具备较好的创新能力；第三，要具备一定的社会资源的调动能力。当然，这都需要经过一定的培训才能达到。同时，阅读推广团队的建立更有利于这三项素质的提升。所以，为了将推广创新理念落到实处，阅读推广人才的培训和阅读推广组织机构的设立等工作也在如火如荼地进行中。

（二）公共图书馆阅读推广的基本原则

1. 坚持社会公益性原则

国家和社会的未来发展都受国民阅读能力的影响。个体通过阅读能够加强自省、提高自我价值的实现，而从社会来说，阅读有利于知识的普及和延伸学校教育，是个人和社会相融合的一个重要途径。由于阅读具有这一功能，因此造就了阅读推广的社会公益性的本质属性。

从全球的阅读推广工作来看，它吸引了大量的政府组织、国际组织、图书馆界以及各个传媒机构和出版机构的参与。作为阅读产品的制造者和销售者，出版和传媒机构是从自身的利益出发来进行阅读推广的，但同时也起到了较好的阅读交流的促进、阅读影响的扩展和阅读读物的丰富化发展等作用。与出版与传媒机构不同的是，国际组织、各国政府以及图书馆界的阅读推广活动的中立性、公益性和客观性更为明确。全球性的文化机构包括了国际图书馆协会联合会、国际阅读协会、国际儿童读物联盟以及联合国教科文组织等，它们在世界性的阅读推广活动中都发挥了积极的作用，有利于全人类文化素养的提高。各国政府在阅读推广活动中扮演着制定者、阅读经费的提供者、倡导组织者和实施者的身份，也是阅读推广中不可或缺的重要因素。

在社会文化传播过程中，图书馆的作用是非常重要的，有效地促进了全民阅读的进程。在教育儿童、加速社会发展、扫盲识字和促进社会公平和稳定上来说，民间阅读推广的作用也是至关重要的。

2. 坚持人文价值性原则

人文指的是人性文化，以人为本也是对人性的充分尊重，因此阅读推广的人文价值就是指需要以人性为基础开展阅读推广活动。阅读推广工作需要以人的阅读主体性为基础来进行，人是进行一切推广活动的前提条件。阅读推广的人文价值需要从以下三个方面进行体现：

（1）关注人，要培养爱阅读的习惯。从全球范围来看，崇尚人文精神的国家都具有良好的读书习惯。犹太民族是全球最喜欢读书的民族。他们人均每年读 64 本左右的书。良好的阅读习惯也使得这个民族成为一个具有进取心和上进心的民族，就算亡国了两千多年依然能够复国，并迅速成长为一个发达的现代化国家。

（2）发展人，要培养人人会阅读的能力。三个重要挑战是信息时代阅读不得不正视的问题：首先表现在读物的无限大和时间的有限性的矛盾；其次是高增长的信息量和低效率的阅读能力之间的矛盾；最后是新知识和传统观念之间的矛盾。所以说，分众阅读推广和分类读物推荐也是全民阅读推广中的重要措施。例如，古今文学佳作可以针对儿童进行推广，中外人物传记主要针对青壮年进行推广，这样才能使得读物结构更为合理，也有利于好书佳作和经典名著的推广和传承。

（3）尊重人，要保障特殊人群的阅读权益。在《公共图书馆宣言》中就明确指出：公共图书馆的服务以平等利用为基础，不分年龄、种族、性别、国籍、语言或社会地位，为所有人提供。公共图书馆须为不能利用常规服务和资料的用户，如小语种民族、残障人士、住院人员或被监禁人员,提供特殊服务和资料。

3. 坚持服务专业性原则

近年来,阅读推广发展势头非常迅猛,这是在专业理论和专业人员的共同支持下而产生的。

首先,以理论的角度来说,之前图书馆学理论并没有很重视和过多地关注这一服务内容,因此在阅读推广理论上来说还是比较缺乏的,所以需要有足够的阅读推广相关的基层理论和实操经验予以支持。

其次,以实践的角度来说,活动是阅读推广服务的主要形式,而前期调研、内容策划、项目宣传组织实施和效益评估是一项活动的基本环节,这对专业技能人员的要求比较严格。例如,进行前期调研工作时,需要大量的推广人员制作问卷、掌握调查方法并具备统计数据的技能等;进行宣传工作时,要对宣传途径以及宣传效果进行把握;实际实施时,需要能够顺利完成分解任务、组建团队以及安排进程等任务;最后还要具备分析和挖掘数据、整理和收集资料等效益评估能力等,如此才能使得活动顺利展开。

一般来说,一个具有职业精神的人最基本的条件就是具备创新能力、社会资源调动能力以及工作自主性等,而这需要通过一定的努力才能获得。所以,只有对阅读推广人才进行评估、激励以及培养,才能更好地促进阅读推广服务的专业化发展。为了凸显阅读推广活动的高度专业性,中国图书馆学会也开展了"阅读推广人"培育行动。

四、公共图书馆阅读推广的组织

(一)公共图书馆阅读推广的组织特性

阅读推广工作的成效与图书馆对其组织管理的方式紧密相关。当前图书馆主要从实践需要出发,为开展阅读推广工作采取了相应的组织架构方式。

1. 系统开放性

阅读推广系统具有开放性。阅读推广系统离不开外界环境条件,与社会相互联系。系统接收环境的输入,继而加以转换,然后输出再供给社会。而社会接收阅读推广系统的输入后,又产生了新的社会环境,新的社会环境又再次输出,如此形成一个生态循环体。阅读推广系统,不断地从外界环境中汲取先进的思维理念,以及资源保证,维持其发展的基本要求,不断向前发展。同时又将阅读推广事业的成效传播给周围环境和社会环境,通过营造阅读推广氛围,从而影响公共和社会文化事业的发展。阅读推广系统与外界环境,通过彼此之间的相互作用、相互交流、相互影响，不断完善、共同发展。阅读推广活动的目标会随着外部环境需求的改变而不断完善，阅读推广团队也通过不断地自我学习，激发创新思维，更新已有知识，以适应环境的不断变化。因此，阅读推广系统所传递的知识、文化也具有开放性。

2. 结构不平衡

不平衡就是无法达到平衡态，指的是在一个系统的内部能量的分布是不均衡的。远离平衡态是有序之源，如果没有远离平衡态，系统仅仅开放是没有用的，因为系统仅在平衡态附近，与外界交流也仅能是类似微扰的作用，不能使系统发生本质的变化，只有将系统逐渐从近平衡区推向远离平衡的非线性区，才有可能使系统演化成为有序结构。耗散结构与平衡结构本质上是有区别的。图书馆阅读需求是不断变化着的，图书馆阅读推广组织遵循远离平衡态的原则，才能建立有效的管理体系。阅读推广团队的成员具有不稳定的特征，阅读推广活动更强调阅读推广的目标、理念、品质，力求做到推动社会文化的提升，乃至推动全民文化素质的进步。因此，反映在阅读推广的文化上则是不能保持静态的平衡状，要不断地自我完善，顺应社会需求的发展，追求创新，不断突破。阅读推广的外部环境需求在一个随机变化、难以预测的环境中，因此更是必须具备随机应变的能力。

3. 相互作用性

图书馆阅读推广组织的各要素中具有非线性的相互作用的特征。非线性相互作用具有非独立相干性、非均匀性、非对称性等特点。非线性作用是自组织产生与发展的根本原因。阅读推广组织多个子系统之间存在非线性的相互作用：第一，阅读推广的外部环境与阅读推广团队组织之间存在非线性相互作用，能够促进阅读推广团队的发展壮大，激发阅读推广团队成员的积极性与主动性。第二，阅读推广团队成员与读者之间存在着非线性相互作用。如读者对团队成员组织的阅读推广活动的赞赏与积极参与，或是通过阅读推广活动受到启迪并给予良好的反馈，能够激发阅读推广团队成员工作的积极性和主动性，使他们的工作具有获得感、成就感。

4. 趣味性

阅读推广对象即读者，通过阅读推广活动，培养了阅读兴趣，进而形成了崇尚阅读的风尚，能够推动图书馆阅读推广机制的发展和完善。其实，阅读推广团队成员之间存在着非线性的相互作用。馆员的科学指导与启发，能够激发读者团队参与的主动性与积极性。与此同时，读者团队的参与和反馈，也能够促使馆员不断调整团队相处模式，从而使阅读推广团队的效益最大化。

（二）公共图书馆阅读推广的组织架构与部门

1. 公共图书馆阅读推广的组织架构

阅读推广已成为图书馆的重要工作领域。相应地，图书馆亦需要采取有效的组织管理机制来推进此项工作的开展。图书馆的传统组织结构通常设置有采编部门、流通借阅部门（或称读者服务部门）、信息技术系统支持部门、参考咨询与情报部门、行政与后勤部门，以支撑图书馆的运营。在当今转型改革及建设全民阅读社会的时代，有许多图书馆对传统组织结构框架下的岗位设置及职责进行了调整，也有为数不少的图书馆对组织结构进行革新，以适应变化的形势及需求。

2. 公共图书馆阅读推广部门的职责

（1）部分职能调整。为应对快速变化的外部环境，多数图书馆采用了依托传统职能部门——主要是流通借阅部（或称读者服务部），也包括参考咨询部或其他相关部门——来开展阅读推广工作。这种组织方式的优势有两点：一是便于图书馆在不做大的组织调整的情况下开展社会需求的新业务、新服务；二是在稳定推进的基础上推动传统部门的业务创新。

（2）跨部门项目组。从不同业务部门抽调人力组成项目小组，通过部门间的协调推动阅读推广工作，也是不少图书馆的选择。这种组织方式最大的特点在于灵活机动，且便于组织开展阅读推广工作需要的分布于不同部门及岗位上的成员，打破固有部门容易导致的条块分割，促进不同部门间的交流与协作。这种方式对于组织管理者的领导、协调能力要求甚高，对于大型图书馆尤其如此。例如，在活动中，组建了展览布置、海报与网站专栏设计、影视片选放、相关图书推荐以及征文作品选评等工作小组分别开展工作。待项目完成，抽调上来的工作人员回到原来的岗位中。

（三）公共图书馆阅读推广的组织结构设计

自组织理论对于图书馆阅读推广工作的组织架构具有很强的适应性和指导意义。以用户为中心的"自组织"式的阅读推广组织结构应当有如下特点：第一，阅读推广目标既具确定性又具灵活性；第二，组织者和读者是阅读推广活动的共同主体；第三，阅读推广活动是一个开放的系统，要适应开放的外部环境要求；第四，阅读推广活动过程是一个正负回归的交替运作过程。因此在阅读推广活动中，要形成动态的激励和考核制度。

1. 确定阅读推广活动的目标

阅读推广活动的目标是指阅读推广活动所要达到的预期标准以及读者通过阅读活动所产生的预期效果，也是阅读推广活动想要达成的最终结果。在"自组织"式阅读推广中，阅读推广活动的目标虽不乏要推进全民阅读的总体目标，但活动的细分目标往往都是暂时性的规划，具有很大的灵活性和不确定性，需要随着活动的开展，以及开展过程中组织者和读者的相互作用而使其不断清晰、明确起来。因此，组织者在制定目标时，要明确其具有纲要的、多元的、开放的、动态的规划特征，对其进行弹性预备。组织者可以采用以下三种方式确定目标：车轮式策略、树枝式策略和网络式策略。车轮式策略是指，组织者在充分了解活动环境以及受众情况的基础上，以某一特定目标为母目标，预备各种可能产生的、彼此独立的子目标，并在活动过程中根据实际的活动情境对其灵活择取和选用。车轮式策略的特点是活动目标辐射范围广。树枝式策略是指，组织者依据活动环境以及受众情况、特定活动目标为基础衍生出与此目标相关的另一个目标，并又以第二个目标为母目标衍生出新的目标。网络式策略是指，组织者依据活动对象以及效果，对活动过程中可能产生的问题与兴趣点进行联想并罗列出来，并以此为基础再进行联想，罗列出相关的问题与兴趣点，最后综合起来形成一个活动目标网络。

2. 建立阅读推广活动的组织共同体

（1）制度保障。

图书馆阅读推广的核心因素是人。因此，阅读推广必须充分发挥人的能动作用，要通过制度文化来鼓励竞争、建立完善的激励机制，协同发展。

稳固的制度保障，能够有效地减少阅读推广组织受外部环境、对象反馈等不稳定因素的影响而引发的巨大涨落，从而促进阅读推广组织稳定、成熟。制度设计是图书馆阅读推广活动的起点。

（2）运营团队。

扁平化的组织结构能够更加有效地促进协调运营团队的发展。通过进行组织结构的调整和精简、运营团队的组织结构的改革变化来推动阅读推广工作的发展。通过以任务为导向的方式，基于某一阶段具体工作，以核心团队为中心，根据具体要求引入具有相关技能的辅助成员共同完成阅读推广工作。

核心团队：图书馆阅读推广是一个常态性的工作，涉及到的环节较多，参与人员主体多样，具有复杂性，因此需要一支专业的运营队伍，且运营团队的核心团员需要由专业的馆员担任，负责推广工作规划的制定、日常运营和与读者团队的沟通协调。图书馆可以根据实际阅读推广工作的体量和需求，确定自己的核心团队，既可以成立固定的阅读推广或是文化活动相关部门，也可将阅读推广工作纳入传统职能部门的部分馆员职责。首先，专业馆员队伍需要具有专业的业务能力，熟悉图书馆的馆藏资源与服务，能够制定专业的阅读推广活动规划。其次，专业馆员队伍需要具有较强的沟通协调能力。由于阅读推广工作的复杂性，专业馆员需要和馆内技术部门、资源部门、服务部门等进行沟通协调，同时组织阅读推广活动往往还需要与各部门形成联动。专业馆员需要具备与读者的良好的沟通能力，以促进活动效益的最大化。第三，专业馆员队伍需要有明确的分工，根据具体的业务要求对专业馆员的岗位职责进行细分，既有负责专职推广活动的活动策划人员，也有负责宣传推广工作的全媒体宣传员等。

辅助团队：由于阅读推广工作具有多样性的特征，活动形式丰富，内容涉及面较广，需要不断地对活动模式进行创新性探索，单独依靠核心团队很难有效地完成任务。因此，往往还需要拥有相关专业背景的学科馆员、技术背景的技术人员以及资源馆员等。辅助团队可以根据不同的任务灵活组建，能够实现团队成员之间的优势互补，减少了工作的盲目性，从而使团队效能得到最优发挥。

第二节 公共图书馆阅读推广项目策划

一、公共图书馆阅读推广项目的类型划分

公共图书馆阅读推广项目的标准不同，分类也不同：

（1）从目标群体的角度，主要可以分为：①儿童阅读推广项目；②青少年阅读推广项目；③成年人阅读推广项目；④老年人阅读推广项目；⑤农民工阅读推广项目；⑥盲人阅读推广项目等。

（2）从项目举办情况的角度，主要包括了以下两类：

第一，常规阅读推广项目。主要是针对图书馆长期开展的阅读推广项目而言。阅读习惯的养成需要一定的时间和持续性，常规阅读推广项目也是必不可少的，需要长期坚持，而这一项目的间隔时间，可以由图书馆的实际情况决定，一周、一月、一年都可以，但是要具有规律性。图书馆的常规阅读推广项目包括儿童的故事时间、书目推荐活动等。

第二，主题阅读推广项目。不同于常规推广项目，主题阅读推广项目是为了达到阅读

推广影响力的扩大而进行的。一般在节假日或者阅读活动周开展的项目，都属于这一类型，还包括专题性质的活动，如天津市和平区图书馆曾开展读书漫画大赛，是通过结合读书和漫画进行阅读主题漫画作品的征集、评选和展览的一种阅读活动。

二、公共图书馆阅读推广项目策划的读者群确定

对读者群进行明确是阅读推广项目策划的首要工作。国外阅读推广项目的共同点在于具有明确的目标群体。例如，小学高年级和初中低年级学生是英超俱乐部"阅读之星"主要受众；寄养家庭儿童是"信箱俱乐部"的主要服务对象。又如，挪威还对16~19岁高中生开展阅读推广项目，参加人数达6万多人次，这一项目通过向高中生进行文学书籍和教师指南的免费发放，让高中生能够理解教师是怎样将教学和书本联系起来的。此外，挪威针对运动员还进行运动和阅读等专业的阅读推广项目的开展，在各个比赛场地和运动俱乐部开展图书阅读活动，加强运动员阅读习惯的养成。

确定读者群是每一个阅读推广项目的前提条件，若是没有明确的读者群，会限制项目的实施效果。不论阅读推广项目大小，都需要明确读者群。

三、公共图书馆阅读推广项目策划的主要内容

（一）公共图书馆阅读推广项目读者群的选择与分析

1. 读者类型的细分与选择

分析读者需求是图书馆的首要任务，应对读者需求的优先顺序进行排列，并从图书馆的实际情况出发，进行阅读推广项目的确定。由于很多图书馆的工作人员有限，人力不够，还应该基于本馆的服务人群和工作重点情况等，对重点读者进行确定。

儿童和老年人是公共图书馆的重点服务对象，学生是高校图书馆的重点读者，并在这一基础上进行不同兴趣和不同年龄的划分。对此，可以针对0~1岁、1~3岁、3~5岁、6~9岁等儿童读者，根据儿童的兴趣和爱好进行划分：如喜欢汽车绘本的、喜欢动物小说的、喜欢科普内容的等。可以将老年人读者划分为两类：一是高知老年读者；二是普通老年读者或者爱好烹饪的老年读者、爱好音乐的老年读者等。相对来说，高校的读者群体较为简单，即为大学生。

对读者群体进行明确后，当前的阅读推广工作重点需要依据图书馆的工作规划进行，从而对读者群进行选择，可从两个层面进行：第一，图书馆应该根据资源特征和限制进行

相应的读者阅读推广服务。第二，选择合理的阅读推广时间，如大一新生入学、新学期开始等，以促进大一新生的适应性为主题进行阅读推广，或者是入园时期，针对小朋友的分离焦虑情况等进行有关绘本阅读推广，让小朋友更快适应幼儿园的生活和学习。

2. 读者群特点的分析方法

为阅读推广确定准确的读者群后，应该详细地分析和研究此类读者群的特征，以此对阅读推广的主题和方式予以确认。例如，英国一个阅读推广项目，将读者群锁定为不爱阅读的男孩子，分析这类男孩子的特征发现，他们对足球比较热衷，所以可以将阅读结合足球话题进行主题的确定，将有关于足球方面的书籍推荐给这类儿童读者群，将足球礼品，如签字笔、徽章等作为奖励，发放给认真阅读的男孩子。若是将3~5岁的儿童确定为读者群，图书馆应该针对该年龄段儿童的心理特征予以了解和分析。若是高校图书馆针对大一新生开展阅读推广活动，应该先把握好大一新生面临的最大问题——因大学阶段的学习和高中阶段的差异性而出现较大的不适应性。需要特别引起注意的是，图书馆无论针对哪个读者群体开展阅读推广活动，都需要先对读者群体的特殊性和特征进行分析，可以从以下方面对读者群体的特点进行了解和分析：

第一，文献法。图书馆员为了更好地对某个读者群体的特征信息和知识进行了解，可以通过专著、论文以及相关教材等途径获得，如关注儿童发展心理学方面的论文和著作，有利于对3~5岁儿童的心理特点进行了解；若是针对老年人开展阅读推广，可以适当地阅读有关于老年人心理学的资料，这样做，可有效把握特定读者群的整体特点等。

第二，调查法。文献法并不能确保对所有读者群特点进行了解，因此有必要结合其他的了解方法。例如，问卷调查法是一种普遍采用的方法，有利于较为准确地对读者的特点进行把握，还能掌握读者的有关特点信息，甚至可以了解馆里读者的兴趣。当然，这种方法只能针对到馆读者，为了更好地对未到图书馆的读者特点进行了解，需要采取其他方法进行相应调查。

第三，流通数据分析法。读者使用图书馆资源的情况，可以通过流通数据获悉。为了更好地把握读者的兴趣和特点等信息，可以通过分析流通数据获得。例如，对流通数据进行分析后，可以对本馆的大一学生、大二学生或者文科生、理科生比较喜欢阅读哪一类型书籍进行了解，可以获得具有相同阅读兴趣的人群特征，有利于阅读分享活动的策划。

（二）确定公共图书馆阅读推广目标

经过对读者群的选择与分析两步工作，接下来应该对阅读推广项目的目标进行确定。

该阶段应该遵循可评估性和可明确性两个原则，包括两个主要的阅读推广目标：首先，是为了让读者的阅读兴趣得到提升；其次，是为了让读者的阅读能力得到提升。当时，不能将提升阅读能力和阅读兴趣作为阅读推广项目的目标，有违以上两个主要原则，不具备适用性。比如，英国为提升成年人读写能力的阅读推广项目，其目标是：针对读写能力不佳的成年人，督促其在3个月时间内进行6本书的阅读，该目标非常明确，且具有可评估性。

（三）确定公共图书馆阅读推广方式

1. 常规性阅读推广方式

（1）馆藏推荐。

阅读推广的一个基本方式是书目推荐，某个领域的图书和期刊比较优秀，于读者来说是不清楚的，因此，图书馆进行相应的推荐工作十分有必要。图书馆应该基于馆藏进行推荐，但是并非限于馆藏资源。此外，推荐的可以是图书书目，也可以是电影、游戏或者是杂志等。通常情况下，图书馆包括以下馆藏推荐：

借阅排行：图书馆最为普及的一种方式，包括按月、按季度和按年度的借阅排行榜，也可以分为文学类、经济类等按类别进行的借阅排行。

新书推荐：图书馆还经常采用新书推荐的阅读推广方法，即先进行新书设置，然后开展定期巡展，或者通过网络进行推荐等。特别需要引起重视的是，应选择性地进行新书推荐，否则推荐不具备适用性。

编制主题书目：图书馆出于需求进行某一主题资源的宣传活动称为编制主题书目。这一书目不仅包括图书，还有数字馆藏和报纸等资源。

馆员推荐：图书馆员对馆藏资源的了解较为全面和系统，因此，馆员推荐是基于这一条件进行的一种方式，不但充分利用馆员的资源优势，也有利于其工作热情的激发。目标用户群的特点是馆员推荐的前提和基础，而馆员推荐的主要作用是为了激发读者阅读的兴趣，而非展示馆员文采。因此，目标用户的特点和需求才是重点。

读者推荐：读者是图书馆不可或缺的资源，对读者资源的有效组织也是图书馆的一项重要工作，应该在阅读推广中充分利用这一资源。读者推荐的方式非常丰富，如苏州独墅湖图书馆，将图书推荐圣诞树放置在阅览室，供读者进行书目推荐和理由的阐述。需要特别注意的是，应该基于读者群体的特点选择合适的推荐方法，如针对儿童进行推荐，可以考虑采用卡通形象的推荐卡，吸引儿童的注意力，让他们填写，并不需要写推荐语才能进行书目推荐，还可以使用绘画、Flash 以及视频等方式进行推荐。

推荐后续活动的设计和开展：吸引读者阅读是所有馆藏推荐的最终目标，因此，推荐书目的陈列并非唯一工作，后续推动也必不可少。列出书目只是工作的一个组成部分，还需一定的激励措施，促进读者阅读。当然，需要根据面向的读者群特征，进行激励措施的制定。

（2）常规读书活动。

阅读推广既可以采取馆藏推荐的方式，也可以进行丰富多彩的读书活动。需要引起注意的是，任何一种方式的阅读推广都是为了让人们养成良好的阅读习惯，并将之常态化，所以也应该作为图书馆的一项常规工作而非偶然的、临时的。因为阅读习惯的养成是长期的、持续的过程。

公共图书馆面向的服务群体较为多样化，阅读推广的主要人群包括儿童、青少年以及老年人等，学生是高校图书馆的重点服务人群。由于读者群体的不同，所采用的推广方式也有所不同。此处不再详细地分群体进行阐述，以下只将比较常规化的读书活动予以呈列，以供参考和借鉴。

"故事时间"——这一阅读推广活动的主要负责人，可以是儿童图书馆的馆员或聘请的志愿者。国外有细致的儿童读者群体划分，主要包括 0~1 岁、2~3 岁、4~5 岁等阶段。无论是公共图书馆总馆，还是分馆，都会进行一星期一次的"故事时间"，会根据各个年龄阶段进行。图书馆馆员通过夸张的表情和语气进行故事讲解，进行相关的活动延伸，如画画、手工等，促进儿童对"故事时间"活动的兴趣。当然，国内图书馆对"故事时间"也比较重视，但唯一不足的是，对儿童年龄的划分不够细致，且很少有 3 岁以下儿童的"故事时间"。

图书馆需要根据本馆实际情况，开展"故事时间"活动。目前，大部分的图书馆对"故事时间"比较重视，但是受人力资源不足的限制，需要考虑吸纳更多的志愿服务者参与。例如，江苏吴江图书馆吸引了很多台湾志愿者，给少年儿童定期开展"故事时间"，且效果非常显著。

读书交流活动——图书馆不但要指导和提供资源给个体阅读者，还要建设读者交流平台。读书交流的形式也比较丰富，既可以共读一本书，也可以进行月底如刊物的编制和读书会等活动的开展。任何一个读书交流形式一旦形成，应该长期坚持。例如，陕西理工大学图书馆开展"同读一本书"的活动，河北科技大学图书馆成立"好书月月谈"等项目，有利于促进大学生之间的交流和沟通。

2. 专题性阅读推广项目

图书馆每年或者每两年进行一次阅读推广活动，可以称之为专题性阅读推广项目，主要由以下方面组成：

第一，图书馆推出各类读书竞赛和挑战，可以采取视频制作比赛、书评比赛的方式进行阅读推广。例如，美国洛杉矶公共图书馆针对青少年开展四联漫画比赛、书签设计大赛等活动；中国汕头大学开展"读书的那些事"微征文比赛活动，让读者阅读后进行简短的读书感想和体会撰写。这种活动非常具有特色，吸引很多读者参与。除了开展比赛形式的阅读推广活动，还可以通过读者达到预期阅读目标后给予奖励的形式进行，比如可以将金牌发给阅读完6本书的读者。

第二，主题性质的活动。例如，北欧公共图书馆开展动漫之夜、音乐之夜、幻想之夜以及侦探之夜等各种主题阅读活动。其中，侦探之夜还会将现场布置成案发现场，然后邀请侦探小说家和读者进行互动。

第三，大型宣传活动。图书馆既可以开展常规性的读书活动，也可以在重大节日或者世界读书日进行具有特色的阅读推广活动，如国庆节、六一儿童节等，邀请政府领导和人员参与，增加活动的仪式感。

第三节 公共图书馆阅读推广活动设计

一、公共图书馆讲坛设计

（一）开设图书馆讲坛的意义体现

城市中的公共图书馆对于整个城市来说必不可少，承载着一个城市的文化与传承，是一个公益性的文化建设。

"公共图书馆讲坛积极搭建专家与大众交流思想的平台，是公共图书馆履行知识传播、社会教育与公共文化服务职能的重要载体。"[1] 在信息技术飞速发展的今天，图书馆讲坛存在一定开放性，可以和公众进行互动；存在一定的权威性，满足公众需求，备受公众

---

[1] 高丽艳. 对公共图书馆讲坛的思考 [J]. 新世纪图书馆，2011（08）：55-57.

喜爱。

第一，图书馆讲坛是公共图书馆的服务品牌。在国际上，图书馆讲座也是非常普遍的，属于一种公众文化服务。例如，大英图书馆所举行的一系列研讨会非常受欢迎。再如，在1984年开始举办的潘尼兹讲座（Panizzi Lecture），每年均有举行，一般会选在每年的11月或者12月。举行相关讲座时，会有相关大英图书馆的演讲讲解大英图书馆的历史与珍藏的资料等，演讲还会出版成专辑供人欣赏。此外，美国国会图书馆也有相应的诗歌朗诵或者讲座等活动，一般选择在库利奇大礼堂或者芒福德纪念馆，以及惠托尔厅、玛丽·披克福德戏院等地方举办，时间一般为年末，一些演讲的稿件由图书馆出版。反观国内图书馆讲座蓬勃开展盛况，公共图书馆界逐步达成共识——举办讲座有利于提升图书馆的社会美誉度、提高图书馆的读者利用率、丰富城市文化生活、塑造城市的公共文化品牌。

第二，图书馆讲坛是阅读推广活动的载体。各地开展的读书月、"书香中国"上海书展、"图书馆之城"深圳荣获"全球全民阅读典范城市"等阅读推广活动，形成以图书馆为核心的城市阅读文化体验中心，各类公益讲座是重要载体。

第三，图书馆讲坛是重要的宣传窗口。综合性公共图书馆举办讲座的优势在于：丰富的内容策划与图书馆的藏书资源相对应；听众的参与程度与读者到馆数量正相关；讲座师资的有效聚集与公共图书馆的公益形象互相作用；讲座品牌的迅速成长与公共图书馆的场所价值息息相关。在这样的交互作用下，图书馆讲坛成为各大图书馆展示馆藏、组织活动、提升图书馆社会影响力的重要窗口。同时，作为党和政府的宣传阵地，图书馆讲座在重大命题和舆论热点宣传上发挥出巨大的引导作用。

鉴于公共图书馆公益服务的核心价值内涵，图书馆讲座应该具有三层特性：公益性——文化品牌的立命之本；传播性——讲座品牌的发展壮大之器；感召性——讲座品牌的精神归属之根。此外，讲座品牌还需要具备四大要素：必须符合社会需要，讲座要贴近实际、贴近生活、贴近群众；必须具有一定的知名度，要拥有一定范围内的公众知晓度；必须不断创新，自始至终保持讲座的新鲜感，才是保持品牌活力的秘诀；必须树立自身公益形象，不以营利为目的，强调知识传播与服务读者。

（二）公共图书馆讲坛的品牌设计

在商品经济中，理念是引导和规范企业和企业员工的强大思想武器，是企业向社会发出的宣言和承诺，反映企业存在的价值，是引导消费者和社会公众的一面鲜艳旗帜。当下的理念早已不局限于企业、商品和消费者的简单循环，而是扩展到事业、品牌和社会发展的各个领域。

1. 讲坛名称设计

讲坛名称是品牌形成的首要元素，是品牌基本的核心要素，反映讲坛的基本定位与目标，给读者、听众以先入为主的印象与评价，只要提到讲坛名称，就能使人们联想到其品牌特点与定位。因此，讲坛命名一般遵循以下原则：

第一，突显地域名称，易懂好记，标识性强。重庆图书馆的"重图讲座"、上海图书馆的"上图讲座"、黑龙江省图书馆的"龙江讲坛"，都直接以地名命名，让人一目了然，好记易懂。

第二，突显文化内涵，意喻深远。很多城市都有悠久的历史与灿烂的文化，运用该城市文化特色或历史人文典故命名，可使讲坛名称象征着文化内涵，让人回味无穷。国家图书馆的"文津讲坛"，即借用古代藏书楼文津阁的名称，象征神圣的文化殿堂、丰富的馆藏资源、五千年文化和古老文明，贴切而又响亮。

2. 讲坛设计理念

与讲坛名称相对应的是对核心理念的归纳和提炼。核心理念的提炼除了要求准确、富有个性、表达简洁，还应符合图书馆的实际情况、城市文化个性和业务优势。提炼出认同感强、具有感召力的文字表述，是讲坛品牌的价值追求，也是事业精神的高度概括。例如，上海图书馆的"上图讲座"，在数十年发展中形成"积淀文化，致力于卓越的知识服务；世界级城市图书馆；精致服务、至诚合作、引领学习、激扬智慧"的发展目标、愿景和核心价值观。

3. 讲坛品牌的视觉设计

视觉设计对一个公共品牌来说必不可少。关于讲坛标志，其设计通常需要把讲坛的特点、品质及价值理念等要素，以符号的形式传递给听众，创造听众的认知，促进听众的联想，使听众产生对讲坛的偏好，进而影响讲坛所体现的质量与听众的忠诚度。

讲坛标志一般应具有简明易认、内涵深远、视觉新颖等特点，以达到艺术与文化的完美结合。例如，上海图书馆讲坛标识，由变形英文字母"SLL"与汉字"上图讲座"组成。"上图讲座"英文表述为"Shanghai Library Lecture"，因此本标识以英文字母"SLL"为设计主体：右面的"L"以发散的光波形状象征讲座的知识传播功能，左边的"L"则呈现球形，象征传播范围遍及全国乃至全球，充分体现"上图讲座"将辐射全国，甚至全球的雄心伟略；两个"L"又象征逗号，喻示"上图讲座"品牌的发展脚步永不止歇；标识右下方又标有"SLL",其中"L"呈现话筒形状,体现讲座形式的特性;标识以蓝色为主色调,充分体现"上图讲座"的知识性。

(三) 图书馆讲坛的定位设计

讲坛的定位设计,首先需要调查公众需求以及看法,再将整体讲坛的内容以及形式告知受众,同时定位讲坛的品质,以及解决讲坛过程中的问题,让讲坛在开展时更加符合受众需要,举办效果更显著。

讲坛定位设计可从以下角度着手:

1. 以受众对象为定位方向

讲坛整体来说,所指向的对象是公众,在举行活动时,目标受众的情况以及需求非常重要,在一定程度上决定讲坛的整体品质标准。品牌效应可以对受众产生指引,又反过来影响讲坛实施过程中质量标准的制定与贯彻。

通过对图书馆讲坛受众的长期观察可见,图书馆讲坛的受众主要是公益性服务群体,按照年龄划分,可分为在校学生、在职白领、退休老人等社会群体;按照教育程度划分,又可分为高级知识分子、学历偏低但爱好学习的人、正在求学的莘莘学子等;按照社会阶层划分,又可分为以行政管理为主的干部学习群体、以开阔视野和积累知识为主的职场新人群体,以及以休养生息、提升素养为主的"有闲阶层"。不同的群体对讲坛内容和服务需求具有鲜明的个性选择,在做讲坛定位设计时应兼顾不同群体的不同需求。

2. 以城市文化为定位标杆

文化是城市的灵魂和精神,是一个城市的内在"气质",包括城市的精神面貌、文明程度、传统风情等。不同的城市具有不同的城市文化个性。结合所在图书馆和所在地方的文化特点,充分挖掘本土文化资源、当地文化特色举办讲坛,使讲坛成为城市的"文化名片",也是一种行之有效的讲坛定位方式。

例如,国家图书馆的"文津讲坛"和上海图书馆的"上图讲座",前者是以北京——这个历史名城的丰厚积淀作为讲坛内容资源,定位于传统文化和经典传承,讲座坚持思想性、学术性、知识性,突出雅俗共赏、普及与精深兼得的特点。上海是一个追求兼收并蓄、与时俱进的城市,虽然传统文化不及北京、杭州等古城深厚,但其鲜明的海派特色和浓厚的都市气息,是其他城市难以企及的。"上图讲座"开展"海派文化"和"都市文化"专题,力求充分显现其都市性,把东方大都市海纳百川、各方杂处的文化精神充分展现出来。

(四) 图书馆讲坛的内容设计

讲坛成功与否，虽然与很多客观因素相关，但最核心和最根本的因素还是讲坛的内容策划，也称为内容设计。内容设计是建立在充分了解听众需求、积极调动社会资源、努力发挥团队协作能力基础上的，是讲坛品牌建设过程中的关键环节，体现图书馆讲坛的能力与实力。

做好图书馆讲坛的内容设计，一般有以下方面：

1. 专题活动的设计

随着科技的发展、时代的进步、生活水平的提高，市民对讲坛内容提出了更高要求，希望图书馆能提供更丰富、更全面、覆盖面更广的知识讲坛，因而图书馆讲坛在内容上需要不断创新。这样的文化需求，随着各个图书馆举办讲坛的经验积累，已经逐渐得到满足。

针对不同层次和不同群体的文化需求，不同领域、不同主题的讲坛内容纷纷登场——时政热点、文化艺术、社会法律、科学教育、经济金融、健康生活，与工作、生活、爱好相关的各领域专题都有涉及。

2. 节庆活动的设计

除专题式的讲坛内容之外，公共图书馆另一个重要的职能是丰富市民的闲暇文化生活。事实上，很多图书馆的讲坛都是以休假日进行命名，因其讲坛定位、讲坛内容不同，可谓千姿百态。例如，浙江图书馆的"假日讲座"、福建省图书馆的"东南周末讲坛"、厦门图书馆的"周末知识讲座"、山西省图书馆的"周末讲坛"等。除了休息日，元旦、春节、"4·23"世界读书日、六一儿童节、国庆等重要节庆日的相关讲坛设计也是重要组成部分。

以下通过援引上海图书馆的相关案例，揭示节庆活动设计的三个原则：

应时应景：中国百姓对传统节日，如春节、元旦、中秋、端午等延续至今的节庆具有深厚情结。节庆休假日的图书馆讲坛活动在向市民提供文化学习和休闲选择之外，又具有聚集人气、传承文化的意味。所以，节庆讲坛的设计更需要体现节日元素。例如，上海图书馆的"中国优雅"专题，分成"人间烟火——春节民俗与美食""幸毋相忘——新年话旧饰""澄怀观道——文人香事"，涉及民俗、美食、香道、收藏等各个领域，既有寻常百姓的人间烟火，又有文人雅士的古风清玩，力求多角度展现中国人传统生活方式的智慧与优雅。

曲高和"众"：与传统节日不同，一些节日具有主题性，比如"国际三八妇女节"或者"世界健康日"。作为阅读推广最前沿的图书馆讲坛，近年来，每逢"4·23"世界读书日来临，总是会举办相关专题的活动。这里要兼顾好图书馆的引领作用和大众的接受程度，也就是说"曲高"也必须"和众"。

把握导向：讲坛不仅是文化品牌，更是重要的舆论宣传窗口。其重要职责还包括追踪热点、辨别是非，是文化宣传的重要阵地。因此，每逢与国家利益相关的节日（如国庆节），图书馆应策划能够凝聚民族情感、抒发爱国情怀、坚持正确导向的讲座活动，以烘托节日气氛。

3. 高端会员沙龙的设计

在满足社会大众文化需求，高举公益性大旗开展公共文化服务的基础上，越来越多的城市出现更高听讲需求的社会群体。他们对讲坛的内容和嘉宾有更高要求，希望内容更前卫、嘉宾更权威、形式更时尚、服务更到位，并愿意为此支付一定费用，以享受更加私人化的听讲服务。

4. 定制类活动的设计

图书馆讲坛的日常组织和运行一旦常态化，品牌影响力也会随之上升。这个阶段会出现多种可能，如合作性、个性化的办讲模式，这种有既定的听讲对象、明确讲题指向，甚至有具体的讲座类型要求和增值服务要求，都属于定制类讲坛设计。

（五）图书馆讲坛的效果设计

图书馆讲坛落户在图书馆主体建筑内，有固定空间和服务规模。尤其是当下体验经济大行其道，公益设施日趋现代化，人们对公共服务带来的现场感和参与感要求更高。

1. 讲坛场景设计

随着公共图书馆界一轮建设热潮的兴起，各地新建馆舍的硬件、软件条件今非昔比。就讲坛而言，场地要求以方便、实用、适当为主要原则。一般根据听众人数、对现场效果的预期进行合理安排。就国内举办讲坛较为成功的公共图书馆来说，能够设置200~400个座位的场所较为适宜。场地大小、座位多少、座位摆放、背景呈现、灯光控制和氛围营造，均对讲坛效果产生直接影响。

根据演讲主题和演讲人的具体情况，场景布置设计需要注意以下要素：

第一，背景呈现，也就是主题会标，一般需要体现讲坛冠名、讲坛主题、演讲人信息、主办单位名称等。不同内容的讲坛配合不同内涵的美术设计，令听众进入讲坛场所就能立即感知讲坛的主题内容，以及主办者力图传达的信息。

第二，讲台设计。如果是一个人主讲，可选择配备立式讲坛或者传统型课桌；如果是两个人以上同场主讲（往往会有主持人串场），则需要按照演讲内容的侧重，安排主次座位。同时，内容的差异性也决定场地的个性化布置。例如，"民国故事"系列讲座，现场应准备红木座椅和茶几，一入会场就会融入讲坛氛围；悬疑故事讲坛，应在台中放置单人高脚凳，配合以暗场追光，呈现悬疑的感觉。

第三，氛围设计。在围绕讲坛内容主题设计会标和布置场景的同时，某些确定的设计元素还适用于同场讲座的其他物品和网络宣传，比如台卡、话筒上的标识（LOGO）、场内摆放的宣传海报、免费派发的讲课提纲或刊物等。同时，不要忽视细节作用，细节常常可以在讲座结束后延长听讲感受，是品牌宣传的重要手段。

2. 讲坛音效设计

当代讲坛离不开科技手段的辅助，如灯光、投影仪、音响、视频等。图书馆的现代化设计使得这些设备的运用成为可能。例如，杭州图书馆有专门的影音厅，配备一流的音响设备，听众可在影音厅内试听维也纳新年音乐会。

会议音响设备一般有有线麦和无线麦两种。前者抗干扰性好、保密性强，但移动不方便；后者移动方便，但抗干扰性相对较差。讲坛中常采用的有桌面台式麦克风和手持麦克风。落地式麦克风与微型麦克风一般在朗诵会和舞台效果较强的讲坛中使用。麦克风的高度最好不要超过主讲人的肩膀，尤其是落地式麦克风，否则，极易从正面遮挡演讲人的脸部。

为了给讲坛现场的听众创造良好的听觉环境，一般可以从以下方面着手：

第一，主讲嘉宾的声响控制。音箱的位置安放合理，不造成视觉侵占，又能够保证声响传达效果理想。音量控制得当，保持适中，力求使会场内呈现出最佳音响效果。

第二，环境音响的控制。尽可能地屏蔽讲坛现场的杂音，避免各种喧闹声。

第三，调节性音响控制。讲坛开场时播放与讲坛主题和气氛相和谐的背景音乐，帮助读者进场后迅速调适情绪，达到安静听讲的状态。

3. 讲坛灯光设计

当代讲坛对于灯光的作用已经具有鲜明的潮流意识。然而，目前国内大部分图书馆讲坛做不出专业剧场的灯光效果，下面仅对普及型讲坛的灯光设计进行分析。会场内灯光一般要求有足够的亮度，尤其是照射在会标、主席台中心区域及其桌面上的灯光既要有均匀度、柔和感，又要有必要的亮度。听众席区域还应以便于大家现场做笔记的柔和光为主。

特别需要注意的是，光线不可直射现场人员的眼睛。会场外，比如门口、通道等处，宜采用明亮灯光，以方便听众入场通行、保障安全为原则。

（六）图书馆讲坛的衍生服务设计

图书馆讲坛通过数年如一日的积累，在讲坛本身之外还将会产生一大批与讲坛相关的衍生产品，比如讲师资源库、讲坛文字稿、讲坛课件、视频音频资料、讲坛刊物、讲坛出版物等，这些产品丰富了讲坛服务的内涵，延长了业务价值链，使得讲坛品牌的多元化发展成为可能。对于衍生服务，同样需要用策划和设计的眼光来合理布局。这些服务功能的完善和优化是图书馆系统建设讲坛品牌的必要条件。

1. 讲坛产品的形象设计

讲坛的视觉设计还体现在整个讲坛举办流程中需要对外展示的各个环节。前期，包括讲坛的宣传海报、宣传单、网上公告等环节，在形象上不仅要凸显讲坛的品牌品位，而且要注意体现讲坛内容的特有元素，尤其是一些大型的专题系列讲坛，更需要在精心的画面设计之外突出主办元素，即本专题系列或本次讲坛的主办单位名称、标识、排序等。在实施阶段，要在会标、舞台设计、招贴、现场布置和氛围营造上融入设计感，其原则是要与讲坛标识相统一协调，在文字、色彩、构图上充分体现讲坛的整体风格，具有较强的视觉识别功能。在讲坛后期，一般认为讲坛主体工作已经完成，其实不然，讲坛的音频、视频及其形成的光盘载体、讲坛的课件和文稿、讲坛的报道归集、跟讲坛有关的印刷品和书刊的出版，甚至是与讲坛有关的纪念品设计，都需要沿用以上的设计原则，形成讲坛的整体感和品牌设计感。

2. 讲坛门户网站的功能设计

在互联网时代，尤其是在移动客户端发展日新月异的当下，图书馆讲坛的人气迅速积聚，与讲坛自媒体的建设互相融合，大力拓展了讲坛的服务功能。借助互联网的优势，图书馆讲坛可以实现跨越式发展。公共图书馆的网站建设早已经全面铺开，其中讲坛活动的更新和推广是最重要也是最出彩的部分。网站建设内容涉及众多层面，在此仅对网站功能设计进行分析。一个实用的讲坛门户网站必须具有以下功能：

第一，预告讲坛内容。预告讲坛内容包括全年或全月的预告，以及单场讲坛的时间、地点、主讲人介绍等详细信息。

第二，提供预订通道。在网站上可实时注册，无须复杂认证即可实现对某场讲坛的预订。

第三，推送重要活动。对于大型或系列活动、需要特别宣传的专题性活动，网站有责任专门推送。

第四，提供讲坛音频或视频资源。提供讲坛音频或视频资源是网站建设的重中之重，对资源的组织和有效使用起到关键作用。

第五，增加讲坛的附加值。如讲坛刊物的数字版，通过讲坛活动的现场报道、图片，展示讲坛资源的积累、讲坛活动的社会影响等。

第六，提供兄弟图书馆共享资源。对于同业而言，网站提供的信息是同行之间借鉴学习的重要来源，更是馆际合作的重要窗口。

3. 衍生产品的规划设计

在全国公共图书馆界，讲坛举办较为成熟的图书馆都创办了专业的讲坛刊物，如太仓图书馆自行编印的馆刊《尔雅》被中国图书馆学会阅读推广委员会指定为"书香园地"期刊之一；上海图书馆的《上图讲座》专刊创办多年，不仅为上海市民提供精神食粮，也给全国图书馆同行提供同业参考和例证。这些人文导读刊物传播文化，拉近图书馆与读者之间的距离，成为图书馆的"文化名片"。

刊物之外，讲坛的衍生产品中，课件、文稿、音频、视频都是进行二次传播的极佳手段，规划设计产品的使用情况，是提升品牌影响力的重要内容。

第一，集结出版丛书。对讲坛讲稿的收集整理和集结出版，已成为同行之间的共同做法。最具知名度的莫过于国家图书馆"文津讲坛"系列丛书。"文津讲坛"是国家图书馆主办的公益性学术文化系列讲座，属于国家性质讲坛，且为著名品牌。"文津讲坛"的中心是为百姓服务，其中的文化资源非常丰富，符合我国传统文化教育，每场讲坛都会有很多学者进行演讲。当然，"文津讲坛"不是只有在现场才可以看到、听到，每场讲坛都会有相应的工作人员进行录制，且会完整保存、编辑整理，最后在图书馆珍藏，供公众阅读使用。还有一部分讲坛，比如"全国文化信息资源共享工程"，公众可以随时免费通过网络观看。此外，"文津讲坛"的很多精选内容会单独进行编辑整理，对应的书籍是《文津演讲录》，可以满足很多公众需求。

第二，音频、视频资源的再开发。讲坛的现场录音、录像已经非常普及。对于摄录下来的音频或视频文件除妥善保管存档之外，利用这些文件进行再次传播，能够收到意想不到的效果。例如，"上图讲座"与电台的品牌节目《市民与社会》合作，该节目因为多次邀请政界或商界名人而被市民广泛关注。节目以现场采访为主，但是周末档期的编排常常遇到困难。"上图讲座"以公益性讲坛录音弥补了节目空白；经过电台专业编辑制作的录音文件具有传播性，这些文件再次成为图书馆制作宣传品的内容支撑。视频文件也是如此，不应忽略讲坛数字化成果的长期积累，是品牌资源中最有潜力，也最有价值的一部分。

第三，讲坛文稿的媒体共享。作为公共资源，各大公共媒体与图书馆之间长期存在互相需要、友好合作的关系。媒体的参与放大了图书馆的社会效应，图书馆的资源又为媒体提供了可持续发展的支撑，尤其是内容精彩、主讲人知名度高的讲坛，媒体常常趋之若鹜。

抓住需求，公共图书馆应适时打造相应品牌，不仅可以通过媒体放大活动效应，还能够打开长期合作、凸显品牌价值的通道。比如，在媒体上开设专栏，定期刊登讲坛文稿，或提供现场录制的音频、视频文件，在宣传氛围和细节上做足文章，在公众视野内尽可能展示图书馆讲坛的文化符号和个性元素，让更多的人知晓讲坛、熟悉讲坛。

（七）图书馆讲坛的主持人

讲坛的主持人是讲坛效果设计中最重要，也是最具魅力的一部分。这些年图书馆讲坛的兴起带动了一个新的职业岗位，那就是讲坛活动的策划与主持。讲坛主持人是主讲嘉宾和听众之间的桥梁和纽带。图书馆讲坛主持人集策划、组织、主持于一身，从讲坛的选题到联系主讲嘉宾、讲坛内容和时间地点的确定，乃至讲坛信息的发布、宣传均需要主持人的精心安排。

讲坛主持人是讲坛进程的动力和向导，成功的主持人必须掌握因势利导与处理难题（化解尴尬、控制情感、传递信息）的艺术。可见，主持人优秀与否和讲坛能否成功有直接的关系，因此，对于主持人的素质、形象、礼仪和风格设计也是讲坛效果设计中的重点。

1. 讲坛主持人的岗位职责

与主讲人顺畅友好地沟通——主持人应事先与主讲人就讲坛事宜进行充分沟通，如确认讲坛时间、讲坛题目、讲坛内容，主讲人简介，主办或合办、承办单位等相关信息，了解主讲人的演讲习惯，是否使用PPT等多媒体资料。有很多讲坛是需要主持人全程参与讲坛内容的，那就需要主持人成为讲坛嘉宾的朋友，充分沟通、寻找话题、设计流程。

掌控现场流程——图书馆讲坛一般的流程为：开启讲坛、介绍嘉宾、简述讲坛内容、主讲嘉宾演讲，以及后半部分的现场提问、总结讲坛、下场预告等。整个讲坛过程，主持人必须自始至终严格把控，根据现场的情况随时作出反应。

呈现完美的讲坛效果——主讲人在讲坛的最后阶段，一般会与听众进行互动交流，在这一环节，主持人需要善于掌握节奏。主持人在倾听主讲人与听众交流的同时，需要思考话语的衔接、贯穿，以及如何结束或切断主讲人与听众的题外话。在交流过程中，主持人可以根据现场情况将自己的立场在主讲人和听众之间进行切换，既能以主讲人的立场讲话，又能以听众的立场提问，巧妙协调好两者之间的关系。这样才能在控制全场节奏的同时，将现场气氛推向高潮，深化讲坛主题。

2. 讲坛主持人的礼仪要求

中华民族素以"礼仪之邦"著称于世，图书馆讲坛是一个传承文化的高雅场所，主持人应首先成为文化的象征、礼仪的典范。在前期的沟通和协调工作中，主持人必须言语得当、态度恭敬、有礼有节、进退有度。活动当天，主持人应该提前到达与主讲人约定好的地点（讲坛场地门口或图书馆大厅门口）等待迎接。在讲坛开始前，应与主讲人就讲坛细节再次落实沟通，将讲坛流程安排及时间控制告知主讲人会有助其更好地准备和发挥。

讲坛开始之前，主持人先行上台提示大家将手机调至振动并保持安静，待听众注意力集中后，便可开始主持讲坛。讲坛的开场白至关重要，必须措辞简洁，引出主题，主持人应以自己良好的语言能力让听众迅速融入情境。

在讲坛结束时，主持人应用高度概括性的话语将讲坛主题和收获提炼出来，对整场讲坛进行一个提纲挈领式的总结，并表达主办方对主讲人和听众的感谢。讲坛结束后，主讲人如愿意为听众签名或合影留念，主持人需要维持好讲坛周边的秩序。在主讲人要离开时，提醒其勿遗忘随身物品并致谢送别。

3. 讲坛主持人的形象设计

讲坛主持人出现在听众面前时，所代表的不仅是个人形象，更代表图书馆的形象。一位合格的主持人总是能够精神饱满、仪态端庄、谈吐得体、举止文雅，令听众产生一种亲切舒服的"首因效应"和"魅力效应"。因此，在服饰妆容方面，具备恰如其分的风格定位就显得尤为重要。当讲坛内容比较严肃，主持人应选择端庄得体的西服、职业套装，给人以冷静沉着、落落大方的感觉；如果是关于都市生活的讲坛，听众以年轻人和时尚白领为主，主持人最好在着装上选择亮色调的服饰，融入一些当下流行的时尚元素；春节期间的活动主持，主持人可穿着文化意味鲜明的传统服饰；三八妇女节的庆典活动，女性主持人甚至可以盛装出现，身着旗袍和礼服，突显隆重和典雅。总之，服装的选择可以根据不同讲坛内容变化风格，但前提是大方得体。

4. 讲坛主持人的语言设计

发音标准、吐字清晰、语言流畅是对讲坛主持人语言表达的最基本要求。主持人的语言表达可透露很多信息，朴实无华且悦耳动听的语言具有无比的亲和力，不仅可充分反映主持人的学识与涵养，且能有效带动嘉宾与听众亲密无间的交流，为话题的进一步深入推波助澜。主持人一般在讲坛之前都会备稿，这是必要的准备。可实际上，现场的情况千变万化，仅局限手中一稿机械化地进行，往往难以融入现场气氛，更难以捕捉精彩瞬间。因此，主持人的语言表达能力，更体现在临场发挥上。当然，若要具备优秀的语言表达能力，学习、培训是必不可少的。

5. 讲坛主持人的控场能力

从讲坛开始到结束，主持人是除了主讲人之外唯一掌控现场的角色，对控场能力的要求非常高。讲坛活动中，特别是一些对话式讲坛，可能因为一个优秀主持人的介入，就有了自己的灵魂。在一个话题应该结束时，主持人自然地承上启下，开始下一个阶段的谈话；在主讲人一时语塞的时候，主持人给予提示、铺垫，能避免冷场；当主讲人滔滔不绝，甚至出现不当语言或已偏离主题的时候，主持人需及时巧妙地予以制止、引导；当主讲人和听众间产生过激对话时，主持人能够适宜地协调气氛。

另外，成功的现场讲坛主持人应该具有大方得体的形象，丰富的学识修养，优秀的语言表达能力，出众的掌控能力、逻辑分析能力与灵活应变能力，能够充分调动主讲人的演讲激情，加强谈话深度，激发听众的思辨火花。应该说，主持人在为整场讲坛活跃气氛、穿针引线、深化主题等方面，起着举足轻重、无可替代的作用。

二、读书会设计

（一）读书会概述

读书会，显而易见，"读"指代阅读的行为方式；"书"指阅读时的对象，但读书并不是只读纸张方面的书籍；其中的"会"则指代团体的汇聚。从字面意义上进行分析可以看出，读书会是对所阅读的事物进行相互交流学习的一个汇聚团体。

在我国，自古便有以文会友的活动，这项传统活动是早期文人团体读书会的代表之一，比如竹林七贤、建安七子以及竟陵八友，等等。对于西方国家来说，启蒙运动发展以后，西方国家的受教育程度逐渐增加，公众受教育规模增大，因此出版物的数量也随之增加，后期读书会的发展也非常迅速，并在教育中发挥重要作用。如德国图书会，启蒙运动后期，德国读书会迅速发展，和当时的启蒙社、教育联合会等发挥作用一致，属于一种批判功能性的公共教育团体。

近年来，我国出现很多类似于读书会形式的团体，这种类型的阅读团体有其核心特征，主要有四个方面：第一，民间性。因为是民间自发形成的，活动以及组织形式并没有政府干预。第二，核心是对阅读内容进行交流与分享，是阅读人员之间的互动。比如，北京"阅读邻居"读书会在进行阅读时，会事先发布对应的书目，活动时可以针对此类书目发表个人看法，相互交流心得，促进阅读生活。第三，小团体形式。读书会着重互动以及分享，对活动方式以及场地等均有限制，规模相对较小。若团体规模过大，在进行活动时分享效果相对较差。第四，相互受益。阅读共享以及相互交流，可以促进思想发展，使成员受益。

在我国，在对读书会进行分析时，不仅可以将其理解为一种民间阅读团体，也属于一个民间的阅读推广团体，可以促进全民阅读。目前，我国很多读书会已不再局限于读书会内部成员的阅读，更多的是对阅读的推广与分享，其中还有很多关于推广阅读的实际活动，如列举相应的书目针对特定群体进行推广，对应的公益性活动也非常多，如江苏淮安组织的"目耕缘读书会"是其中的一个典范。"目耕缘读书会"秉持的原则是"让身边更多的人拿起书籍，携手读书，让同行之人更多，更具知识与责任"，后期还组织了很多公益活动，比如"目耕缘讲读堂"，以及"淮安好文章""寻找淮安读书人"等，这些活动的开展，有效促进全民阅读的开展，增加公众的阅读兴趣。

简单来说，读书会是以阅读为交流的一个团体，属于民间组织。当然，除了民间组织的说法，还有另一方面的理解，即图书馆举行的一种阅读活动，将图书馆看作是阅读活动的举办方，但是在一定程度上限制了图书馆对于阅读推广的全面性。所以，在深入了解图书馆时，不仅应从活动举办方向解读读书会，还需要从团体方向进行理解，尤其是民间的阅读团体方向，对于图书馆十分重要。

（二）图书馆与读书会的关联

1. 图书馆界关注读书会的一般依据

一方面，作为阅读交流平台的图书馆，应该发展读书会。图书馆长期以来，主要满足个体读者的阅读需求，为个体读者提供阅读读物、阅读空间、阅读设备，但是阅读不仅是个人化的事情，也是一项社会化行为。为此，图书馆应该为大众的阅读交流提供场所、氛围和平台，通过编制阅读刊物、读者评论等方式，提供阅读交流，同时应该大力推动读书会这一交流平台。

另一方面，读书会发展需要图书馆的推动和支持。读书会要达到良好且长久发展，离不开图书馆的支持，美国读书会发展壮大的一个重要因素是政府和图书馆的支持。当然，我国读书会的发展也非常迅速，目前已是我国公众阅读的主体。读书会的发展也存在问题，比如发展空间较小、相对低迷、没有专业团队支撑等。图书馆作为政府与民间读书会交流的一个途径，可以逐渐从资源提供方向转变为整合指导方向，实现读书会的良性发展，促进内部结构升级。若要更好地将资源进行整合，图书馆需要发挥作用，加大对读书会的支持与引导。

2. 读书会发展中图书馆的角色定位

第一，组织者。图书馆不仅传递资源，还是一个组织资源的平台。图书馆需要把各方资源，尤其是读者资源有效地组织起来，推动更多的读书会成立。

第二，服务者。图书馆的用户，除了个体用户，还有团体用户。读书会是团体用户的一种类型，图书馆应该将读书会作为服务对象，为其提供所需资源和帮助。

第三，管理者。图书馆不应只局限于作为读书会的举办者、资源提供者，更应该做好管理者的角色。这里所说的管理，并不是指个体读书会的管理，而是图书馆应该对本馆服务区域内的所有读书会群体的整体管理。图书馆对读书会群体的管理和其他部门不同，其他部门，如民政部门、文化主管及宣传部门关注资质、思想动向等方面，图书馆对读书会的管理主要从业务角度进行，包括读书会信息的管理和评优激励等方面。

（三）图书馆运作读书会

图书馆运作读书会和一般读书会的运作区别较小。下面结合读书会的运作进行分析。

1. 读书会的筹备

按照不同标准有不同分类，从图书馆的角度来讲，读书会的类型主要考虑两种分类方法：①按人群分类，可将读书会分为儿童读书会（亲子阅读）、青年读书会、女性读书会、学生读书会、教师读书会、老年读书会等；②按主题分类，可分为文学阅读（可进一步细分，如鲁迅文学作品读书会等）、心理励志、经济管理、社科人文、艺术、童书等。

图书馆在设计读书会类型时，可考虑从流通的数据方面，分析读者的阅读兴趣和爱好。图书馆创办读书会具有天然优势，是图书馆对读者阅读兴趣的了解。读书会是一群具有类似阅读兴趣的人进行交流的团体，而图书馆通过流通记录，可以了解到哪些读者具有相同的阅读兴趣和爱好，这是读书会成立的基础。图书馆可以在流通记录分析基础上，提出本馆读书会的整体构架，然后寻找合适的读书会带领人，组织相应的读书会。

关于读书会名称，角度不同，名称亦有差异。有的读书会以参与对象命名，比如上海女树空间读书会，该读书会以女性为主，倡导女性自觉和性别平等；有的以地点命名，比如深圳后院读书会，主要源于其最初活动在一个饭店的后院而得名；有的以聚会时间命名，比如周末读书会；有的以宗旨命名，比如上海萤火虫读书会，该读书会认为成员像萤火虫一样，是一个会飞的读书会——"萤火虫是渺小的，发出的光是微弱的，然而夜空中聚集在一起的萤火虫却是耀眼的光芒"。图书馆读书会的命名，也可以结合图书馆的特色，比如浙江图书馆读书会命名为文澜读书会，取自浙江省图书馆馆藏的文澜阁版四库全书。

图书馆筹备读书会的流程如下：

第一，确定读书会宗旨。只有确定读书会的宗旨，才能确定读书会的形式和风格。

第二，拟定读书会章程。读书会成立后，可以由会长带领全体会员订立章程，使会员对读书会的宗旨、特色、成立背景、组织形态、会务发展等有比较充分的了解，并能遵守规范，顺利推动会务。章程内容一般有8个方面：①会名，包括全名与简称，并简要说明会名的由来与意义；②宗旨，确立读书会的宗旨；③入会方式，读书会参与者资格限制及入会方式；④权利，说明入会会员享有的权利，比如是否享有借书优待等；⑤义务，对读书会会员应遵守的章程、规范及任何经会议通过的决议加以说明；⑥组织，对读书会的组织形态、干部产生方式、任期、各项工作分配及会务运作方式加以说明；⑦聚会方式，对聚集的时间、活动方式、基本流程等加以说明；⑧规范，读书会的各项规范应由全体会员共同讨论后确定，并约定共同遵守。

第三，确定读书会组织结构。不管哪种规模的读书会，都应该有相应的组织结构进行管理。读书会的组织形态视规模大小而定。小型读书会的组织结构可以相对简单，设会长和副会长，会长主要负责整体设计、带领读书会、对外联系等；副会长主要负责会员联络、准备相关材料等。规模比较大的读书会，其结构相对复杂，如果人员较多则需要进行分组，否则不能保证讨论效果，因此，除了会长、副会长之外，还需要设置各小组组长。

2. 读书会活动的举办形式

读书会可以一至两周举办一次，也可以一个月举办一次，每次活动约两个小时，活动形式主要包括各种阅读交流活动及拓展活动。读书会的类型、宗旨不同，其活动也有区别，比如以成员互益为主的小型读书会，其活动大多以精读讨论为主，而公益型的读书会，则会开展大型讲座等。

读书会活动可以分为以下五类：

（1）精读分享：阅读分享是读书会的核心内容，可由读书会成员共同选定书单，会下完成阅读，会上进行交流讨论，一般有一个引领人引领讨论。引领人可以固定，也可由成员轮流担任。

（2）好书分享和推荐：与精读分享的区别在于，好书分享并不是全体会员共同读一本书，而是可以组织好书分享活动，不设主讲人，参与者轮流介绍自己的书籍，但是会影响讨论效果，很多读书会采用的是好书推荐的方式，每个会员可以在读书会的交流平台上分享个人的阅读心得和体会。

（3）其他拓展活动：除了阅读活动，读书会还可以结合读书会主题、成员构成等情况，设计其他拓展活动。例如，黄河青年读书会在理论推演之后，开展社会调查和实践工作，为政府献言建策。除此之外，诸如户外郊游、参观访问等均属于拓展活动内容。

（4）编制刊物、信息发布和分享：读书会的各项活动需要呈现出来，呈现的方式有很多种，被广泛采纳的方式是编制读书会阅读刊物。例如，真趣书社的《方塘鉴》，万木草堂读书会的会员刊物《读好书》。这些刊物可以是纸质版，也可是电子版，比如熬吧读书会的电子杂志《艺文志》。刊物一般包括会员的读书心得体会、读书会活动的介绍和总结、书目推荐等。随着网络和多媒体发展，读书会的展示平台也日益多元化，很多读书会在豆瓣、微博、微信上进行信息发布和分享。

（四）图书馆培育读书会的发展策略

1. 图书馆在读书会发展中的资源支持

图书馆在读书会发展中可以提供资源支持，包括资料和场地两个方面。

资料支持：①面向读书会的馆藏资源建设。读书会在进行阅读讨论时的一个首要问题是读物。面向读书会的馆藏资源和面向个人的馆藏资源，在提供上应有所不同，读书会需要的副本量比较多。图书馆可以考虑为读书会提供阅读资料，一般由读书会进行申请，图书馆主要考虑该读书会需要的资源是否符合图书馆的馆藏发展规划。②提供讨论及相关资料。图书馆主要提供读书会所需图书资源，读书会发展较好的图书馆，会以比较成熟的"读书会资源包"的形式提供给读书会。在建立相应馆藏之后，图书馆还需要制定相关的借阅政策等进行管理。

场地支持：图书馆本身承担着社区交流的职能，应该为读书会定期开展的主题讨论活动提供充足场地。当前，我国民间读书会多有场地缺乏之困，在解决问题上，倾向于与咖啡馆或书店合作，图书馆更应该主动为读书会提供服务，特别是场地上的支持，也有图书馆和民间读书会建立良好的合作关系，比如苏州独墅湖图书馆实行引进策略，以图书馆咖啡厅为大本营，积极引进各类读书会在此举办活动；天津泰达图书馆将滨海读心书友会引入图书馆，该读书会的很多活动在图书馆举行。

2. 图书馆提供读书会运营方面的辅导和培训

（1）提供读书会手册、指南等指导资料。很多读者可能有成立、运营读书会的想法，但是并不了解如何运作一个读书会，图书馆应该为这些读者提供相关指导资料。例如，英国、美国很多公共图书馆在网站上为读者提供读书会手册、指南之类的信息，内容包括如何确立读书会的宗旨、如何制定读书会的章程、如何确定活动周期、如何选择读物、如何确定规模等问题。这些指导资料可操作性很强。

（2）培训读书会带领人。读书会活动开展的效果，在很大程度上取决于带领人的能力。条件成熟的图书馆应该对读书会带领人进行培训，包括带领讨论的能力和技巧、交流合作能力、数字推广能力等。

3. 图书馆对读书会的管理

（1）收集整合读书会信息：①收集信息。图书馆应该整合读书会的信息。图书馆本身承担着社区信息中心的职责，应该全面了解本社区内读书会的具体情况，并且向读者推荐相应的读书会。对此，需要图书馆对读书会的信息进行整合并做好相关咨询服务工作。图书馆需要掌握本地区每个读书会的信息，包括读书会的规模、读书会面向的群体、读书会的活动周期、读书会的重点阅读读物等。②传递信息。收集完相关信息之后，需要将信息进行整合并提供给读者，从而让读者了解身边读书会数量、读书会主题、活动周期，从而选择感兴趣的读书会。③展示读书会活动。除了整合读书会基本信息，图书馆还可以展示读书会的阅读交流情况。读书会的阅读讨论成果，经图书馆整合后，会以展览、网站推荐等形式展示出来。

（2）促进读书会之间的交流：读书会之间需要进行交流，图书馆需要为读书会的交流提供机会，使各个读书会之间相互学习、取长补短、形成合力，更好地促进读书会发展。图书馆可以采用座谈会、小型研讨会的形式，召集读书会的主要负责人，共同协商图书馆的发展；一些地方由政府文化管理部门牵头，有的图书馆已经认识到图书馆应该成为培育读书会发展的载体，开始探索发展读书会，促进读书会之间的交流。在这方面，深圳图书馆已经开始尝试。

（3）评优激励：图书馆应该制定奖励制度，对本地区（社区）内的读书会进行评选并奖励，激励读书会更好地发展。图书馆可以定期举办读书会评比，对活动丰富多样、阅读效果显著的读书会，图书馆可以公开表扬，也可以在资源提供、资金支持等方面给予实际奖励。

第四节 公共图书馆阅读推广的多样形式

一、家庭阅读推广

家庭阅读是家长与孩子一同成长的重要途径，已然成为家庭教育的重要内容，有着至关重要的作用。近年来，在我国经济迅速发展的形势下，国家对社会文明建设和文化传播也提出了明确的要求，为了促进全民阅读，构建社会文明体系，家庭阅读活动的推广也得到了高度重视，而我国以往的家庭阅读推广活动推进速度缓慢。因此，必须充分发挥公共图书馆的重要职能，提高家庭阅读的推进效率，实现家庭阅读推广的创新，从而满足公众文化需求，推动社会的健康发展。

（一）家庭阅读推广的意义

1. 有利于建设和谐家庭

重视家教和启蒙教育是中华民族传统文化的一个重要组成部分。自古以来，良好的家风和家庭建设，能够有效促进家庭成员道德规范的形成，对社会和谐发展也会产生重要作用。图书馆具备社会教育功能，为了更好地对家庭阅读形成引导作用，有必要加强家庭阅读推广工作，为家庭建设贡献一份力量。

从微观层面来说，加强个人素质培养，促进家庭建设的提升，是图书馆进行家庭阅读推广最常用的手段。针对家庭成员进行家庭阅读推广，要落实到家庭这个集体上。

从宏观层面来说，家庭是组成社会的细胞，家庭的和谐对社会的和谐将产生积极作用。图书馆进行家庭阅读推广活动，有利于全民阅读的落实，并会为全民阅读习惯的养成创造良好的社会条件。

其一，利用家庭阅读推广活动，能够有效提升家庭成员的整体素质，也是家庭建设的基本前提和基础。只有创造良好的家庭阅读氛围，才能让家庭成员多读书、读好书，才能提升家庭成员的整体素质。

其二，家庭阅读推广活动的开展，能够提升家庭教育环境的形成。通过家庭阅读推广，高度融合学校教育和家庭教育，为中国传统美德的宣扬和传承创造良好环境，为社会主义核心价值观的建设提供条件。

2. 有利于推进建设书香社会

整体而言，在家庭阅读环境建设和家庭藏书建设过程中，图书馆开展的家庭阅读推广活动，既产生了积极的推动作用，也有效地引导家庭阅读的积极开展，为家庭成员之间的亲情沟通提供有利条件。通过家庭阅读推广，对家庭成员使用图书馆阅读资源具有积极的促进作用，有利于阅读活动的丰富化，也有利于家庭形成良好的阅读习惯和阅读氛围，为青少年的健康成长和远大理想的树立产生积极作用。所以，家庭阅读推广活动的开展是倡导全民阅读的一个重要举措，并为书香社会建设创造有利条件。

图书馆承担着服务社会和文明传承的双重任务，以书香社会建设为依据，促进家庭阅读推广工作的开展，促进图书馆在家庭阅读推广活动中的场所和阵地功能的发挥。

3. 有利于增强公众图书馆意识

一方面，图书馆举办的家庭阅读推广活动，可有效促进公众对图书馆社会价值和行业使命的认识，也对社会大众的通识教育产生积极作用。

另一方面，图书馆的家庭阅读推广活动有利于青少年养成良好的阅读习惯，并让家长能够正确认识到在亲子阅读和成才教育中图书馆所产生的积极意义。

从某种意义上来说，家庭阅读离不开公众图书馆意识的形成，也就是说，图书馆通过家庭阅读推广，有利于全民阅读氛围的形成，并让公众能够正确认识图书馆和阅读，以促进公众图书馆意识的形成和提升，两者之间的关系是相互促进、密不可分。

（二）家庭阅读推广活动的策划

策划是人们采用系统的分析方法和科学思维方法，分析策划对象的环境因素，并根据调查、分析和创意，重新组合和配置资源，以促进行动方案的落实，从而达到某种预期目标的过程。商业行业是策略的起源。以营销学的角度来说，策划的意义在于让市场占有率得到有效提升。如果活动策划方案具有创新想法且切实可行，将有利于企业知名度和品牌美誉度的提升。

公共图书馆策划家庭阅读推广活动，需要对活动主题进行创意，并以此进行活动目标和活动方案的制定，也是家庭阅读推广的准备工作，能够指导各个环节顺利执行。

1. 策划团队的组织和构建

策划具有科学性和创造性特征。现代策划是综合多个学科知识和团体智慧的一种活动。在这个过程中，不论是个人创意还是团队创意，都应发挥出重要作用。随着图书馆家庭阅读推广活动的展开，活动内容应更加丰富多彩，并具有多种多样的推广形式。为此，搭建一个高效的、可靠的策划团队是图书馆的重要工作，如此才能有效促进家庭阅读推广活动的高效组织和实施。

图书馆家庭阅读推广策划团队在实际工作中应承担以下任务：一是对家庭阅读推广活动项目的管理和统筹，主要包括对读者需求进行分析、对整体策划创意进行组织、对活动调研进行安排等；二是对视觉识别系统的策划设计进行指导和组织工作；三是对家庭阅读推广活动的具体实施方案进行制定、完善和组织；四是推广和塑造相应品牌，加强品牌战略的制定和实施；五是对媒体宣传方案进行审定和设计，对媒体活动进行策划和组织，落实品牌宣传和活动宣传工作；六是分工合作，对主体责任予以明确，加强日常工作的监督、联络以及协调等。

图书馆阅读推广活动应朝着多样化、品牌化、经常化和规模化方向发展，使得推广活动策划接受新的挑战。近年来，城市公共图书馆对于全民阅读推广给予高度重视，跟随时代要求，进行思维转变，设立如业务辅导部、社会工作部或者读者活动部等专门的阅读推广部门。但是，由于资源和环境等硬性条件的影响，全民阅读推广和家庭阅读推广还有较大的发展空间，对此应加大力度健全阅读推广制度，比如加快阅读推广机构的建设以及进行相应的阅读推广培训工作，提升阅读推广品牌意识，打造强有力的阅读推广策划团队。图书馆应充分发挥自有的服务优势和资源优势，结合社会力量和专门部门的作用，为家庭阅读推广进行切实可行的策划活动。要充分发挥阅读推广部门的组织保障作用，才能更加高效地打造一个家庭阅读推广活动策划团队，有利于家庭阅读推广活动的组织和实施。

家庭阅读推广活动是公共图书馆阅读推广活动的一个重要组成，策划团队的组织和构建是图书馆阅读推广部门的责任。若是家庭阅读推广活动涉及范围较广，产生较大影响力时，应该加强和其他部门的通力合作和获得其他部门的支持，还可以结合社会力量，促进活动顺利开展。例如，南京图书馆在开馆活动策划中进行了社会工作部的成立，并组织展览、讲座等活动，暑假开展的家庭阅读推广活动，充分结合少儿馆和社会工作部的力量，进行"书香童年"俱乐部等系列活动的策划和实施。在必要的情况下，图书馆还应该结合其他部门人员或者社会力量，使活动层次和影响力都得到提升。例如，"南京市少先队队长畅游南京图书馆"的专场活动，是在团市委、市少工委以及馆团委的通力合作下开展的，但图书馆依然是本次策划的主体力量。此外，图书馆领导还从历史文献部、信息部、物管部、后勤部以及读者服务部等部门调动骨干力量，促进活动策划和组织，保障活动的顺利实施。

2. 确定创意活动主题

项目主题和名称、经费、目标人群定位、预计耗时、前期宣传、所需图书馆资源、预期参加人数、场地安排、所需设备等，都是一个活动项目策划必备因素，这些因素具有稳定性。由此可知，项目主题作为要素之一，对整个活动的顺利进行具有不可或缺的作用。

阅读推广部门和少儿服务部门作为图书馆家庭阅读推广活动策划的主要部门，应该对活动的主题创意予以确定。主题既可能是独立存在的，也可以是年度性的，或者是阶段性的子主题。

例如，"小荷读书会"是西安图书馆策划的一个读书活动，主要受众是0~12岁和12~18岁的读者群体。这一名字源于宋朝诗人杨万里的著名诗句——"小荷才露尖尖角，早有蜻蜓立上头"。含苞待放的荷花称为小荷，和青少年儿童的特征有较大的相似。读书会具有新颖的阅读推广活动主题，如"小手搭世界——智慧积木拼拼拼""萌眼观影"等。若是具有较高级别或者区域性的大型阅读推广活动，图书馆只作为承办单位，读书活动的开展需要依据活动的总主题进行，才能对阅读推广活动的分主题予以把握。

3. 研究和调查读者需求

研究和调查家庭阅读需求，即为家庭阅读推广调研相应的读者需求。调研是一种工作方法，决定家庭阅读推广工作顺利与否。父母阅读、亲子共读以及孩子自读是家庭阅读的三个主要方面，而每一个方面都对不同的子领域有所涉及，需要图书馆进行调研和研究。

一般来说，开门纳谏型和广开言路型是一种调研方法，可以为某一个项目进行调研或者到其他图书馆进行实地考察等，还可以通过和读者座谈、问卷调查等方式进行调研，但是都不能违背家庭阅读的要求，而且调查和研究之间的关系既有相互联系性，又有相互区别性。具体来说，研究是建立在调查基础之上，对调查进行深化和发展，则为研究。图书馆的前期调研工作必不可少，可以有效掌握家庭阅读推广活动中读者的相关意见，并在此基础上进行研究和分析，为调研报告的形成提供依据，也能够有效地对家庭阅读推广活动的主题形成提供借鉴，有利于家庭阅读推广活动策划的优质进行。

4. 制定推广活动方案

确定具有创意的活动主题后，需要对活动方案进行制定。活动主题是活动方案制定的前提，需要制定具体的书面计划，要兼顾活动过程中的所有环节，如活动内容、活动目标、活动时间、活动标题、参与人员以及活动环节等。家庭阅读推广活动实施的前提条件是制定详细的活动方案。因此，仔细研究和分析活动方案中涉及的每个关键环节，细细打磨推敲，有条件的还可以预先演习关键步骤，确保活动方案的最佳化和活动的顺利进行。在此过程中需注意：

第一，活动主题可以在活动标题中得以体现，采用能够清晰表达含义的词组，对吸引读者注意力非常有效，可以让读者产生情感共鸣，让读者积极地参与活动。所以，活动标题需要和实际要求相统一，不但要对大众需求予以考虑，更要关注小众的需要。

第二，体现活动时间的针对性。家庭阅读推广活动的受众主要是青少年和父母，因此以节假日或晚上时间为宜。

第三，家庭阅读推广活动需要有明确的活动目标。明确的活动目标有利于引导活动正常开展，设置预期的活动完成时间，也能够促进活动评估工作的开展。和活动主题相比较，活动目标的特点在于具体化和通俗化，能够获得读者的认可和接受。

当然，对活动实施方案进行不断优化，也是十分必要的。图书馆的初步活动方案制定后，还应该根据主办方、合作方的建议进行完善和修改，以便促进各个关键环节的可实施性和效率性。

二、传统文化阅读推广

阅读属于一种生活习惯，可以在增加知识的同时，提高个人的文化素养以及精神生活，加强自身道德修养。我国历史悠久，优秀的传统文化需要我们继承和弘扬。继承和弘扬中国传统文化，可以借助城市公共图书馆进行，通过各种类型的活动，传承我国传统文化，在增强公众文化知识的同时，建设精神文明社会，增强公众的民族归属感以及爱国和奉献精神。

传统文化包含两个方面，分别是传统与文化。其中，传统指时间以及空间上我国上下五千年历史文化的概括，具有权威性与拓展性，且随着时间推移不断延续。文化则受《周礼》影响，主要包括文治与教化方面。

综上所述，传统与文化是不可分割的，两者之间在发展的同时相互作用。传统是文化的一个载体，文化若要真实地展现在人们面前，需要传统承载，可通过一系列阅读推广工作，增强公众的文化涵养，提高基础知识，进而增强公众的道德品质与精神世界。

（一）传统文化阅读推广的优势体现

众所周知，"公共图书馆具有常见的读书场所，可以提供给群众免费阅读的服务，有利于提高广大群众的文化程度。"① 为了发挥出公共图书馆的功能与作用，很多图书馆均开展了阅读推广活动，旨在向群众传播与普及更多的知识。而对于我国而言，由于发展历史悠久，形成了很多优秀的传统文化。基于有效传承与发扬这些优秀传统文化的目的，公共图书馆有责任和义务组织优秀传统文化阅读推广活动，使群众从中获益。

公共图书馆传统文化阅读推广的优势体现在以下方面：

第一，公共图书馆具有公益性质，其文化传播活动大多为公益性。在进行阅读推广工作时，可以让公众免费阅读，搜寻相关资源。这种方式可以促进公众的道德素养，提高全民阅读文化水平。另外，通过图书馆阅读文化与我国传统文化相融合，在推广活动时，两者可以借助彼此平台相互促进，在增强公众阅读兴趣的同时，吸引更多的人加入，深刻体会我国传统文化。

第二，公共图书馆中的资源丰富且形式多样化，公众在进行阅读时，可以感受到更加专业化的服务，让公众可以更加静心地投入，了解我国传统文化。公共图书馆打造出一个更适宜阅读的空间，促进我国传统文化的传播与推广。

第三，借助公共图书馆，组织阅读推广活动将更加便利。通过公共图书馆探索出适合公众的阅读推广活动，符合我国公民阅读需求，有效增强我国公民对于传统文化的求知欲，不断探索了解传统文化，增加其阅读兴趣。

第四，公共图书馆可以通过不同类型的推广活动，针对不同群体，激发他们的阅读热情。通过公共图书馆，打造轻松愉悦的阅读氛围，促进传统文化的发展与传承，进而增强我国公民的整体文化涵养。

（二）传统文化阅读推广策略

1. 构建新型阅读平台

随着互联网的迅速发展，公共图书馆要获得更好的发展，需要寻找新的途径，比如利用网络资源增强阅读推广、阅读服务范围，以及扩大服务对象等。对此，需要借助公共图书馆构建一个新型的网络阅读平台。当然，网络阅读平台也可以促进我国传统文化传播，提升阅读效率。具体从以下方面论述：

第一，从各省的范围讨论，需要快速建设一个传统文化网络推广平台，通过网络的快速传播性以及相互连接性，扩大宣传，减少孤岛现象。在各省构建一个大型的网络导航系

---

① 林婷. 公共图书馆优秀传统文化阅读推广研究 [J]. 传媒论坛，2020，3（13）：110-111.

统，为阅读人群找到所需资料。群众还可以通过该平台，随时随地了解社会情况以及相关资讯，可以查阅相关电子书，查看视频。

第二，在构建网络平台时，可利用数字图书馆，将整体资源扩散出去，打造高效的阅读平台。虚拟网络可以以省级图书馆为中心，结合各个县市图书馆资源，有效联结各个环节，迅速达到各省阅读资源共享，扩大公众的阅读范围与资源。

第三，进行阅读推广工作，需要建立科学的服务群。通过省、市、县图书馆资源组建微信群，有利于更好地完成我国传统文化的推广工作。比如，2020年疫情发生后，我国各大公共图书馆相互联合，组建相应的阅读联盟群，通过此群进行交流，进而创建主题视频，在抖音以及微博等公众平台进行播放，如"共战'疫'不孤'读'"阅读活动，图书馆工作人员一同为武汉抗疫人员加油，为祖国加油，在宣扬阅读的同时祝福祖国，增强人们的阅读兴趣以及爱国情怀。

2. 加大多元化合作的力度

要实现传统文化阅读推广，提高其效率，公共图书馆需要进行多元化推广，才能实现我国优秀传统文化的传播，也可以和其他推广平台或者利益相关者合作，达到公共图书馆阅读推广目标。例如，图书馆可以与青年学者合作，组织相关阅读推广活动时进行详细讲解，以更容易让公众接受的方式方法传播我国传统文化，比如讲述传统神话故事，活灵活现的表达可以达到推广效果。通常情况下，公共图书馆需要和其他单位进行合作，比如学校、文博机构、文化演讲、非物质文化遗产组织者等，以提升我国传统文化传播速度。就其成效性而言，通过公共图书馆与各网络媒体之间的合作与融合，可以快速建立高效的交流平台，线上线下均可以传播传统文化。公共图书馆在进行传统文化传播时，需要融合社会各种力量，相互合作，相互促进，达到高效推广我国传统文化的目的。

3. 深入调研市场，组织文化推广

公共图书馆在传播传统文化、开展相应活动时，需要提前做好相关工作，比如组织活动、市场调查、前期准备，等等。阅读人群会因为各种原因存在一定差别，公共图书馆需要对相关资源与传播形式进行调配，从而满足更多读者的阅读需求。例如，公共图书馆可根据公众群体的需求进行相应划分，设立单独的阅读教室，根据图书馆中的资源进行分类，对不同的文化进行划分。另外，公共图书馆并不是单纯地在馆内进行组织，还需要组织馆外推广活动，让阅读推广融入阅读的每一个环节，增强阅读推广工作的宣传，促进我国传统文化传播。

传统文化与阅读推广相融合，可以更有效地增强阅读推广工作质量。同时，在整体阅

读推广工作中，还可以激发大众对学习传统文化的热情，在提升推广效率的同时，增强大众的凝聚力。

三、精细化阅读推广

阅读推广服务是发展图书馆建设的重要内容，这是由于知识信息化时代，阅读书籍已经成为很多人生活中不可缺少的休闲娱乐项目之一，做好阅读推广能够提高读者的阅读效率，并且能够及时修正阅读不规范的行为。阅读推广是促进精神文明发展的重要手段，图书馆作为文献资源丰富的储备库，非常有必要开展精细化阅读推广。

（一）精细化阅读推广的形式

1. 公益讲座

讲座作为图书馆常态化阅读推广服务内容中的一个主要组成部分，其诞生和发展也是紧随着时代前进的脚步，伴随着知识经济的到来和终身教育、学习型社会理念的不断深入，图书馆业务开展也有了制度和财政上保障，故而讲座在我国图书馆特别是公共图书馆得到了长足的发展，越来越多地受到人们的关注，逐渐成为图书馆的一项核心业务。媒体环境下公益讲座模式的主要类型有以下几种：

（1）网络视频传播模式。图书馆公益讲座网络视频传播模式，是网络视频的具体应用之一，并且随着网络技术、视频技术的进步而不断发展。先是由专业人员使用设备将现场的讲座录制下来，形成影像资源，然后通过网络上传到互联网上，分享给广大网络用户。多媒体在线点播、多媒体数据传输、纯文本数据传输，均是网络视频传播的主要具体形式。而随着现代媒体技术的进步发展，网络视频传播的速度、质量都在不断改善，为那些不能到现场听讲座的人们提供了便利。就目前而言，大多数图书馆都已有了独立的网站、独立的宣传平台，或者与优酷等一些大型的视频平台合作，将馆内的公益讲座视频传到网站或视频平台上，人们可以随时、随地观看，并且还可免费下载一些视频，为广大网民提供了更多的便利服务。

（2）社交软件传播模式。随着社交软件的发展和成熟，其功能也越来越丰富多样，而图书馆如果想要做出、做好属于自己的网站或者APP，必然会耗费许多资金、人力等资源，并且受众面较窄，用户基本上都对图书馆本身较为熟悉或了解，因此不利于图书馆的广泛推广和宣传。所以，众多图书馆就开发利用现有的社会资源，借助微博、微信等用户颇多的社交平台，开设图书馆独立的官方账号，将公益讲座视频传到社交平台上，从而让更多人看到，社交平台的内容可广泛传播的特性也有利于图书馆影响力的扩大。并且，借助成熟的社交平台的传播方式，为图书馆减去了许多复杂的工作。另外，随着微信公众号的发展，许多图书馆也建起了属于自己的公众号，将公益讲座以短视频的方式放到公众号中发表，也能够为用户带来便利，并且此种方式的视频制作过程更加便捷，减轻了工作人员的工作负担。

（3）专属的 APP 客户端。虽然独立 APP 的制作需要耗费大量的资金和人力等，但随着现代科技的进步成熟，其制作成本也在逐渐降低，因此也不乏一些图书馆开发属于自身的 APP。APP 是移动应用程序的英文简称，依托于移动互联网技术发展而来。此项技术的发展使信息的获取更为便利、信息的推送更加精准，并且网络用户间还能进行互动交流，丰富了人们的网络生活。因此，不少有条件的单位和组织等都在开发自己的软件，而图书馆中，中国国家图书馆、上海图书馆等都已有了独立的、属于自身的图书馆 APP。但这些图书馆 APP 基本上都较少以讲座为主要内容，但也有此方面较为成功的例子，如湖北省图书馆推广的"长江讲坛"APP，在早期就投入了使用，并且拥有较多的用户关注。

2. 真人图书馆

（1）真人图书馆的起源。真人图书馆又称活体图书馆。作为一种阅读推广形式，"以人为书"是这种活动的主要特征。具体来说，这是一种将个人的阅读行为立体化的活动。它把"人"作为可借阅的书，把"人"的经历与知识作为读者阅读的内容，把真人书与读者的交谈作为书的阅读方式，以达到鼓励交流、分享经验的目的。真人图书馆活动最早出现于丹麦。在 2000 年春天，一个叫"停止暴力"的非政府组织在罗斯基勒音乐节上创办了一项新的活动，活动目的在于反暴力、鼓励对话和帮助参加节日的游客之间建立积极的关系，这是真人图书馆的雏形。连续 4 天，每天 8 小时，50 多个不同的主题一共吸引了超过 1000 人参与活动，这使图书馆员、组织者和读者对这种活动的影响感到震惊。之后，该组织的成员之一，罗尼·勃格（Ronni Abergel），创办了"真人图书馆"组织，和其他成员一起在不同国家培训活动组织者，组织"真人图书馆"活动。目前，全球有超过 70 个国家成立了相应组织，开展真人图书馆活动。

（2）真人图书馆的运作形式。"真人图书馆"活动根据真人图书和读者的数量，可分为"一对一""一对多"和"多对多"这三种类型。在早期的"真人图书馆"活动中，以"一对一"的形式为主，即每本真人书在同一时间仅和一位读者进行交流。这种形式方便真人书与读者进行私人的、深度的交流。但是随着真人图书馆的发展，其主要活动目的由最初的反暴力、鼓励对话转变为经验分享和交流学习，"一对一"的活动形式限制了参与活动的读者人数，活动效率较低。"一对多""多对多"的形式在同一时间能容纳更多的读者，真人书与读者的交流、真人书之间观点的碰撞、读者之间的互相学习触发了各种交流与思考，在有限的时间、空间中读者接受到更多的经验，活动效果和氛围更为凸显，因此逐渐成为更常见的形式。

（3）真人图书馆的特征。第一，主题范围广。作为活动开展核心的真人图书，选择范围非常广泛。他可以是某个领域的专家，也可以是有独特经历的人，尤其是社会中本身就有大量的学者，各种有特长的各行各业社会合作人士，这些都可以作为真人图书的来源。每本"书"可以分享给读者的内容来自于个人丰富的经验和感悟，可以带给读者更为深刻的体验。第二，互动性强。"真人图书馆"活动中，读者的阅读行为通过和真人图书的交流实现，真人图书的分享内容根据读者的提问而定，更有针对性。互动交流的形式易于激发读者的阅读积极性和阅读效率。第三，操作性强。"真人图书馆"活动的开展关键在于真人图书的选择与读者需求的满足，活动的硬件要求不高，线下活动通常需要满足的硬件要求是符合活动人数需要的独立场所，而空间资源正是图书馆的优势之一。线上活动可以借助各种社交平台或者是现在蓬勃发展的直播网站等，在网络发达、各类电子终端盛行的今天也是非常容易实现的。

（4）真人图书馆的实施细则。"真人图书馆"活动的开展关键在于活动组织、真人图书挑选和真人图书管理三个方面。

第一，活动组织。开展"真人图书馆"活动，需要成立一个固定的活动团队，才能保证活动的有效持续开展及不断深化。在图书馆中，活动团队可以由图书馆员组成，有了固定的团队之后，组织者需要根据调研和相关经验制定活动章程，保证每次活动的流程，从真人图书的征集挑选，到活动举行及后续管理都有可依据的规范和准则。

第二，真人图书挑选。作为图书馆，在挑选"书"的时候，选择主题及范围很广泛，同时由于读者类型不固定，读者需求不是很明确，增加了挑选的难度。

第三，真人图书管理。真人图书也是一种馆藏资源，需要进行资源建设与管理。在活动结束后，按照详细的真人图书借阅规则，对真人图书进行编目，对活动交流内容中不涉及隐私、经活动参与者同意的内容进行记录、整理，使隐性知识显性化；通过各种平台，提供给更多的读者参阅，使资源的利用更加充分。另外，在开展活动的同时，随着经验的积累，不断探索活动的评价体系，使活动效果进一步提升。

3. 图书漂流

20世纪60年代，一种新颖的书籍共享阅读方式在欧洲出现：人们将贴有特定标签的图书投放到公园、咖啡馆等公共场所，无偿提供给拾取到的人阅读，拾取的人读完后，根据标签提示将书投放到公共环境中去，供下一位拾取者阅读。2001年4月，美国人罗恩·霍纳贝克创建了第一个图书漂流网站，基于网络的快捷传播，图书漂流活动开始风行全球。

2004年，春风文艺出版社将三本畅销书放出漂流，拉开了中国图书漂流行动的序幕。此后，中国图书馆也开始引入图书漂流的方式来拓展阅读服务，使书籍的价值在不断的传阅过程中得到无限放大。图书漂流是增强城市、社区文化氛围的一种阅读推广形式。实施图书漂流活动关键在于形成有效的漂流运作机制，包括漂流图书的主题类型、汇集场所地点、整理方法、放漂与回漂管理方法、志愿者支持、团队管理与协作方法等。另外，重视宣传推广，以及与其他机构合作开展影响面较大的活动也是实施图书漂流需要关注的方面。

（二）图书馆精细化阅读推广的策略

第一，灵活利用阅读资源。为了实现自身的稳定运作，许多图书馆开始积极建设分馆，通过总分馆制来实现自身综合实力的稳定提升。因此，图书馆需要主动抓住发展机遇，促进资金资源以及管理资源的合理配置及利用，在有限的范围内积极搭建综合智慧平台，利用该平台实现统一管理以及合理规范，确保网上资源的优化配置及利用。在大数据分析技术、生物识别技术以及定位技术的指导下，积极了解读者的真实需求，构建针对性强的读书模型，了解分析读者的行为习惯以及个人喜好，进而实现个性化针对性的服务，确保阅读资源的高效配置，充分地体现资源的重要作用及优势。

第二，全面提升服务质量。在落实管理工作的过程中，图书馆以电子阅览室为基础，灵活利用已有的资源积极调整工作思路及工作方向。服务方式和服务策略比较机械和生硬，与读者的阅读需求之间存在明显的差距。在新技术快速发展以及应用的过程中，数字资源的使用效率有了明显的提升，同时对阅读设备提出了较高的要求。但是图书馆电子阅览室的发展速度相对较慢，由于经费不足，难以实现与时俱进，因此相关管理设备的升级换代更新非常有必要，只有这样才能够促进数字资源的合理利用。

第三，注重读者的数字体验。在市场经济快速改革的过程中，我国的科学技术水平越来越高，电子书借阅机、绘本桌等形式应运而生，各种数字阅读设备备受关注，并且发展非常迅速。这些设备有助于突破时空限制，确保文本阅读与数字阅读之间的有机结合，促进数字化阅读的有效普及以及顺利开展。确保管理布局的科学性以及有效性，进一步提升阅读服务质量和水准，让读者在自主参与的过程中实现独立思考和主动感知，这一点对提升服务质量、满足读者的个性化、多样化需求都有非常关键的影响。

第四，培养专业的阅读推广人员。在针对读者的阅读服务方面，图书馆要表现出较高的主动性，引导读者进行阅读，从而培养读者良好的阅读习惯，而这就需要大量的阅读推广人员。专业的阅读推广人员可以化被动为主动，通过阅读推广活动输出阅读服务，在引导和培养读者阅读兴趣方面发挥着重要作用。图书馆要向读者输出阅读服务，首要任务就是培养大量专业的阅读推广人才，要加强专业阅读推广人员的培养，依靠专业人才开展阅读推广活动，由此可见阅读推广人员的重要性。

第五，加强与其他机构合作。图书馆要构建完善的针对读者的阅读服务体系，首要任务是要收集读者的详细信息，以掌握读者的阅读需求以及阅读偏好特征，因此图书馆必须加强与其他社会机构的合作，通过沟通交流以及资源互换，充分整合各方面有效资源，探索出一条共赢的道路。首先图书馆应加强与学校之间的合作，学校作为学生学习的主要场所，通过与学校的合作图书馆可以获取到读者的各方面信息，了解不同年龄阶段学生的阅读习惯、阅读兴趣、阅读需求以及偏好，从而有针对性地调整图书馆的阅读服务内容、服务形式，更好地契合读者的实际需求。其次图书馆应加强与出版社、实体书店、社会公益组织以及政府相关部门之间的联系，从多渠道收集读者的信息，准确把握读者的共性特征以及个性化特征，同时通过这些渠道开展阅读推广活动，突破传统阅读推广活动的局限性，从而强化对读者的引导。最后，图书馆应联动家庭，通过在社区设置流动图书馆的形式影响学生家庭。学生读者主要活动的场所除学校以外就是家庭，因此家庭内部的氛围对于激发学生阅读兴趣以及培养学生良好的阅读习惯都具有重要意义。图书馆要正确认识家庭对于学生读者的影响，通过与家庭实现高效联动，以家长为桥梁去引导学生，通过设置流动图书馆的形式将书籍送入家庭。同样，我们图书馆员也可以成为全国各读书平台的会员，接受各个平台有名气的阅读推广人的经验分享，充实我们的阅读推广理论，提升我们的阅读推广能力，更好地为我们基层的读者服务。

第六，建立阅读推广机构组织。开展多种形式的阅读推广活动是图书馆的基本职责之一，同时也是图书馆必须履行的义务，通过开展阅读推广活动可以刺激读者的阅读兴趣，并对其学习、生活以及未来的发展产生深远影响。鉴于阅读推广活动对于引导读者的重要性，图书馆应建立专门的阅读推广机构，专职负责设计策划、组织实施阅读推广活动，为构建面向读者的图书馆阅读服务体系提供组织保障。图书馆的阅读推广机构一方面要组织开展阅读推广活动，另一方面要对读者进行跟踪调查，包括读者的阅读需求、对图书馆阅读服务的建议以及其他信息等，并及时将收集到的信息反馈回来，以便于阅读推广机构及时地、有计划地、有目的地对阅读推广活动进行调整和优化。而且由专门的机构和专业的人才负责阅读推广活动，可以做得更专业、更精细化，可以显著提升活动效果。

第七，空间环境再布局与延展。图书馆为了提升公共文化空间服务，为读者提供安全、高效的专业服务，图书馆需要在馆舍建筑、空间设置与利用和智能化等建设方面给予关注与考虑。同时加快推进社区图书馆、主题图书馆、智慧图书馆等多种形式的外延空间，让更多的读者能够更好地享受阅读带来的乐趣。这样不仅扩大了图书馆的业务范围，增强了区域功能，同时为读者不断升级阅读体验、提升图书馆高水准利用，让读者喜欢图书馆、爱上阅读，最终实现全民终身基本素养的提升。

第八，以用户画像构建智慧阅读。大数据时代推动了图书馆服务的变革，将用户画像引入图书馆领域，开展为人找书、为书找人、为读者提供私人定制服务等，不仅增强读者的个性化阅读体验，同时也成为构建智慧图书馆在阅读推广方面进行的有效尝试。用户画像又称用户角色，作为一种勾画目标用户，掌握用户的个人喜好和动态需求，从而打破无差别化推广的有效工具，用户画像在各领域得到了广泛的应用。图书馆以读者需求分析为核心，在数据采集读者基本信息基础上整合用户画像，通过分析对比，实现精准服务与推广，以提高阅读推广的成功率，实现知识价值的倍增。

第六章 公共图书馆面向不同人群的阅读服务研究

第一节 公共图书馆面向未成年人的阅读服务

一、公共图书馆未成年人服务工作概述

随着社会文化不断进步，社会越来越多元化，包容性越来越强，"只有全方位发掘未成年人潜能，使其提高综合素质，他们才能更好地适应社会的发展。"① 作为公共图书馆应明确自身责任，充分认识提供未成年人阅读服务的重要性，并积极探索其推广举措，让未成年人获得阅读服务保障。

（一）针对未成年人阅读服务的对象

在公共图书馆事业发展过程中，增加了服务于未成年人阅读需求的服务工作。到目前为止，从环境和资源建设的层面，我国的公共图书馆未成年人阅读服务更加彰显未成年人个性和特色，甚至通过形象活泼的建筑设计、装饰等内容来体现对童趣童真的重视，并逐渐完善文献信息资源内容以激发未成年人参与图书阅读的积极性。在信息化占据社会主流的时代，公共图书馆若想实现更好的发展，就需要立足时代要求，不断革新自身的服务理念和服务模式。从未成年人阅读教育理论的角度来讲，越来越多未成年人及其家长已经广泛地接受了传统的阅读教育理念和分级阅读理念；从图书馆管理的角度来讲，我国新时代图书馆改革的重要内容就在于总分馆制的制定和实施。

---

① 屈利萍.公共图书馆未成年人阅读服务探究 [J].办公室业务，2020（13）：151-152.

1. 学龄前儿童

作为近年来公共图书馆未成年人阅读服务的主流趋势，低龄化（即服务对象多为学龄前儿童）已经成为我国公共图书馆革新阅读服务的主要方向。同时，国内很多公共图书馆也逐渐开展了很多以学龄前儿童（尤其是婴幼儿）为服务对象的早期教育活动。

在新的时代背景下，对未成年人合法权益的保护力度也逐渐提升。例如，在政府主导下，相继出台了一系列保护未成年人合法公共文化权利的政策和法律法规，并以相应规定规范公共图书馆未成年人服务；公共图书馆也在不断开展完善未成年人阅读服务的相关工作，并取得了良好的实践成果。从1981年10月到2001年，由教育部制定的《幼儿园教育纲要（试行草案）》很大程度上推动了我国学龄前教育的发展。直到2001年，教育部又颁布了《幼儿园教育指导纲要（试行）》，以适应新时代幼儿园素质教育的内在要求，并首次明确规定了语言教育的未来目标应当涵盖幼儿的早期阅读。可以说，《幼儿园教育指导纲要（试行）》的颁布不仅是积极响应第三次全国教育工作会议和全国基础教育工作会议精神，以及《国务院关于基础教育改革与发展的决定》的重要内容，更是确保幼儿园教育质量显著提升的重要尝试。对于公共图书馆而言，要将《幼儿园教育指导纲要（试行）》的相关规定和要求作为开展学龄前儿童阅读学习服务的基本准则，将幼儿的年龄特点、心理特点等作为开展活动的基本出发点，以引导幼儿正确人生观养成为落脚点，为幼儿阅读创设相对独立的空间，同时完善阅读内容的趣味性，确保幼儿在兴趣阅读的过程中掌握知识，进而养成良好的阅读习惯。

就现阶段而言，针对学龄前儿童开展早期教育的重要意义已经得到了我国绝大多数家长、相关教育工作者以及图书馆员的足够重视，比如家长正在逐步增加图书和报刊购买量来满足孩子多样化的阅读需求，与此同时，在教育资金投入上也逐渐呈现出上升趋势，启智类儿童图书、杂志、电子图书、音像制品等从橱窗展示转移到了家庭日常生活中，其中，公共图书馆阅读已经成为当下家长和孩子的热门选择。而我国的公共图书馆也在自身的服务范畴中新增了婴幼儿服务，通过这样一个服务内容调整体现对婴幼儿年龄段未成年群体的关注度。

处于婴幼儿（0~3岁）阶段的孩子，智力相对比较稚嫩，无论是识字，还是理解能力都相对较弱，因此需要成年人解释和引导，才能获得故事内容的基础理解。也正因此，家长和监护人对其阅读方面的影响是非常重要的，家长和监护人的有效参与可以激发孩子的阅读兴趣，有效提升阅读质量，因此家长和监护人对婴幼儿阶段孩子阅读活动的完成必不可缺。但从现实的角度来讲，公共图书馆开放的婴幼儿阅读服务过于凸显婴幼儿的工作重心,对婴幼儿阅读服务的对象应当包括婴幼儿、父母、监护人、看护人员、教育者、健康护理专员和其他与婴幼儿相关的成年人这一内容的认识不够清晰。基于此,培养教育婴幼儿监护人工作将成为公共图书馆工作的重点。

对于婴幼儿而言,与说话、唱歌一样,阅读同样可以有效促进语言能力的发展,因此图书馆开通针对婴幼儿群体的阅读服务至关重要。环境对一个人的影响是潜移默化且深远长久的,对于培养婴幼儿早期阅读能力而言,家庭和公共图书馆的合作联动将发挥重要作用。首先,公共图书馆需要调整阅读环境,以婴幼儿的兴趣心理为出发点创设能够激发婴幼儿兴趣的阅读环境。而这种环境的营造,除了要具备舒适的基本特点外,还应对婴幼儿寻求帮助的意愿培养以及探索答案、了解资源技术有一定辅助作用。尤其是针对那些存在特殊需求的婴幼儿(比如双语婴幼儿),在入学前就开始公共图书馆阅读服务体验,影响力巨大。

从服务理念和指导思想的层面来讲,公共图书馆要提高对婴幼儿阅读服务的重视程度,并积极落实相应服务内容,比如在公共图书馆馆内区域划分上增加低幼儿区,设置专门的阅览室供幼儿早期阅读等。现阶段,我国多数公共图书馆已经逐渐对学龄前儿童的阅读推广重要性有了深刻的认识和体会,针对婴幼儿阅读的配套服务相继出现在各大公共图书馆。以天津图书馆为例,自2001年起,相继组织了多场正规化、规模化的幼儿集体到馆参观活动。无独有偶,南通地区的公共图书馆举办的"母子读书会"(1995年开始组织)在引导孩子享受阅读所带来的快乐,进而培养孩子的阅读兴趣、阅读习惯等方面的作用也是显而易见的。

在落实图书馆婴幼儿阅读服务的政策方面,公共图书馆首先要提高婴幼儿阅读服务策略制定的计划性,确保图书馆婴幼儿阅读服务活动有明确的方向,同时也进一步强化图书馆以往活动、计划开展活动及定期持续性活动和服务内容等在婴幼儿家庭中的清晰认识。同时,要始终贯彻低龄儿童"玩学统一、相辅相成"的基本原则来开展学龄前儿童阅读服务,这就要求各级图书馆要立足自身馆情,综合考虑区域范围内婴幼儿教育实际,确保婴幼儿阅读计划和服务模式与自身发展条件的相互适应。

2. 中小学生

结合信息时代中小学生的阅读现状来看,强化公共图书馆对中小学生的阅读服务对策具有非常重要的现实意义。具体来讲,切实落实这一策略,我国公共图书馆需要重点落实以下几方面工作:

(1) 提高文献信息资源建设的针对性。即公共图书馆要保持对中小学生阅读实时状态的敏感度，从而在重点图书和信息资源的补充和完善层面满足中小学生的现实需求，例如，增加以爱国主义教育和思想品德教育为目的的读物；优选与中小学生阅读心理相适应，有助于提升理性思维和科学探究精神的社会科学和自然科学读物；与现阶段时代特征贴近的优秀儿童读物；符合儿童年龄特征和兴趣的课外读物；以拓展中小学生课外阅读视野为目的的相关参考工具书、教育教学参考资料、试卷及数据库资源等。

(2) 提高服务方式的人文关怀和个性化水平。人文关怀和个性化的服务方式对于公共图书馆服务质量的提升具有至关重要的作用。一是人性化的服务时间。中小学生群体日常大部分时间都在学校内学习文化知识，所以他们利用公共图书馆的时间仅局限在课余时间或节假日，因此针对这一特殊特征，从服务时间上适当延长对于中小学生合理利用图书馆资源而言是最基本、关键的内容。二是满足人性化的阅读需求。处于学习初级阶段的中小学生的阅读需求也是多样化，因此，图书馆要在资源环境和文化氛围上给予充分的保障，比如积极建立与学校、家庭之间的合作共赢关系，通过开展具有较强针对性的阅读服务活动丰富中小学生的阅读积累，总之，满足中小学生的阅读需求应当成为公共图书馆阅读服务活动的核心。三是人性化的创新服务项目。这一要求的提出是为了适应中小学生多样化的课外阅读需求，具体来讲，可采用以下方式：为便利中小学生随时、随地进行阅读，公共图书馆可以设置基层、社区图书流通点，为各级各类学校和儿童教育机构开通图书流动服务；拓宽公共图书馆的服务功能，开展个性化服务（如网上咨询、专题资源推送等）。

(3) 提升中小学生课余生活的多样化和趣味性。在满足中小学生多样化阅读需求方面，公共图书馆要不断提升自身服务的自由化、开放度、多形式和全方位服务水平，除了营造和谐健康阅读环境和氛围外，还应该将与中小学生个性相契合的读物送到他们身边，因此对拓展公共图书馆阅读服务而言，其中一个非常重要的内容就在于对中小学生开展针对性的阅读指导服务。其中，有计划性地对中小学生进行阅读指导课的教学就是有效方法之一，通过这样的方式，学生可以掌握更多的图书知识、图书查询知识，可以锻炼自身对公共图书馆的有效利用能力、自学能力和知识获取能力。更进一步来讲，对于中小学生应试教育而言，作为"第二课堂"，阅读指导课发挥着积极的辅助作用，既有利于中小学生构建完整的知识系统，推动提升学习质量，又可以帮助公共图书馆在新的历史发展时期建立自身的社会公益形象，并通过一些创新举措赢得学生的认可和家长的信赖，从而真正发挥公共图书馆的社会效益和公益效益。

（二）针对未成年人服务工作的性质

未成年人公共图书馆服务建设工作的重点在于加强对未成年人的教育，为未成年人提供阅读指导。图书馆员应该注重整理文献信息资源，当未成年人到达公共图书馆时，应该积极向他们推广和推荐图书和文学作品，丰富阅读形式，让未成年人热爱读书、愿意读书。未成年人除了健康成长以外，还有综合素质需要得到全面提升。公共图书馆针对未成年人服务工作性质如下：

1. 教育性

公共图书馆是一个社会机构，承担着教育的职能，在致力于未成年人成长的道路上有无可替代的作用，担负着传播知识和教育未成年人的责任。公共图书馆首先应该完善未成年人的文献信息资源体系，确保这些文献信息资源能够体现自己的价值。图书馆的功能汇集了学校、家庭、社会三者的教育作用，使未成年人通过图书馆来学习丰富的知识，培养自己独立学习、独立思考的能力。

公共图书馆结合了现代设备与传统方式，现代设备有图书馆网站、移动终端，传统方式有报纸、展柜、公告栏等。通过广泛的公关活动的开展，向未成年人介绍图书馆内优秀的文化信息资源。为了吸引未成年读者，公共图书馆在活动形式上不断创新，尤其是在传统节日策划与之相关的读书活动，提高未成年人的读书兴趣。特别是儿童节期间，公共图书馆工作人员积极开展不同形式的阅读指导活动，提高读者的阅读兴趣，帮助他们养成阅读习惯，形成正确的阅读观。通过活动，让未成年人热爱阅读，积极参与到阅读中来，既增长知识，又提高了阅读能力。

2. 服务性

公共图书馆读者服务项目需要向读者提供文献信息资源，这是公共图书馆最基本的服务工作，公共图书馆将丰富的少儿文献信息资源搜集整理，让未成年读者积极使用这些文献信息资源，通过现代技术进行阅读和使用，公共图书馆通过宣传、借阅、阅读和下载等方式，向未成年读者提供文学和信息资源，满足他们对文化知识的阅读需求。

以未成年人公共图书馆服务工作者为例，服务对象为学龄前儿童、中小学生及他们的家长等，不同类型的读者的阅读需求不同，因此需要合理区分，识别他们的阅读需求，为他们提供贴心的服务。公共图书馆要牵头联系相关需要服务的机构，进行教育教学合作，根据他们的实际需要提供相应服务。

3. 学术性

公共图书馆学与多门学科有着紧密交织的联系，公共图书馆学是一种实践性非常强的实用学科。在公共图书馆，未成年人服务项目具有独特的规律和特点，这也说明了公共图书馆未成年人服务项目不同于其他服务项目，公共图书馆中针对未成年的服务工作是重要的工作内容，有一定特殊性。

随着图书馆学研究的不断深入，公共图书馆未成年人服务工作研究有非常重要的内涵，理论价值高，实践价值强，具有非常强的学术性。

4. 娱乐性

公共图书馆满足了人们享受文化休闲娱乐的需求，未成年人在公共图书馆，充分利用这里的资源和环境，不管是阅读文学作品，还是与朋友在线聊天，享受图书馆人文关怀的服务，都是一种非常惬意的休闲方式，让他们度过了一段悠闲的时光。

5. 社会性

公共图书馆未成年人服务的发展不只需要公共图书馆的努力，还需要全体社会的关注和支持。公共图书馆往往需要联合学校、学前教育中心等教育部门以及其他社会相关组织开展丰富多彩的阅读活动。

公共图书馆阅读活动采取"准入、邀请"方式，在各种社会资源的帮助下，积极推进全民阅读的发展，不断提升公共图书馆在社会上的价值，扩大自身的社会影响力。

（三）针对未成年人服务工作的功能

公共图书馆是未成年人外展活动的重要场所之一。随着信息时代的不断发展，世界的经济、文化和科技环境有了翻天覆地的变化，公共图书馆的功能也变得更加丰富，有着更深远的影响和作用。

一是社会教育的功能。未成年人社会教育是公共图书馆最基本的教育方式之一，具有独特的教育特色和交友价值。自从未成年人出生，就可以开始培养他们的阅读能力、终身学习能力、信息检索能力、艺术素养能力、文化科技探索能力、艺术鉴赏能力等方面的内容，这已经成为公共图书馆的重要实施项目。公共图书馆未成年人志愿服务通过引导青少年阅读推广活动达到上述目的。不仅如此，对于未成年人的服务工作，公共图书馆的社会教育工作中，还有帮助未成年人的父母和其他与未成年人打交道的人，帮助他们寻找、评估和使用与未成年人建立和谐关系所需的信息和技能，帮助他们更好地学习和阅读。许多公共图书馆提供的家庭教育指导是未成年人社会教育的重要组成部分，为未成年人提供了极大的帮助，当他们在成长过程中、获取知识过程中遇到问题时，公共图书馆能够提供解答，他们能够获得来自公共图书馆的支援。公共图书馆拥有优美、舒适的阅读环境，未成年人可以自由、愉快地自主阅读，接受思想教育，利用学到的各方面的知识帮助自己参加各种文化娱乐活动。对于未成年人来说，公共图书馆是健康成长的避风港，也是提升技能的宝贵场所。

二是文献信息保护中心的功能。公共图书馆为未成年人形成了各类图书信息资源，开展专门针对未成年人图书信息资源的服务工作，帮助他们借阅、推荐、指导、分发等。公共图书馆有多类型和多层次的文献信息，有丰富的图书期刊、音像资料、电子资源等，涵盖了未成年人对文学和信息的阅读需求。

三是文献信息服务中心的功能。公共图书馆将文献信息资源进行了有序整合，在其基础上，以优雅舒适的环境和各种先进的科技手段为纽带，积极开展多样化、全方位的服务。不断推出各类青少年阅读推广活动，一方面通过优质服务吸引未成年读者进馆，另一方面通过发送文献信息资源给有需要的读者，满足未成年读者、家长及其他相关人员的需求，这也是公共图书馆的文献信息服务中心的功能。

二、针对未成年人服务工作的作用与原则

（一）针对未成年人服务工作的作用

1. 指导未成年人的阅读行为

对未成年人进行阅读指导是公共图书馆未成年人服务工作的重要任务之一，在时代的发展浪潮中，该工作的落实和质量保障都将离不开与社会教育部门、未成年人家长及其他相关机构的通力合作。

第一，在落实未成年人阅读指导工作方面，公共图书馆社会责任重大，也正因此，需要公共图书馆不断升级自身的未成年人服务质量，同时引导图书馆员提升个人素养。具体到工作实践上来讲，未成年人必须在图书馆员的正确引导下，突破应试教育知识获取的局限，树立多读书的意识，通过合理利用公共图书馆资源，建立自身更加完善的知识体系。

第二，为了吸引更多的未成年人到馆阅读，图书馆员必须立足图书馆现有资源优势，创设能够激发未成年人阅读兴趣的有趣环境。

第三，在更好地落实未成年人阅读指导工作方面，图书馆员尤其要重视未成年人的心理状态这一基本前提，只有这样，才能有效保障未成年人教育工作和未成年人家长指导工作的正常开展。

2. 加强未成年人的交流合作

作为我国公共图书馆少儿馆员的责任体现，通过对国内外成功经验与做法的借鉴带动我国公共图书馆未成年人阅读推广工作的进一步推广和发展具有非常重要的现实意义。在

强化与国内外的交流合作方面，我国图书馆向来比较重视对国内外公共图书馆未成年人教育成熟经验和优秀做法的借鉴和汲取。近些年，我国众多学者已经从意识层面逐渐提高了对西方国家先进阅读理念、阅读服务和阅读推广方式的关注度，并且在理论研究、推介活动方面进行了广泛应用和深度实践。

作为人类文明发展的必然产物，早在16世纪至18世纪，图书馆就已经在欧洲各个国家得到了一定发展，而这也标志着近代图书馆学开始形成。到了19世纪至20世纪，图书馆事业的发展逐渐呈现出规模化、类型化、服务范围扩大化的特征，同样是在这一阶段，图书馆服务范畴新增了未成年人阅读。后来，在西方部分国家儿童阅读机构针对图书馆服务工作的长期研究和实践，一批先进的阅读服务理念和方法（如早期阅读教育、分级阅读等）开始出现，并在全球范围内组织了大量阅读推广活动，这些由发达国家政府或相关文化机构主导的活动为我国公共图书馆服务工作的完善与发展提供了很多值得借鉴的优秀经验。

3. 丰富未成年人的知识获取

作为推动未成年人成长的"第二课堂"，与应试教育不同，公共图书馆的教育方式更加强调自觉和自愿。图书馆员通过展现自身的人格魅力使未成年人信任自己，通过自身工作实践引导未成年人到图书馆阅读。为每个阅读者提供一个舒适的阅读环境和丰富的馆藏资源是公共图书馆的责任，因此，每位阅读者都可以享受公共图书馆的免费开放服务，也可以以自己的兴趣爱好和现有认知水平为基础有针对性地选择使用公共图书馆的信息资源。公共图书馆未成年人服务工作具有明显的公益性，它充分尊重每个到馆图书阅读者的阅读需求和图书资源选择自由，确保每位阅读者知识获取方面的平等地位，并积极引导未成年人对科学文化知识的自主探索能力，这既体现了公共图书馆未成年人服务工作的职责，又体现了公共图书馆少儿馆员的孜孜追求。

（二）针对未成年人服务工作的原则

1. 坚持平等服务原则

作为服务于全体国民的文化事业机构，公共图书馆一定程度上对未成年人平等享受文化、自由获取公共文化资源发挥了重要保障作用，更进一步来讲，它在未成年人身心健康发展方面同样发挥着重要的引导作用。

公共图书馆对未成年人的合法权益（如受教育权利、阅读权利、信息权利、文化科技进步权利、参加社会文化生活权利以及享受服务权利等）实现发挥了重要的保障作用，这种作用的实现主要取决于公共图书馆的社会教育属性。从建立伊始发展至今，从缺乏对未成年人拥有图书馆使用权的认识到对未成年免费开放借阅服务，我国公共图书馆可谓经历了一个漫长的过程。随着现代社会文明的不断发展，公共图书馆不但越来越关注未成年人权利和未成年人的平等服务，其所倡导的未成年人服务理念更成为现代社会文明的重要特征。进入21世纪，为了进一步明确公共图书馆未成年人服务工作的责任与义务，国际图书馆协会与机构联合会接连发布了3部未成年人指南（《婴幼儿图书馆服务指南》《儿童图书馆服务指南》和《青少年图书馆服务指南》），其中明确规定和说明了未成年人享有自由选择读物的权利，这3部指导性文件有力提升了世界各国图书馆未成年人服务工作的质量。

面向全社会开放是公共图书馆区别于其他类型图书馆的显著特征，这也就意味着服务对象的多样化。简单来讲，就是未成年人在公共图书馆同样享有平等服务的权利，尤其是低龄儿童和无法正常享受图书馆服务的特殊未成年群体，公共图书馆应当予以保障平等权利。长时间以来，未成年人的培养教育一直是我国政府十分重视的问题，因此国务院制定并颁布了《中国儿童发展纲要》（以下简称《纲要》），来指导我国未成年人健康发展事业。《纲要》指出，我国应加大针对0~3岁儿童的科学育儿指导探索活动；应当依托于幼儿园和社区合作，辅之以公益性和普惠性儿童综合发展指导机构的作用，共同开展针对0~3岁儿童及其家庭的早期保育和教育指导；充分保障特殊困难儿童接受教育的平等权利，全力推进0~3岁儿童早期教育专业化人才的培养；优化特殊教育资助政策，切实改善孤儿、残疾儿童和贫困儿童等特殊儿童群体的受教育状况；针对流浪儿童、有严重不良行为和违法犯罪行为的儿童提供平等接受教育的各种条件保障。

作为社会公益文化机构，公共图书馆在组织各类未成年人服务的职责和要求方面的内容通过我国相关法律法规得到了明确规定，各级各类公共图书馆都应严格遵守相关的法律法规，积极组织各种形式的未成年人阅读服务活动，尤其是针对低龄幼儿和弱势儿童群体的服务活动，不断延展自身的服务领域来提升自身服务的人性化和个性化水平。

2. 坚持免费开放原则

随着改革开放的进程不断加快，我国经济高速发展，我国公共图书馆的服务环境、服务设施、服务方式和服务能力都得到了显著提升，这一切都得益于党和政府加大对公共文化事业的政策和财政支持力度。21世纪初，我国公共图书馆的公益属性得到了进一步体现，这既是推动社会主义文化大繁荣和大发展的重要要求，又有利于全民文化素质的整体提升。尤其是2010年以后，"平等""免费服务"等成为我国公共图书馆的主要发展趋势，公共图书馆免费向社会大众开放，无障碍、零门槛进入图书馆，越来越多的未成年人顺应时代潮流来到公共图书馆，利用丰富的馆藏资源满足自身的阅读需求。

总之，要确保公共图书馆的免费开放服务切实惠及社会大众，图书馆自身需要与时俱进，革新服务理念和服务方式，积极探索适应信息化时代发展趋势的服务模式，只有这样，才能进一步提高我国社会主义文化建设的发展水平。

3. 坚持"儿童优先"原则

随着我国儿童权利保护相关政策、法律法规及指导性文件的相继出台，我国公共图书馆在确立和实施"儿童优先"基本原则方面拥有了坚实的理论基础和法律依据。与此同时，在我国儿童权利保护原则的确立过程中，始终将让每一名儿童在文化教育和公共服务方面享有同等的受保护权利作为儿童权利的基本原则来体现。

"儿童优先"原则最早作为中国政府促进儿童发展的五项基本原则之一，提出和确立是在2011年我国颁布的《中国儿童发展纲要（2011—2020年）》中，它指出优先考虑儿童利益和需求应当成为法律法规制定、政策规划提出以及公共资源配置等方面的首要原则，即"儿童优先"原则。同时，它进一步强调"儿童优先"原则应当成为我国日后儿童工作的基本原则，对儿童生存、发展、受保护和参与权的保障应当成为我国日后儿童工作的基本方向。对于"儿童优先"原则在我国公共图书馆未成年人服务中的落实，《中国儿童发展纲要（2011—2020年）》的实施发挥着重要的指导作用，这也从侧面印证了公共图书馆未成年人阅读服务工作对我国政府的重要程度。除了"儿童优先"原则外，它还规定了儿童权利和儿童参与两大原则。

在"儿童优先"原则的指导下，未成年人需求成为公共图书馆政策制定、设施建设、文献资源构建和图书馆员服务升级的首要内容，因此他们在为未成年人提供优质服务方面才能不遗余力，而这也奠定了"儿童优先"原则在图书馆管理与服务中的基础性地位。与此同时，在确保未成年人在公共图书馆的人身安全方面，也需要图书馆制定切实可行、科学有效的未成年人安全服务策略和制度。

三、公共图书馆未成年人阅读推广活动开展及策划

（一）开展未成年人阅读推广活动的原则

公共图书馆开展未成年人阅读推广活动最主要的目的是激发未成年人读书方面的兴趣，只有有了兴趣和喜爱，读书才能有动力，只有在产生兴趣之后，未成年人才能由外在

的推动力去阅读转变成内在的自发性去阅读。换句话说，公共图书馆开展未成年人阅读推广活动是为了让读书融入未成年人的生活，启迪他们的心灵，让他感受到阅读的快乐、阅读的魅力，通过阅读助力未成年人的人生发展。想要实现这一目的，要求公共图书馆阅读推广人在推广活动的过程当中使用科学合理的推断方法，有针对性地向未成年人推广活动。未成年人阅读推广活动需要遵循一定原则，要始终坚持激发未成年人对阅读的兴趣，这是活动的出发点，也是活动的落脚点，阅读推广人要有耐心、有毅力，能够引导未成年人逐渐地融入推广活动中，不断地激发未成年人的潜能，培养他们在阅读方面的浓厚兴趣。

公共图书馆在对未成年人进行阅读推广活动时，需要遵循如下原则：

1. **安全性原则**

活动开展过程中，有很多因素都会威胁到未成年人的人身安全，比如说环境因素、设施设备因素、活动环节的安排设计、活动器材的安全性能等等。图书馆的工作人员在设计活动的过程中，一定要仔细考量每一个因素和环节的影响，要以未成年人的人身安全为出发点，进行精心、缜密的设计，特别是在竞技类游戏的设计过程中，一定要注意设施设备的安全性、游戏项目本身的安全性及场地环境的安全性，一定要确保未成年人参与游戏是安全的。

2. **鼓励性原则**

未成年人有非常强烈的好奇心，对一切未知的事物存在满满的求知欲，这种求知欲使得他们一直在探索、尝试，以满足他们的好奇心。在开展图书推广活动的过程中，未成年人的求知欲和活动的碰撞会擦出更大的火花，他们的求知欲会被无限地扩大，他们会表现出积极踊跃的参与兴趣，在活动当中也会勇于表现自己，但是这并不意味着他们的求知欲会永远的热烈，求知欲的保持需要图书馆工作人员的鼓励和呵护，还需要图书馆工作人员给予一定引导，因此，要求图书馆的阅读推广人要有耐心，能够洞察孩子们的变化，细致地寻找未成年人身上存在的优质特点，运用语言的形式呵护未成年人的求知欲，始终坚持推广活动的鼓励性原则。

3. **针对性原则**

开展活动的本质目的是为学生才能的展示、知识的学习、自信的提升、成果的分享提供广阔的平台，通过开展阅读促进活动，未成年人和图书馆之间建立更深厚联系，他们对图书馆有了依赖，有了热爱，他们会自觉地使用图书馆，喜欢读书，爱上读书。不同年龄的未成年人开展的活动是不同的，哪怕是同一种活动，它对处于不同年龄的未成年人提出的要求、开展的方式也有差异。因此，应该根据未成年人所处年龄阶段的不同选择不同的设计主题，选择不同的活动内容、活动方式，要充分体现出活动的针对性，只有这样才能精准地实现阅读推广活动的目的，只有这样，才能让所有的未成年人都在阅读活动中获得成长。

4. 多样性原则

未成年人受到家庭环境、个人性格的影响，会表现出不同的爱好和兴趣，有的未成年人对绘画表现出明显的兴趣，有的则对音乐表现出明显的兴趣，公共图书馆在开展未成年人阅读推广活动时，应该尽最大努力满足未成年人在图书方面的偏好，给予每个孩子学习和展示的机会。为了做到这一点，图书馆工作人员一定要设计多种多样的活动内容，比如绘画活动、音乐活动、摄影活动、剪纸活动、演讲活动、表演活动、手工活动等。除此之外，活动的组织形式也要遵循多样性原则，比如组织娱乐性活动、竞技性活动、少儿活动、亲子活动，还可以组织安静一点的活动，也可以组织非常热闹、活泼的活动。不同形式的活动能够激发未成年人的积极性和主动性，有助于未成年人从活动中获得乐趣，从而更愿意接近图书馆，更喜欢图书馆。

5. 个性化原则

每个未成年人都不同，每个人都有自己的优点，未成年人阅读推广活动的开展不可以要求所有的未成年人达到相同的标准，图书馆工作人员也不可以将自己的想法和意愿强行施加在未成年人身上。未成年人在活动当中的想法和做法应该是遵照个人想法、个人意愿的，应鼓励未成年人产生独特的创意，鼓励他们表达自己的个性。

6. 主体性原则

每个未成年人都具备独立性，虽然他的思想还没有成熟，还处于发展阶段，但是作为个体，爱好是独立的，人格也是独立的，每个未成年人都应该得到平等的尊重和信任。公共图书馆开展针对未成年人的阅读推广活动一定要注意遵循未成年人的主体性原则，在确定活动主题目标、内容设计、活动形式时，一定要尊重未成年人的个人意向，要在一定程度上指导未成年人自觉积极地参与读书活动，为他们呈现读书的意义和魅力，养成未成年人终身阅读、喜爱阅读的习惯。

7. 便利性原则

公共图书馆在推广未成年人阅读活动的过程中，有一个不确定性因素，那就是参与的未成年人人数。有一些未成年人并没有办法实时关注图书馆的网站信息，也并不会细心阅读活动的宣传内容；有一些未成年人注意到图书馆的阅读活动是在参观图书馆或者借书的过程中发现的，他们觉得活动可能非常有趣，因此临时决定想要加入阅读活动中。但是，可能因为没有提前准备活动需要的材料或者工具，而导致他们无法即时参加活动。这个时候，图书馆工作人员应该为这些临时加入进来的未成年人提供活动材料或者活动工具，满足他们想要参加活动的需求，并在他们感兴趣的时候及时向他们推荐阅读活动，尽量培养他们形成阅读兴趣。

8. 长期性原则

人才的培养并不是一时兴起，而是需要长年的日积月累，用心去浇灌，用爱去培养，这是一个复杂而且困难的培养过程，需要和未成年人一起经历，引导他们以此来实现他们点滴的进步，将他们培养成有才华且乐观向上的人才。正是因为这样的原因，在未成年人的阅读推广活动过程中，要注意活动的长期性，不可以追求速成，应该在一点一滴的日常积累中坚持不懈，为未成年人提供长久的活动培养，让未成年人和图书馆之间建立深厚的联系。特别是少年儿童图书馆，对于少年儿童图书馆来讲，坚持长期活动推广服务是当前的主要发展趋势，也是未来发展需要遵循的服务理念之一。

9. 统筹性原则

公共图书馆的未成年人阅读推广服务如果想要覆盖所有未成年人，让所有未成年人都能够享受到图书馆的优质服务，那么图书馆需要对未成年人做详细调查，深入研究，制定详细计划，并合理安排计划，从整体的角度统筹安排，尽量满足所有未成年人需求，让所有未成年人都能够感受到阅读活动的魅力。因此，阅读推广人在设计阅读推广活动的过程中，应将全部年龄的未成年人考虑在内，还应将所有未成年人的兴趣爱好考虑在内。也就是说，无论是1岁、2岁的孩子，还是10岁、15岁的孩子都需要考虑；孩子的普遍爱好需要考虑，同时也需要考虑个别孩子的特殊爱好；图书馆范围附近的孩子要考虑，图书馆周边范围的孩子也要考虑；不仅要提供小型的阅读推广活动，还要提供大型的阅读推广活动；要针对未成年人做常规化的阅读推广活动，还要针对未成年人做多元化的推广活动；推广活动应覆盖全省范围内的未成年人，不仅包括省市区内的，还要包括乡镇的未成年人。要遵照阅读推广活动的统筹性原则，科学合理地安排。

10. 经济性原则

虽然随着国家的富强，国家对图书馆的发展投入的资金也在增多，但是需要始终遵循勤俭节约的中华美德。阅读推广人在涉及未成年人的阅读推广活动的过程中，应该将经费用在必要的地方，尽量花最少的钱获得最好的效益和效果。如果活动中涉及能够重复利用的道具，那么应尽可能做到反复利用。例如，活动可能用到的木制拼图或乐高等。

11. 平等性原则

公共图书馆为所有读者提供均等机会的图书馆服务，阅读推广人在为读者服务时一定要遵守以人为本的原则。

平等性原则主要体现在应该对所有的未成年人不分种族、年龄、性别、贫富，进行同等优质的服务。对于一些需要特别照顾的儿童，应该给予额外关怀，应更具有针对性地满足未成年人在阅读方面的需求，让他们更好地和社会融合，积极乐观地和世界友好相处。

（二）开展未成年人阅读推广活动的方式

1. 依据馆藏资源开展活动

（1）新书推荐。这种形式是图书馆普遍使用的形式之一，向读者推荐新书主要是为了将图书馆最新的馆藏文献信息传递给读者，如果读者有阅读的需求，读者可以及时选择。通常情况下，图书馆会在新书宣传栏区域宣传新书，也会在图书馆专门设置新书书架，此外，也会举办专门的新书推荐活动。在图书馆领域引入信息技术后，图书馆有了更多的形式向读者推荐新书，书籍推荐更加方便、快捷，更符合读者的信息获取需求。例如，可以在图书馆的官方网站、微信公众号上宣传，也可以在图书馆的滚动屏幕、电子借阅机器上面宣传。

（2）书目推荐。除了新书推荐外，图书馆也会使用书目推荐的方式向读者推荐图书馆当中的书籍。书目推荐的优点是读者能够直接看到书籍作者、简介、出版社及它在图书馆当中具体位置、检索书号等内容，这些内容能够让未成年人或未成年人的家长更好地选择他们所需的图书，极大提高了图书的使用率。通常情况下，制作出来的推荐书单会放在宣传架中，读者可以自由地取用；除此之外，在一些图书馆举办的大型活动中，图书馆也会免费发放书单；为了读者更便利地获取书单内容，图书馆也会在网络相关网站上发布书单。

（3）馆员推荐。图书馆的工作人员是书目的推荐者。图书馆本身属于社会教育领域，图书馆的工作人员，特别是少年儿童图书馆的工作人员，他们对图书馆的文献有非常详细的了解，也非常熟悉未成年人的需求阅读的特点，他们在指导未成年阅读方面有非常丰富的经验，此外，他们还学习了儿童心理学理论、文学理论、教育学理论。在这样的理论指导下，再辅助他们的实践经验，针对未成年人开展一系列推荐活动。他们的推荐非常富有感染力，未成年人在他们的推荐下极大提高了阅读兴趣，掌握了更多的阅读技巧，他们的阅读水平也得到了提高。从这个角度来讲，图书馆工作人员就是未成年人阅读方面的指导教师。

2. 举办阅读促进活动

图书馆，特别是少年儿童图书馆，举办了很多能够提高未成年人阅读兴趣、阅读品味的活动，这些活动的举办能够培养少年儿童养成爱读书的好习惯。图书馆本身有大量的人才和资源，图书馆可以有针对性地对未成年人的阅读设计促进活动，活动主要是为了少年儿童的身心健康发展，为了给未成年人进行文化、科技、娱乐等方面的培养，让他们感受到文化的魅力。未成年人的身心发展需求不同，因此，图书馆提供的活动也是多层次、多角度的。通过图书馆提供的阅读促进活动，未成年人可以更加自信，可以发现自己身上的优点，这极大促进了未成年人和图书馆之间的亲密交流，未成年人对图书馆产生了自觉的喜爱。图书馆的阅读促进活动，在未成年人的心中种下了喜爱阅读的种子，经过长久培养和浇灌，种子会逐渐生根发芽，未成年也会从知识的被动接受变成主动获取。图书馆在设计活动时，应该尽量选择周末，如果是寒暑假，时间设计可以更加灵活，可以根据未成年人的需要安排活动时间。

第一，在图书馆内部举办针对未成年人的阅读促进活动。图书馆内储藏着大量的图书资源，而且图书馆能够为未成年人提供平等、个性、便捷以及专业的服务，在图书馆和谐优美的环境下，未成年人能够更好地享受阅读。在大量图书资源以及图书专业工作人员的支持下，图书馆能够开展各种各样、异常丰富的图书活动。与此同时，社会观念也在更新，大家对图书馆的功能有了更全面的认识、更清晰的了解，无论是儿童还是家长，对图书馆的使用都不再停留在书籍借阅层面，而是更深入地参加更多的由图书馆举办的活动。特别是少年儿童图书馆，活动的趣味性非常高，很多儿童积极参加。对于少年儿童公共图书馆来讲，他们要更加注重服务理念的创新，应该多在图书馆内部举行亲子活动，而且活动的举办应该做到持久、系统、常态化，把举办亲子活动当作是图书馆对读者进行的一项基础服务服务，不是应景、临时的，是需要长久稳定发展的。

公共图书馆在确立活动内容、活动形式的过程当中，应该充分考虑到未成年人目前的身心发展状况，应该有针对性地安排活动。其一，针对婴幼儿开展的阅读促进活动，婴幼儿年龄较小，他们的活动应该有父母的参与和看管，因此方式上更倾向于亲子，具体的活动形式可以选择儿童喜欢的游戏、美术、阅读或故事会；其二，针对学龄前儿童开展的阅读促进活动，学龄前儿童能够自主地进行游戏、美术或者是拼图活动，因此在开展促进活动时可以使用这几种方式；其三，针对学龄儿童开展的阅读促进活动，学龄儿童基本具备了独立参与活动的能力,因此活动方式可以集中在有奖竞答游戏、摄影、拼图、演讲、剪纸或板报设计、征文朗读等方面;其四,针对青少年开展的阅读促进活动,青少年阅读表现出来的明显特点是追求个性化,追求自己的兴趣爱好,更加注重自主阅读,因此,青少年阅读促进活动使用的活动方式可以是演讲比赛、读书会分享、图书馆信息检索技术的使用、图书馆管理社会实践等等;其五,针对各个年龄段的儿童开展的阅读促进活动,适合各个年龄段的阅读活动形式主要有才艺表演或联欢会,但是,需要注意虽然名称一样,但是对于不同年龄段的未成年人来讲,活动的内容、活动的难度以及要求应该不同,图书馆人员应该针对各个年龄段的特点设置不同的标准。因此,需要图书馆员注意儿童阅读活动的开展一定要灵活变化,一定要结合实际需求,只有这样才能真正让图书馆的活动发挥作用,真正提高儿童的阅读能力水平。

第二,联合幼儿园举办针对未成年人的阅读推广活动。对于公共图书馆来说,尤其是少年儿童公共图书馆,它的环境建设非常优美、舒适,图书馆内部储存了非常丰富的儿童读物,而且图书馆的工作人员有非常丰富的儿童读物的推荐经验、指导经验,他们熟悉儿童的心理,懂得儿童教育理论,他们是开展儿童阅读活动的有力保障。

图书馆和幼儿园联合起来共同针对未成年人开展阅读推广活动使用的方式主要包括以下几种:其一,在幼儿园内部建立图书馆的读物流通站,之所以在幼儿园已有图书室基础上再配置读物流通站,是因为幼儿园配置的图书室在图书数量以及种类方面无法满足儿童多样的图书需求。但是,少年儿童公共图书馆储存了非常丰富、有趣、多样化的图书,图书中色彩、印刷、图片排版都非常的精美,能极大地激发儿童的兴趣,吸引儿童关注。在这样的图书刺激下,儿童会产生想要阅读的想法,因此图书馆可以在幼儿园内部建立读物流通站,提供图书让儿童阅读,满足儿童阅读需求,培养他们的阅读习惯。其二,让幼儿去参观图书馆,以往幼儿园都会组织儿童去参观图书馆,这是幼儿必须修习的一节课程,但当前大多数的幼儿园为了保证儿童的安全都会取消这项室外活动,会由幼儿园的老师以分享的形式或讲故事的形式将图书馆的相关知识传递给幼儿。这样的做法虽然保证了安全,但是却无法让幼儿近距离地感知图书馆的氛围,如果幼儿能够切实地体验图书馆的环境,那么他们的理解效果肯定会更好。为了解决这一问题,可以要求家长陪同,这样不仅能够解决安全问题,还能够增加家长和孩子之间的亲子互动,能让家长更加重视儿童阅读。其三,联合开展丰富多样的阅读推广活动,培养儿童的阅读习惯,阅读兴趣并不是速成的,需要长久的坚持,因此少年儿童公共图书馆可以和幼儿园之间建立长久的合作关系,采用共同培养的形式培养幼儿的阅读习惯、激发阅读兴趣,幼儿园老师可以和家长共同参观图书馆，共同参加图书馆举办的阅读活动；反之，图书馆的工作人员也可以走进幼儿园，为孩子们举办和阅读推广有关的活动。例如，可以在幼儿园举办绘画活动、手工活动、诗歌朗诵活动、故事分享活动、拼图活动或其他形式的亲子活动等。这些活动都能够提高儿童的阅读兴趣，能让儿童对图书、对阅读有一定认知，能够培养儿童的阅读意识，并促进亲子间的互动，加深家长对阅读的重视程度。

3. 与学校联合共同开展活动

公共图书馆和中小学共同组织开展阅读促进活动，对促进推广未成年人阅读十分有益。尽管我国现行的仍是应试教育体制，但是老师和家长极为重视的中考和高考，考试内容几乎全部超出了课本知识，表现出知识面广、题型灵活多变的特征，这就使学校和家长明白了广泛阅读的必要性。近些年，学校教育有了新的教育理念，许多学校陆续采取了各类激发学生阅读兴趣的举措，比如建立爱心图书角、好书大家看、图书漂流和捐赠图书等一系列推广阅读的活动。短期来看，这些举措在适应学生阅读需求层面可能发挥了一定作用，取得了一定效果，但从长远的角度来看，学生阅读难的现状依然无法得到根源性改善。作为学校教育的补充，公共图书馆的丰富馆藏资源有效拓宽了学校教育的知识面，专业的公共图书馆员团队能够对学生合理使用馆藏资源发挥引导作用，从而辅助学生完成阅读任务，有效改善学生的阅读现状，培养学生的终身学习能力。除此之外，对于公共图书馆而言，也可以以其多样化、多层次的馆藏资源吸引一批忠实读者，从而一方面有效改善公共图书馆的图书资源利用现状，实现图书馆的价值发挥，另一方面打造公共图书馆积极承担社会责任的正面形象，从而提升公共图书馆的知名度和社会好感度，以实现图书馆的更好发展。所以，整体上来看，公共图书馆强化与各学校之间的深度合作是实现资源配置、共享和优化的重要手段。

在未成年人阅读活动推广方面，公共图书馆和学校承担着共同的责任，二者之间的强强联合在推广质量和推广效率方面将发挥"1+1>2"的效果。具体来讲，二者之间的联合推广主要表现为馆藏资源共享、联合开展丰富多彩的阅读促进活动以及加大社会实践活动的组织力度。

（1）馆藏资源共享。

1）开通图书资源流通服务。对于公共图书馆，尤其是少年儿童图书馆，在近些年享受到了国家较大力度的政策支持和财政支持来推动其建设和发展，以城乡为覆盖面的少年儿童图书馆服务体系的建构提上了国家日程，并在规划当地国民经济和社会事业发展时将少年儿童图书馆的建设纳入范畴，进而实现公共文化服务体系建立和健全、公益性文化事业进一步发展的目标。但是，不可否认这一目标实现所体现出的长期性、艰巨性的基本特征。对比公共图书馆的数量和分布情况，不难发现，很多未成年人被拦截在图书馆和阅读门外，主要原因在于学校与图书馆之间的距离远和不便利。尽管，大城市的社区和街道已经为未成年人借阅图书设立了自助借还机，但仍旧无法与未成年人强烈的阅读需求相适应，这使公共图书馆服务理念的转变（由被动转变为主动）、工作方法创新及建立学校图书流通站显现出了客观必然性。具体来讲，在学校设立图书流通站既有利于提高图书流通质量，又可以通过培养未成年人阅读兴趣来推动提升阅读质量。同时，为了确保图书流通站抛开形式主义，真正落实到现实，就需要图书馆员履行以下职责：①保障图书定期更换频率。这一职责的履行是为了确保图书的时代性、与热点图书的同步性及与未成年人阅读需求和阅读兴趣的契合度；②进一步强化与学校教师的沟通，只有这样才能更精准地把握学校的教育情况、教育需求，从而确保图书配送的针对性；③进一步强化与未成年人的互动，只有建立在与未成年人零距离接触和百分百倾听的基础之上，才能确保图书配送能够满足未成年人的个性化阅读需求。

2）参与教师寒暑假阅读书目的制定，这是因为对学生阅读层次和阅读需求的了解程度来讲，学校教师居主要地位，而对馆藏资源的熟悉程度来讲，第一人选非公共图书馆员莫属。因此，二者积极建立有效沟通、互助合作的关系，可以在制定学生寒暑假阅读书目的过程中，实现阅读活动的有效和深度推广。特别是在寒暑假期间，学生需要完成教师制定的阅读书目计划，倘若公共图书馆没有事先与学校教师相互配合、达成一致，就可能导致学生无法在图书馆获得所需书籍，进而影响寒暑假学习任务的完成。而为了有效避免这种服务脱节的现象，就需要图书馆员与教师达成通力合作关系，在此基础之上完成学生寒暑假阅读书目的制定，甚至是在图书馆设立学生专用寒暑假读书计划专架，便利学生获取所需书籍。

（2）联合开展丰富多彩的阅读促进活动。

作为开展未成年阅读推广的有效途径，由公共图书馆和学校共同举办的多样化的阅读促进活动对于未成年人健康成长和智慧与潜能的发掘，以及未成年人综合素质的提升有重要的促进作用。这些阅读促进活动的呈现形式可以包括征文、演讲、音乐、美术、摄影、游戏、舞蹈等多种样式，多样化的组织形式、趣味性的活动内容（如世界读书日举办的演讲比赛、绘画书法比赛、摄影比赛、国学经典朗诵、科技展览等）可以有效激发未成年人的兴趣，对未成年人具有较强的吸引力。从实践操作层面来讲，可以"走出去""请进来"两种方法齐头并进，所谓"走出去"就是要让图书馆真正深入到校园中，真正实现阅读促进活动由图书馆员与学校教师共同参与策划和执行，通过这种方法，进一步地丰富与完善校园文化生活，也会进一步增强学生对阅读活动的参与感；所谓"请进来"就是说要进一步加强图书馆员与学校教师之间的互动沟通，在学校教师的带领下，学生主动参与到活动中。这种方法为学生亲近图书馆、熟悉图书馆提供了极大的空间和自由度，可以在潜移默化中培养学生的图书馆阅读兴趣。

（3）加大社会实践活动的组织力度。

社会实践活动可以极大地丰富学生的寒暑假生活，而公共图书馆在组织和开展学生社会实践活动中可以有效发挥其平台搭建者的角色作用。具体来讲，公共图书馆可以邀请学生担任图书馆的寒暑假志愿服务者，为学生提供一个熟悉图书馆馆藏结构、提升有效利用图书馆资源体系和自身综合素养的平台。

4. 与社区联合共同开展活动

服务型社区作为当今社区建设的主要发展方向，要求社区服务中心在开展社区服务时始终践行"情系社区，服务万家"的基本理念，以有效改善社区居民的生活环境为目标，为居民提供所需社区服务，帮助社区居民建立和谐的邻里关系，使生活矛盾得到有效调节。与此同时，它们还承担着为中小学生校外活动、公益活动提供志愿服务、文化娱乐服务等职责，以及温暖社区服务建设的重要责任。因此，公共图书馆与社区之间需要建立起联系紧密的合作关系，优势互补、资源共享，共同促进未成年人阅读活动的推广。同时，使社区服务中小学生活动的质量显著提升，也真正发挥公共图书馆的图书利用价值。

具体来讲，二者之间推广未成年人阅读的联合实现途径主要包括：建立社区图书流通站，未成年人应社区工作人员之邀到馆参观学习，并为社区未成年人阅读促进活动发挥必要的辅助作用。

（1）建立社区图书流通站。社区的存在，为放学后无人接送的小学生提供了安全的学习和课后做作业的空间。之所以会出现这种情况，主要在于小学生放学时间与家长下班时间的错位，小学生一个人在家必然会引起家长的担心，因此社区学习成为一个绝佳选择。在社区里，孩子们的校外生活和学习辅导主要由社区工作人员负责，这一点对流动儿童较为集中的学校尤为重要。但社区生活也存在着单调乏味等问题，孩子们的日常只有写作业和嬉戏打闹，这就促使公共图书馆与社区之间建立合作关系十分必要。社区图书流通站的建立，不仅使小学生的生活更丰富多彩，也为小学生阅读需求的满足提供了极大的便利。

（2）未成年人应社区工作人员之邀到馆参观学习。作为推广和宣传图书馆的好方法之一，未成年人，尤其是距离图书馆较远的未成年人应图书馆工作人员之邀到馆参观学习可以有效补充因父母过于忙碌无暇顾及孩子的图书阅读，以及降低因自身年龄小，孤身前往图书馆阅读的潜在风险。与此同时，社区工作人员应当积极承担对未成年人的社会责任，带领其安全前往图书馆开展课外阅读活动，可以在熟悉图书馆的同时引导未成年人养成阅读兴趣和良好的阅读习惯。

（3）为社区未成年人阅读促进活动发挥必要的辅助作用。对于使未成年人的生活更加丰富和多样化而言，在不断扩展和深化社区服务的背景下，社区工作人员组织举办的未成年人节假日文化娱乐活动发挥了重要作用。但是，对于阅读推广活动进社区的实现而言，必须依靠专业的图书馆员的作用发挥，作为专业的阅读推广人，与社区工作人员联合组织各种多样化、趣味性的阅读促进活动，可以极大地便利未成年人享受公共图书馆员的专业文化服务，与此同时，也起到了图书馆的宣传扩大化的作用。因此，这种既满足未成年人阅读需求，又促使宣传图书馆的方法成为未成年人阅读推广的重要途径。

5. 与社会教育机构联合共同开展活动

公共图书馆联合社会教育机构，主要通过共同举办多样化的阅读促进活动来实现共同推广未成年人阅读的目的。

社会教育机构的创办者多为一些有理想、有才能、有魄力、创新型的有志人才，特别是得益于国家政策向大学生创业支持的优势，一批由优秀大学毕业生创办的未成年人教育机构雨后春笋般涌现，他们将共同的价值追求、先进的办学理念以及吃苦耐劳的敬业精神和精诚合作的合作精神融入办学过程中，希望通过对办学理念、教学方法的扩大化宣传，引导尽可能多的未成年人参与到阅读活动的组织中，扩大知名度。同时，图书馆要改革观念，以更大的包容度和接纳度来和他们开展合作，共同推动未成年人阅读推广活动的举办，并给予未成年人以丰富的情感和心理体验，进一步提升阅读促进活动的多样性，为阅读活动注入更多鲜活的元素和能量。此外，吸收其他元素的优势，共同促进、共同进步，从而唤醒未成年人热爱图书馆、利用图书馆的热情，与此同时，也搭建了一个平等开放的平台，便于图书馆员和社会教育机构老师互相交流、优势互补、共同进步，共同提升教育水平，改善未成年人的阅读现状。

6. 与新闻媒体联合共同开展活动

对于阅读推广活动的组织者和读者而言，新闻媒体发挥着重要的媒介作用，强化公共图书馆与新闻媒体之间的深度合作，可以充分发挥新闻媒体的传播优势，这对扩大公共图书馆影响力，广泛宣传公共图书馆多方动态、公益性和服务范围等内容都将发挥重要作用。与此同时，能进一步提升图书馆的知名度和发挥舆论导向作用，将公共图书馆的功能和服务全方位展现在读者面前。特别是公共图书馆在开展各种阅读推广活动时，更要借助媒体优势（即辐射范围广、传播速度快、传播效果好等），通过强化活动的宣传力度，为活动的顺利开展吸引更多关注，引导更多未成年人参与其中，激发利用图书馆丰富资源的积极性。

7. 馆际合作共同开展活动

通过进一步强化馆际合作来实现未成年人阅读得到更具深度推广的方式，通常表现在以下几种：共享馆藏资源、交流学习、共同组织以促进阅读为目的的活动。

因此，各公共图书馆、少儿图书馆、中小学图书馆要不断加强馆际之间的合作，无论是共享馆藏资源，还是联合举办各种阅读促进活动，都要积极寻求合作、学习和交流的可能，通过整合各自的服务优势，实现阅读推广活动覆盖面和影响力不断扩大的目标。更进一步来讲，通过对未成年人阅读共同推广的合力，带动全民阅读和形成文明社会氛围。

总之，使未成年人向热爱阅读的优秀人才的过渡是一个漫长且复杂的过程，除了公共图书馆的功能发挥外，还有赖于公共图书馆员的辛勤付出和努力，需要不断优化公共图书馆的服务机制，积极寻求与一切资源的深度合作、优势互助和资源共享，只有这样才能进一步完善助力未成年人文化素养全面提升的阅读推广服务体系。

（三）未成年人阅读推广活动的策划

策划是一种战略和规划，确定主题后，围绕这个主题展开。在知识经济时代，策划是一种智慧的结晶，体现了策划者的创造性思维和理性思维。目前，策划在不同的行业领域中被广泛使用，在不同的行业中对策划的定义也各有不同。在公共图书馆未成年阅读推广活动中，这一活动策划通常意味着：在具体活动实施之初，主办方在调查分析相关材料的基础上，根据活动目的，按照一定步骤，计划和制定系统、全面、合理和可操作的行动计划的过程。

1. 未成年人阅读推广活动策划的意义

"服务活动化"是一个新鲜理念，这一理念已经被广泛用于公共图书馆的日常工作中，通过"服务活动化"能够带给未成年人更加丰富多彩的课余生活，发挥未成年人才能，激发未成年人的阅读兴趣，引导他们广泛阅读。

无论是在国内还是国外，公共图书馆都认同"服务活动化"这个新鲜理念，并将其落实到了图书馆日常服务中，然后在此基础上不断探索创新，开发出一系列的未成年人阅读推广活动。在中国，阅读推广活动可以说是丰富多彩了，这也体现了图书馆和地域的特点。例如，在荆门市图书馆中，"快乐星期天"是他们地区非常有特色的少儿活动；在甘肃省图书馆中，开展了一系列的主题活动，"亲子阅读推广活动"促进了孩子和家长之间的读书交流；在其他图书馆中也有很多优秀的阅读活动，如"快乐阅读"大大激发了未成年人的读书兴趣。在国外最著名的活动包括美国图书馆协会发起的"让我们来谈谈它"阅读活动，在德国最火的是"阅读起跑线"项目，这些项目都是非常优秀的未成年人阅读推广活动，有着非常深远的意义。

总而言之，在这些未成年人的阅读推广活动中，不仅有国内深受未成年人欢迎的阅读推广活动，也有国外同样优秀的项目。它们的名称、主题都非常有创意，对未成年阅读推广活动的开展有积极影响，都是为了促进全民阅读的发展目标而努力。在这一过程中，除了公共图书馆外，还有各种社会和教育机构都参与其中，多方共同协作才有了良好的推广效果。所有活动安排都是工作人员用心地策划、敲定活动主题、确定组织形式和活动流程等，每一个环节都不能出差错。未成年人阅读推广活动的成功离不开科学合理的策划，优秀的活动策划可以有效提升公共图书馆在社会的知名度，提升公共图书馆在人们脑海中的形象。在策划未成年人阅读推广活动时，要不断创新，跟上时代的发展，保持未成年人在公共图书馆开展的活动中的主体地位，激发未成年的好奇心、热情，让他能够踊跃地参与到阅读推广活动过程中，满足他们的阅读需求和文化需求。

2. 未成年人阅读推广活动策划的类型

针对未成年人，公共图书馆在策划阅读推广活动时，主要有以下五种类型：

（1）按照阅读推广对象的年龄划分。①婴幼儿。婴幼儿是最开始的年龄阶段，对于他们的阅读推广活动策划要考虑婴幼儿启蒙读物方面的内容。②学龄前儿童。婴幼儿的下一阶段就是学龄前儿童阶段，对于他们的阅读推广活动策划要考虑到儿童要了解学前读物方面的内容。③学龄儿童。这一年龄阶段的儿童已经开始步入学校生活，开始学习知识，他们开展的阅读推广活动策划可以围绕知识拓展方面进行。④青少年。青少年的读物有很多，围绕他们的阅读推广活动策划可以更丰富化、多样化。

（2）按照阅读推广活动的场地划分：策划阅读推广活动的地点可以是图书馆内部，也可以是图书馆外部。

（3）按照阅读推广活动的规模划分：①按照规模来划分，最大的是大型阅读推广活动策划。②规模相对小一些的中型阅读推广活动策划。③规模最小的小型阅读推广活动策划。

（4）按照阅读推广活动的合作对象划分：①和幼儿园开展合作。②与学校开展合作。

③与家长开展合作。④与媒体开展合作。⑤与社会教育机构开展合作。⑥与社区开展合作。⑦与其他图书馆开展合作。⑧和出版社开展合作。⑨与其他社会团体开展合作。

（5）按照阅读推广活动的频率划分：①在日常中，规划日常阅读推广活动。②在节日时期，可以策划相关主题的阅读推广活动策划。③在发生社会热点时期，可以策划与社会热点阅读相关的推广活动策划。

3. 未成年人阅读推广活动策划的过程

在深化全民阅读活动的过程中，公共图书馆扮演着重要角色，在围绕未成年人阅读策划活动时，要贴合推广主题，深入研究读者的阅读心理、阅读喜好、阅读技巧等内容，根据实际情况，系统、全面地规划各项阅读推广活动，推广活动要做到科学、理性、务实、创新、有时效性、有激励性，要让阅读推广活动在未成年群体中有影响力。图书馆开展阅读推广活动，能提高未成年人参与度，鼓励未成年人走进公共图书馆来阅读图书，激发他们的阅读兴趣。同时，也提升图书馆的社会影响力。图书馆的普及让阅读推广活动变得更普及、更有知名度，吸引到更多未成年参与，也进一步推动了全民阅读的发展，为社会营造一个良好的读书氛围。

为了达到阅读推广活动的目的，公共图书馆的工作人员首先要策划一个活动项目，策划阶段主要包括以下步骤：

（1）组建未成年人阅读推广策划团队。

优秀的推广策划团队是推广策划活动成功的基础和前提，团队的成员要符合团队招聘人员的标准，如果想成为未成年阅读推广策划团队的成员，则必须符合以下条件：

第一，对于图书馆事业有热爱之心，服务意识强，有担当和责任感，对工作抱有极大的热情，愿意为未成年阅读活动奉献出自己的力量。心中不仅有青少年儿童，还要有教育，有国家，有民族。

第二，人际交往能力强，了解与未成年人沟通的技巧，语言表达能力突出，能够了解未成年人的需求并能够和他们友好沟通，可以耐心地听未成年人的声音。除此之外，与自己团队的成员也能和睦相处，一起进步。

第三，需要具有创新意识，有创新能力，能够跟紧时代脚步，有持续学习的心。在工作过程中，能够识别公共图书馆在"走出去"时期的发展趋势，懂得变通，适应能力强。在实践过程中能够将理论知识与之结合，设计出完整有新意的活动策划方案，吸引未成年人的注意力，使他们乐于参加阅读推广活动。

第四，观察和分析问题的能力要强，阅读推广活动要能够捕捉未成年人的阅读需求，寻找创新灵感推动阅读活动的发展，并定期总结分析每项活动，确定活动的优劣势，持续改进，根据反馈内容优化活动内容和形式，让阅读推广活动丰富多彩。

第五，学科知识丰富，工作人员不仅要了解图书馆相关专业知识，了解图书馆的藏书信息，还要了解并遵循儿童教育、心理学等方面的知识。在工作过程中，工作人员能够根据未成年人的特征为未成年人制定促进阅读活动的方案。

（2）调查分析目标读者的需求。

为了在阅读推广活动中实现阅读推广活动的目的，达到预期目标，在进行策划前，需要摸清楚读者的阅读需求。不仅如此，需要研究和分析的读者覆盖面很广，不仅是未成年人，还有从事教育的人和监管的人，如老师和家长等人的需求。由于未成年人在年幼时无法充分表达自己的意愿，为了充分了解未成年人的阅读需求，需要尽可能地收集直接信息，加强与未成年教育相关的各个环节人员的沟通，共同研究、探讨，然后总结分析未成年对阅读的爱好与需求，从而制定贴合未成年的阅读推广活动。

研究分析方法主要包括问卷调查、在线互动平台征集、讨论会、行动计划征集等各种方式。在了解宣传计划后，通过这些渠道搜集读者对阅读活动的意见和建议，为切实可行的计划的制定奠定良好基础。例如，很多公共图书馆偶尔会在图书馆举办读者研讨会，或通过让读者填写调查问卷来倾听读者的声音，了解读者的阅读需求。在多方协作努力下，更有效地让阅读推广活动落实，科学评价图书馆服务和儿童阅读推广活动，将阅读推广活动过程中优势及不足之处都要总结出来，保持活动优势，改进活动的短板，促进未成年人阅读的热情，持续优化的活动可以取得很好的效果。

（3）确定未成年人阅读推广活动主题。

在进行未成年人阅读推广等活动时，确定主题是活动策划过程中最重要步骤，若活动主题鲜明新颖、意义深刻，那么便可以高度概括活动内容，不仅能指明活动方向，确定中心内容，同时也让人有发现新鲜事物的感觉，提高了未成年的注重度，同时也唤起了他们的好奇心，使其对活动充满了期待，未来更加渴望尝试。

关于活动主题的制定方式有：依节日内容而定；依社会热点而定；依日常情况而定；根据多元、全面的衍生服务内容来确定；强化合作的理念，寻找合作伙伴，协同进行活动主题的确定工作。

第一，根据节日内容确定主题。将活动的主要内容与节日的内涵进行结合，既保留了浓厚的节日气氛，同时也丰富了未成年的文化生活，又可以鼓励他们热爱文化、积极生活。例如母亲节、父亲节、教师节、劳动节、国庆节等。在各种节日的氛围下，应该选择相应的活动主题，主题内容应与节日的意义紧密相连，这样才能充分体现节日的特色。例如，六一儿童节是儿童的节日，因此主题应突出歌唱与跳舞等内容，形成热闹的氛围，也可以与才艺的展示联系，组织"庆祝六一才艺秀""欢乐六一，儿童的节日"等艺术节目；同样，母亲节是母亲的节日，应通过这个节日向未成年人传达母亲的情怀，体会母亲的辛劳，为伟大的母亲送上祝福，同时也要将我国的传统美德——真善美的教育，融入活动的主题中，依据母亲节特殊意义来制定主题，如以"温暖五月，重温母亲的爱"为主题的贺卡制作大赛，在孩子们自己动手制作贺卡的过程中，将浓浓的爱倾入活动中，使节日的意义与主题高度结合。

第二，根据社会的热点话题确定主题。以公共图书馆为场地，组织未成年人进行阅读活动时，要跟上时代步伐，切不可将青少年变为"死读书，读死书"的书虫，应重视未成年人的全面发展，将教育、阅读、社会热点这些内容融合在一起，传递给未成年人，进而拓宽视野和知识面，提升逻辑能力及处理问题的能力。例如，一些国学经典流传多年，受到广大人民喜爱，特别是近几年，在全国范围内掀起了"国学热"，使国学上升了一个新的高点，从两三岁的孩子到八十岁的老人，都秉承着国学的经典与永恒。读国学、国学经典演讲、国学研究会等，各式各样的以国学为主题的活动，呈现欣欣向荣的大好势态，在全国氛围内不断开展，形成了社会的热点话题，因此，许多公共图书馆也进行了各种各样的推广传播国学的活动。同时，一些著名的国学专家也应邀来到图书馆，还有一些舞台式的大规模的国学诵读活动，目的都是传承国学知识，传播国学的经典，使更多的人接触到国学。一些图书馆还组织未成年人学习中国的各种传统文化。

第三，根据日常活动确定活动主题。也就是说，可以在图书馆进行有规律、经常化、持续性的未成年阅读活动，此类活动，其主题应依据未成年人的实际情况，同时兼顾时间和季节等特点来确定。公共图书馆所服务的未成年人的年龄覆盖面广，因此决定此类活动的主题时，要注重统筹原则的运用，不但要符合未成年人的需求，而且要满足他们的个性化发展，并兼顾时间、季节的因素，努力让所有的未成年人，都可以进行才艺展示，并得到锻炼与提升自我的机会。结合年龄、个性发展来开展活动，可以以艺术、故事、百科问答、手工活动等各种形式，并确定活动的主题。通过这种方式，不但兼顾了每个未成年人的个性发展需求，同时也使内容更加有趣生动，使阅读活动永远充满吸引力。

第四，根据多元、全面的衍生服务内容来确定主题。在馆内开展讲座、参观及展览等多层次、全方位的衍生服务。此类活动与馆内组织的活动是不同的，其活动的规模较大，参与的人较多，影响力也较大。因此，确定此类活动的主题、布置的细节，均应合理、科学，确保活动可以有序进行。

第五，强化合作的理念，寻找合作伙伴，协同制定主题。图书馆及社会各界共同推进未成年人的阅读活动是一种义务，因此，图书馆应寻求合适的合作者，类似学校、幼儿园等一些教育机构，可以实施多方协作的方式，强化与合作伙伴的沟通作用，调动资源与技能，协同探寻活动的方案，进而决定主题。

（4）制定活动详细计划并落实活动责任。

周密的活动计划是推广未成年人阅读活动的基本保障。因此，为了实现阅读活动的目标，首先应保证阅读活动可以有序、合理地进行，活动计划的内容应是系统、可行的。内容中应呈现涵盖相关主题、活动内容、进行时间、地点环境、参加对象、奖品奖励等，特别是举办一些大型的推广活动，应做好音效、灯光等工作，以体现活动的盛大，提升其在公众中的影响力。

活动计划制定完毕后，活动工作者应统筹安排，掌握好活动涉及的各项内容与步骤，有效与其他团队成员交流，协助其他成员全面了解活动，并细化计划内容，将活动中的工作进行分工安排，同时进一步细化落实责任。

（5）活动宣传与活动实施。

活动的成功与否，最关键的步骤是宣传，宣传渠道有本馆的网站、微信平台、QQ平台、微博、媒体等各种各样方式，宣传过程中应大力宣传活动主题、活动方式、时间安排、地点环境、参与对象、评选奖励等内容，努力提升活动的知名度与影响力，唤起未成年人参与活动的情绪，扩大其参与活动的范围，营造图书馆的品牌意识。

活动的具体实施，便是实现组织更多的未成年人参与到活动中来。工作人员应依据分工情况，配合活动需要，公开活动的规则与要求，发放相关的活动材料，同时对评奖、颁奖活动的程序进行制定。

（6）撰写活动报道。

撰写活动报道，可以有效体现图书馆的精神理念，提高知名度，激发工作人员信心，增强馆员凝聚力，同时也有助于社会大众实际掌握图书馆的情况，提升了公众对图书馆的关注程度，也实现了推广项目、展示成果、推广体验、激发参与、树立品牌等目的，引导更多的未成年人加入图书馆的阅读活动中来，借助活动，促进未成年人的阅读能力，促进公共图书馆的发展。此外，利用撰写的报道，提升了相关工作的透明程度，也向上一级汇报了未成年人的阅读情况，并使领导及时掌握活动时出现的创新经历，通过探究活动的详细情况，可以为下一步的活动提供指导。

4. 未成年人阅读推广活动策划的评估

未成年人的阅读活动，是公共图书馆长期以来的工作重点之一，也是系统性的工程建设。每次阅读活动举办后，都应对此次活动的目标、模式、效益等，进行合理的研究、总结与反馈。然而，反馈与总结不可以只是简单的领导以及员工之间的评价，领导观点虽说有一定前瞻性，馆内的阅读推广团队也具有专业的技能与知识，但是阅读推广的切入点与最终的落脚点均是未成年人。因此，未成年人是最终的推广活动的主要人物，所有推广活动都以青少年为主的，并完全依据他们的生理与心理发展的特点来制定活动细则，所以，未成年人应是反馈与评价的主体人物，未成年人的感受与经验是阅读推广应重点考虑的。此外，父母是最关注未成年人成长的人，因此，有必要开展针对其父母的研究，总结家长们的建议，同时据此分析活动的成功或失败原因，为今后更全面地开展类似的活动起到指导性的作用。一般的研究方式有论坛、问卷、面谈等。

评估公共图书馆举办未成年人阅读活动的标准有很多，主要有以下几个方面：

第一，未成年人参与活动的具体人数。从未成年人参加推广活动的人数中，可以大致确定活动举办的是否成功。若有大量未成年人参与该活动，则表明他们对该活动非常感兴趣。相反地，若参与人数非常少，则说明未成年人对这项活动没有兴趣，活动不吸引人，单调且无味，应继续完善活动内容，使推广活动更为有趣生动，进而吸引未成年人。

第二，未成年人是否积极主动参与活动。负责活动推广的工作人员，在活动进行过程中，应积极鼓励未成年人以自己的实际情感、经历和思想，自觉地参与到活动中来，具有较高的主动性与积极性，标志着活动是符合广大的未成年人群的。相反，若活动并不是未成年人主动参加的，而是被成人强迫而为，那么，说明活动并没有从未成年人的个性与兴趣出发，这样的阅读活动是没有意义的，反而会让未成年人更加抵触图书馆活动，推广阅读的目的也不能实现。因此，未成年人在进行此类活动时，主动、积极的态度是衡量活动是否成功的重点。

第三，参加阅读活动之后，未成年人是否更具有自信。组织未成年人在参加阅读活动的过程中，应秉承鼓励原则，负责推广的工作人员应每时每刻关注未成年人的活动情况，善于发现优点，并进行表扬、支持，让所有的未成年人都可以在阅读的活动中积极自主表达自我、抒发情感。尤其是未成年人如果在活动过程中可以更加活泼、大胆、善于表达，这便体现出未成年人的自信心在逐步提升，已经逐渐爱上了图书馆。

第四，未成年人在阅读活动中的互动情况。现代教育实践表明，传统意义上的培训、说教、灌输等填鸭式的教育方式，已不适宜如今多样化和创新的社会，教育也不是单纯让学生得到知识、信息资源，而是教给他们如何辨别事物，使未成年人能够积极探索、学习与研究。所以说，教育是彼此互动的关系，为未成年人进行阅读推广时，要关注交互程度，若没有热情参与活动，在活动完成之后，也没有进行积极互动，也没有与工作人员阅读互动，那么，则要进一步激发未成年人的活动热情，鼓励他们不断创新、沟通，参加活动的同时感受其中的乐趣。

第五，阅读活动结束之后，是否得到家长认同。在热爱阅读的家庭中，孩子们也一定热爱阅读。显示了父母对孩子的影响至关重要，父母的文化素养、三观，将直接影响着孩子发展，读书活动若得到父母的认同，说明活动是成功的，今后在父母与阅读推广负责人的协同努力下，会使未成年人彻底爱上阅读。家长是否支持阅读活动也是检验阅读活动是否成功的因素之一。

第六，阅读活动有没有真正地实现对未成年人阅读的促进作用。平时的生活中，我们只要注意一下便能发现，曾经参加过图书活动的未成年人，他们会将这一活动习惯贯彻到平时的生活与学习中，是生活中不可缺少的一部分。与此同时，若有活动的机会，则他们会阅读其最爱的书本，进而提升阅读量，达到明显的阅读效果；反之，则说明阅读的活动目的没有达到，需进一步改进与优化活动程序。此类阅读活动，不但要促进未成年人的阅读习惯，同时也应带动家长养成阅读习惯，特别是一些婴幼儿及学龄前的儿童没有独自阅读的能力，应让家长通过组织家庭阅读来完成，从而也可以更深刻地体会到亲子阅读意义，带领更多父母加入这一队伍中。未成年人的阅读活动效果，不仅要看是否引起他们的兴趣，还要看是否带动了亲子阅读，阅读量是否增加，这也是未成年人阅读活动的终极目标。

四、公共图书馆未成年人数字阅读推广工作创新

随着我国经济水平的不断提高，科技水平得到了很大程度上的发展。其中一个很重要的表现就是电子产品的不断增加，为人们的生活带来了很大便利。国家的不断发展也为青少年提出了新的要求，即青少年应该树立"提升自己"的意识，不断提高自己的能力。但是现在手机、计算机等科技产品使很多学生迷恋上了电子产品。公共图书馆作为我国基础设施建设中一个很有意义的工程，承担着营造良好的学习氛围，激励学生学习的使命。

（一）未成年人数字阅读推广服务的新特征

1. 阅读生态环境兼容并包

随着网络科学技术的迅速崛起，原始出版方式向数字化的出版方式转化，这使数字媒

介的产品蕴含的内容越来越丰富，读者的阅读的方式会因为网络科学技术的发展而产生变化，更多的依靠数字阅读，而减少文本阅读。此外，智能手机、IPAD、Kindle 这些设备的不断更新换代，使用者的数量也迅速增加。原始的数字出版模式注重承载的形式的研发而将内部的开发抛在一边，顾此失彼，而与动画类元素、游戏类元素的融合，就打破了这个局面，有利于数字阅读过程中读者之间的互动，也提升了立体感。人们逐渐重视互联网的作用，利用互联网服务大众，这使得数字阅读的方式更加多样化，可以接纳的空间逐渐扩大，与媒体合作及阅读内容的可视化，都让读者在进行阅读活动时，有独自享受阅读的感觉。这些都使得数字化阅读方式摆脱了原始的阅读而向智慧化的方向发展，数字化的阅读生态更加开放包容。

2. 数字阅读参与人员的多样化

随着网络科学技术的迅速崛起，数字化的出版方式逐渐占据了市场，这一领域的用户呈垂直分布，用户急切渴求数字资源产品，使各方的利益追求者对数字资源及相关的服务进行了一系列重组和规划，在服务方式上，从以往的线下服务逐步转战到从线上向读者提供服务；在服务范围上，逐渐从大范围深入到小范围，进行针对性、精确性的推广。其他相关的参与人员如图书馆员、阅读者、供应商等纷纷参与到数字阅读的推广过程中，发挥各自优势。这个过程以图书馆为中心，展开了各种各样不同形式的阅读推广行动，有助于促进更多主体参与到此过程中，同时，还可以适当引流，控制用户的黏性聚合。

3. 数字阅读推广形式协同化

移动互联网技术的革新是数字化阅读成为主流的直接原因，越来越多人重视数字阅读并对其加以运用，数字阅读资源的广泛利用，促使社会公共图书馆迅速发展。通过转变行政机关职能，政府不再拥有控制公共图书馆的大权，这种管理权逐渐转向社会各方力量。他们凭借自身长处，积极参加各种资源管理建设，以及服务用户的活动。在图书馆、利益相关方及用户的共同协作下，创造了一个公正、全方位、人人都能参与的阅读氛围，促使读者养成数字阅读的习惯，并在发展过程中不断寻找缺点，改正缺点。

（二）未成年人数字阅读推广服务的提升策略

1. 重视数字资源建设，建立分级阅读服务

只有重视数字资源建设，才能保障公共图书馆向未成年人用户推广数字化阅读方式并进一步发展的关键。不同于成年人的数字推广工作，未成年人的数字推广工作较为困难。由于未成年人用户尚不成熟，导致阅读资源冗杂、形式多样，无法保证阅读资源的质量，且阅读选择过程中的困难倍增。这就要求公共图书馆需要加强数字化阅读建设，特别是要满足少儿读书的需要，加强数字资源的建设。

公共图书馆要充分了解未成年人用户的真正需求，并以此为依据设计出一份适合未成年人数字阅读推广工作的方案和措施，形成以文本为中心，以音频、视频、编程互动等为辅的实施方案，推广与未成年人用户的心智相符合的一些资源和网址，按照不同科目、数据库，通过字母排序进行规范化整理。搜索方式的多样化，能够大大提高用户搜索资源效率，从而提升资源的利用率。除此之外，公共图书馆要重视少儿成长的规律，建立分级阅读服务，与社会各方力量如学校、家庭、机构共同协作，对处于各种年龄的未成年人给予分级指导服务，并在这个过程中根据未成年人需要，推广分级阅读，帮助养成数字阅读习惯，从而提高公共图书馆数字阅读推广工作的指向性和专业性。

2. 加大数字阅读与教育培训，提高儿童数字信息素养

数字阅读方式逐渐取代传统的阅读方式，成为社会阅读方式的主流，因此公共图书馆要考虑到战略发展的角度，全面布局、统筹规划数字阅读与教育培训，加强儿童数字信息素养的培养。

第一，可以学习国内和国外一些公共图书馆数字阅读推广的优秀做法，善于运用一些社交媒体如微信、腾讯、微博及各种视频平台进行推广，增加线上推广的途径，增强社会化媒体中的用户黏性。

第二，要站在其他主体的思维统筹规划，把数字阅读资源和教育教学培训结合起来，完善教学答疑解难服务、课后辅导服务、信息素质培育服务、相关考试信息通知的服务等，进而满足未成年人阅读需求，体现公共图书馆服务的重要性。

第三，公共图书馆以未成年人用户数字推广活动的发动者和组织者的身份出现，因此，一切都要为未成年人用户服务，提高图书馆内工作人员的素质及专业技术的培训，培养他们的三维动画制作、视频编辑等技术，同时积极号召图书馆工作人员参加未成年人用户的数字阅读推广服务的探究活动，持续提高他们的数字信息素养。

3. 搭建数字阅读推广平台，创新服务模式

创新是引领发展的第一动力，是一个民族进步的灵魂，公共图书馆是一种无偿性的文化服务机关，其中成千上万的图书资源，是促进文化进步的关键和保障，这一目标的实现要依赖全体人员整体阅读水平的提高。随着数字阅读这一文化产业在全球范围内的逐渐推广，用什么有效的方式来宣传和推广数字阅读，是当前社会各界人士应该考虑的问题。

一方面，公共图书馆致力于建设优质的未成年人数字阅读资源。该过程中不能忽视制

定相关图书收藏政策，并根据未成年人用户的阅读需要，统筹、规划、创建数字化阅读资源平台，依靠儿童的性别差异、年龄差异和不同的阅读习惯，把购书、自建与统合加入平台中，对不同年龄、不同水平的儿童制定相对应的阅读服务。

另一方面，要充分运用公共图书馆数字阅读资源，将未成年人数字阅读的各种需要与科学技术的相关元素融合，在一种快乐的学习氛围中培养儿童对数字的兴趣，从而提高未成年人对数字的掌握能力，促进推广未成年人数字化阅读更好、更快发展。

4. 联合社会力量参与合作，打造数字阅读推广品牌

联合社会力量参与合作，共同致力于公共图书馆数字阅读服务，有助于发挥各方社会力量在资源、技术等方面的长处，依据一致的奋斗目标和取舍原则，管理服务主力中的一些功能板块，充分发挥各自的优势，统筹优化数字资源配置，达到局部大于整体的效果。受教育教学制度和家庭教育思想的影响，不少学校和家庭对数字阅读的看法不同。针对这一情况公共图书馆要联结各方优势，创建个别有助于开发学生潜能、提高信息素养、对未成年学生学习课程有帮助的数字阅读推广品牌，引导学校和家庭正确看待数字阅读推广服务。首先，与一些幼儿园、幼儿辅导机构联合，不时地对家庭提供早期教育资源推广服务，通过线上线下互相协调的形式，开展各种各样可以让父母和孩子一起参加的阅读活动或课外辅导的培训活动，促进家庭认同未成年人数字资源思想。其次，公共图书馆要多与中学、小学联系，把购买和自建优秀数字资源和中小学正常教学联合起来，有助于增加课堂有趣性、交际性，给予中小学学校和学生提供资源服务。

此外，当技术、平台、内容的建设达到一定程度后，要注重加强与出版社和相关的投资商的合作。重视未成年人阅读的需求，以此为出发点，通过共建或定期委托的形式，共同组织未成年人数字推广服务活动，在合作中提高各自的专业竞争能力，实现互利共赢。

综上所述，随着互联网网络科学技术的迅速崛起，数字化出版方式迅速取代原始出版方式。各种便利设备快速更新换代，越来越多用户抛弃了传统阅读，向"数字读屏"的阅读方式转变。在这样的背景下，公共图书馆要不断创新数字阅读推广服务的体制机制，建设优秀的儿童数字资源，全面了解用户的需要，进行培训服务，从而提高未成年人和家长的信息素养培育。另外，应不断完善数字资源及数字阅读推广服务评价平台建设，联合社会力量参与合作，全面发挥各方力量在数字阅读推广服务中的长处，重视不同个体需要的差异性，有效提升公共图书馆数字阅读推广服务的水准。

第二节 公共图书馆面向老年人的阅读服务

随着我国老龄化社会的到来，公共图书馆出现了越来越多的老年读者，图书馆如何加强对这一群体的阅读服务，也成为我们思考的问题。

一、公共图书馆服务老年人阅读中的问题

近年不少公共图书馆在服务老年人阅读方面采取了许多办法，但是距离满足老年人阅读需求还有很大的差距，仍然存在不少问题，主要表现在以下几个方面：

第一，公共图书馆的空间分布极不平衡。我国诸多城市公共图书馆分布极不平衡，不少城市老年人由于图书馆距离自己居住地较远而不知道图书馆在哪里，导致许多老年人享受不到图书馆的阅读服务。我国农村图书馆的地理分布也极不平衡，表现在东部沿海地区普及率较高，而中西部地区普及率较低；东部沿海地区农村图书馆馆舍面积和藏书量较高，而中西部地区的馆舍面积和藏书量明显较低；东部和中西部地区内部也存在明显的空间分布不平衡，相对富裕地区和相对贫困地区差异明显。而且这种区域之间和区域内部的差异还有日益拉大的趋势。此外，老年人距离图书馆较远而花费的时间、精力和费用较多，限制了他们对图书馆的利用。

第二，公共图书馆的建设基础薄弱，阅读资源短缺。公共图书馆的建设基础薄弱，阅读资源短缺，一些图书馆馆舍条件简陋，设备条件差，服务手段落后，藏书总量少、新书少、老年读物少的现象普遍存在，部分基层图书馆甚至处于有馆无书、无钱购书的状态。设备短缺和陈旧，无法提供相应的服务，因此不少图书馆形同虚设，不能发挥其基本的服务功能，针对老年人身体特点改善阅读条件的要求更是纸上谈兵。大多数老年读者的阅读兴趣在健身娱乐的书刊方面，如医药卫生、文艺、历史、花鸟、书法绘画等书刊，而许多公共图书馆的这些类型的图书不仅陈旧，而且数量非常有限，系统性和连续性不够，极大地影响了公共图书馆对老年人的阅读服务效果。

第三，公共图书馆的服务意识落后。如果说基础设施和藏书量等是公共图书馆的硬件，那么，服务意识就是公共图书馆软件的重要组成部分。公共图书馆员普遍缺乏对老年人的服务意识。而老年人由于身体问题、观念问题等更需要图书馆员有良好、细心、耐心的服务态度，尤其是在尊重老年人这一方面更应给老年人带来美好的阅读享受。调查发

现，多数图书馆没有针对老年人的图书服务，在收费、手续办理、老年阅读专区等方面的专项服务严重缺乏，而老年人对图书馆员的服务态度比较敏感，因而大大减弱了老年人对图书馆阅读的兴趣。

第四，公共图书馆管理缺乏对老年读者的重视。我国是一个发展中国家，老年人的物质条件和收入水平总体较低，因此，公共图书馆在满足老年人精神文化生活需求方面需要发挥更为积极的作用，阅读服务应该成为图书馆管理人员对老年人服务的重要理念。实际情形是，多数公共图书馆由于各方面原因缺乏对老年读者的重视。图书馆管理人员要结合对老年人服务的特点，如延长开放时间、增加借阅册次、上门服务以及举办老年阅读交流、老年艺术节活动等，提升公共图书馆对老年人阅读的吸引力。

二、公共图书馆服务老年人阅读的对策

从更广泛的意义上说，老年人是生理性弱势群体，也是社会性弱势群体。关注老年人的生活、满足老年人的阅读需要应是建设和谐社会的重要内容。实地调查和众多相关问题研究表明，解决公共图书馆服务老年人阅读的问题要从更深更高的层次去探讨。为此，本书提出如下几点对策：

（一）制定管理法规：确立公共图书馆服务老年人的法律地位

许多研究者针对公共图书馆服务老年人阅读中的问题提出不少对策。但是，这些只是表面性的、浅层次的，从深层次而言，核心在于制度层面。因此，要制定管理法规，确立公共图书馆服务老年人的法律地位。主要思路是：通过国家或地方法规体系，确立公共图书馆服务老年人的法律地位，让公共图书馆建设和管理有法可依；政府主管部门要对公共图书馆的管理体制和经费投入纳入管理政策之内，并适当实施服务老年人的政策倾斜；将服务老年人阅读的图书馆服务项目纳入公共图书馆评估体系之中；制定一系列针对老年读者的图书馆业务规章制度。例如，在硬件建设方面，设立老年读者专区，购置大字本图书、放大镜和老花镜，购置适合老年人的书刊等；在软件建设方面，强化老年人服务意识，在服务态度、服务礼仪和服务效果等方面积极创新，形成公共图书馆的老年读者服务机制；在管理方面，要开辟老年阅读活动的新内容，在阅读服务、阅读培训、交流活动等方面，不仅要创造一个适合老年人阅读的环境，而且要积极致力于通过阅读活动创设一个老年人互相沟通、扩大社交参与度的良好平台。

（二）多方联合：形成公共图书馆服务老年人阅读的长期机制

面对社会各界普遍关注公共图书馆服务老年人阅读的局面，各级公共图书馆都要积极主动地参与到服务老年人阅读的活动中来，联合多方社会力量，形成公共图书馆服务老年人阅读的长期机制。主要思路是：要建立公共图书馆与社区老人活动中心、敬老院、老年大学等老年机构的合作和交流机制，一方面使公共图书馆深入到老年群体中获得老年人阅读的需求、心理、兴趣等方面的服务信息，另一方面使公共图书馆的服务功能和服务链条得以广泛延伸，实现公共图书馆在知识和信息服务上的社会功能，以及服务网络的全覆盖化。同时，公共图书馆要在服务老年人阅读方面建立导读、培训、活动组织等机制。如公共图书馆举办专家讲座、组织读书会、读书交流会、参与馆务活动、开展服务老年读者志愿活动等。通过这些多样化的活动形式和内容，吸纳社会力量促进老年人的阅读活动开展，并使老年人形成主人意识和参与意识，体现他们的生活价值。

（三）营造服务老年人阅读的良好舆论氛围

要站在建设社会主义和谐社会和弘扬中华民族爱老敬老传统文化的高度，认识公共图书馆服务老年人的地位、作用和功能。公共图书馆不仅要在知识和信息服务方面服务老年人，在提高广大老年群众的科学文化素质和现代文明素养等方面发挥积极作用，而且要通过主动提供优秀书籍报刊，使老年群众汲取知识、陶冶情操、娱乐心情。

要在更广泛的范围内，通过媒体和报刊等宣传图书馆服务老年人阅读的系列活动，让广大老年群众了解公共图书馆、认识公共图书馆、利用公共图书馆、参与图书馆阅读活动，形成良好的舆论氛围，将公共图书馆建设成为社会主义和谐社会的重要支撑力量。

第三节　公共图书馆面向残障读者的阅读服务

一、公共图书馆面向残障读者服务的状况分析

（一）完善公共图书馆残障读者服务的意义

公共图书馆，在为科学研究和为社会培养全面发展的人才方面具有得天独厚的优势。

随着我国社会经济和改革开放的快速发展,全社会都发生了翻天覆地的变化,人们对知识与文化的追求越来越渴望,我国公共图书馆事业也迎来了繁荣的时期。要想遵循社会公平、服务大众的原则,让社会各界都享受到改革开放在公益文化事业方面所取得的巨大成果,提高对社会中弱势群体的服务意识和服务方式是非常重要的。公共图书馆作为实现社会民众与科学文化知识信息的跨时空成功对接及资源共享的重要传播枢纽,其核心使命是尽全力为人的全面发展提供多样化的服务,而实现这一使命的前提就是无条件满足读者的需求,尽最大的努力全心全意将服务做到完美,包括对待各种特殊群体。对于残障读者来说,不开展一些特殊服务是无法解决他们的需求的。

"作为弱势群体,残障人心中对知识和技能的渴求比普通人更为强烈,然而由于社会发展水平和自身身体障碍的双重制约,其阅读需求往往得不到满足。"[①] 因此,实现公共图书馆无障碍服务这一任务迫在眉睫。完善此类服务不仅可以维护残障人士参与知识学习的合理权利,更能为公共图书馆综合服务水平的提升奠定良好的基础,也能为全社会科学文化水平的整体提高填补一个缺口。

(二) 公共图书馆面向残障人士读者服务存在的问题

公共图书馆服务方式从传统意义上讲,是所有读者与馆员之间进行面对面、近距离的即时性的借还、查找咨询等服务。公共图书馆读者服务工作应该坚持公益性与公平性并存的原则,应该尊重残障人士,尽量满足他们对科学文化知识渴望的需求。特殊群体——残障人士因为自身的局限性和特殊性,非常需要公共图书馆提供主动的、交互的、增值的服务。由于历史发展、环境外在的因素、设施设备不足等原因,完善对残障读者服务的过程中也遇到了诸多的阻碍。比如,目前许多公共图书馆提供的设备基本上都是根据普通读者的需求来进行设计的,忽略了残障读者本身区别于正常人的特殊性,残障读者无法使用这些设备从而耽误了阅读学习活动的正常开展。

由于很多图书馆建造的时间比较早,限于当时经济发展条件和对残障人士服务意识不高,所建设施并未考虑到残障读者的特殊之处,包括音像导向设置、无障碍通道等等,使盲人和肢体残疾者无法顺利走动和进出,更缺少为残疾人服务的专用设备,如残疾人阅览室、残疾人专用电脑、盲文语音软件、盲文打印机、残疾人专用轮椅、无障碍标志和残障人士专用网页网站等,给残障人士带来诸多的不便。人们的思想意识存在着偏差,残障人

---

① 朱芳辉. 浅论公共图书馆面向残障人群开展的阅读推广 [J]. 知识文库, 2017 (01): 255-256.

士普遍社会融入程度不高,并且以生存为第一目的,对知识的获取往往力不从心,从而产生自卑的心理,认为图书馆是可望而不可求的,久而久之就成了门外客,无法享受到公共图书馆为广大的特殊群体提供的公共文化信息服务。

二、公共图书馆残障人士服务无障碍的开展策略

(一)硬件、软件等设施建设的无障碍

努力消除硬件层面的障碍,包括图书馆的入口处、扶手、坡道、台阶、电梯、卫生间、盲道、阅览区和多功能厅等,要切实从残障人士角度出发考虑和进行设计。如在多功能厅设置轮椅的席位,并配备点字打字机、语音计算机、盲人的专用个人电脑等各类型的辅助设备,卫生间应配备紧急呼叫系统,同时在门外配置与之相连的报警器,以便及时处理突发情况等。

加强软件环境无障碍的建设,可从以下方面着手:

第一,根据残障读者的知识结构需求和生理需求的特点来确定公共图书馆残障读者文献建设的内容,比如智障人士所需要的文献类型内容要足够吸引他们;肢体残疾的人对文献内容没有太大的要求,和普通读者一样可以选择任何类型的书籍,只是对文献的摆放高度和排架方式要多做些考虑;盲人读者数量较多,要侧重于购进盲人文献、有声读物、大字图书等适合盲人阅读的书籍类型。

第二,要对残障人士特别关注的学科类型进行重点文献资源建设,重点收藏身体复健、法律援助、参与社会工作等与他们感兴趣的内容有关的图书。随着传媒产业的发展,大众传媒也考虑到残障人士的需要,在全国各大公共图书馆都有定期组织残障人士观看无障碍电影的活动。无障碍电影是在普通电影的原声配音基础上,添加语音旁白后合成录音而特别制作的影片,语音旁白同步描述影片画面中的场景布局、人物动作、表情细节、环境氛围等丰富的信息,让视障与听障人士了解整部电影的内容,享受电影艺术的乐趣。无障碍电影以特别的形式为残障人士带来了美好的观影体验。

(二)对残障读者的信息服务无障碍

公共图书馆要强化对残障读者的服务意识。公共图书馆对残障人士的免费服务,让他们感受到社会赋予的权利和人文关怀,可以抚慰他们的心灵,提供他们的自身素质和知识文化水平,增加他们与文化知识接触的机会和应具备的技能,这样可以不断推动社会的发

展与进步,确保了社会的稳定,是构建和谐社会的重要举措,也是公共图书馆服务人性化的具体表现。

近年来,公共图书馆尽管在专门服务方面有了提高,但在实际工作中,服务观念和服务意识较为薄弱,阅读的引导职能有待加强,很多公共图书馆针对残障读者提供的专门服务并未严格规范工作流程和实施细则等具体要求,这就要求工作人员要细致全面了解残障人士的阅读现状,包括其自身的职业、文化程度、残疾类型、知识能力及阅读情况等,并根据残障读者的特殊情况,在阅读时间、阅读场所、借阅要求等方面给予尽可能的人文关怀。公共图书馆的服务人员起着保证残障人士与图书馆机构对接顺利并实现资源共享的桥梁和纽带作用,这种关键性作用对服务人员的综合素质及必备的专业技能提出了更高层次的要求。比如,服务人员不仅要对图书馆的馆藏情况、室所位置、资源使用技巧等基本内容有着准确的了解,而且要具备一定的盲文知识和手语知识,便于与残障读者进行沟通,阅读推广人员还应具备一定的心理学知识,方便及时了解残障读者的内心活动,顺利地进行沟通。因此要不断更新观念,增强为残障读者服务的意识,工作人员一定要树立人人平等的意识,确立残障读者的平等地位,维护他们获取、使用信息的权利,在服务过程中对他们多一些关心和耐心。

同时,公共图书馆还应制定一系列的规章制度,包括设定专人服务的对象,规范服务读者的流程,明确服务责任,定期专职培训,而公共图书馆的工作人员更应加强"读者至上,以人为本"的服务意识,使残障人士在图书馆感到的是宾至如归,而不是格格不入,产生自卑心理和落差感。要加大对残障人士无障碍服务的宣传力度。考虑到残障人群的特殊性,建设无障碍设施以给他们提供便利是建设现代城市和建设社会主义和谐社会的必然要求,是完善基础设施建设的一项必不可少的内容,同时也是判断一个社会是否进步的重要标准。残障人士由于生理和心理条件与社会条件的限制,还有偶尔的不乐观不自信的消极心理,导致他们大多数与外界隔绝,封闭自己,很难走出家门融入社会当中。要将对残障人士的无障碍信息服务从单纯的公共图书馆职责扩展成为全社会的义务和责任,为残障人士融入当今的科学知识文化信息社会创造良好的条件,建立完善的信息无障碍服务体系。与此同时,通过这种手段产生的积极效应又会作用于公共图书馆,这样公共图书馆的无障碍服务也会得到相应的完善。

由于受到各种各样的因素影响,导致我国目前的公共图书馆服务较发达国家有较大的差距。因此,必须针对这种现状,积极寻求解决方法和对策,借鉴他国成功的经验,再结合我国具体情况开展应对策略,要不断地改进对残障读者的服务质量,提升对残障读者的服务水平，从而带动残障人群整体素质的发展，促进社会的公平性和和谐性，建设一个平等健康文明法制的社会大家庭，为引导、规范居民积极进取的生活方式，构建社会主义和谐社会提供有力的保障。若是能推动这项服务更上一个台阶，那将会是我国广大残障人士的巨大福祉，也是我国图书馆事业的一大幸事。相信未来通过努力，这种改变和提升一定会实现的。

参考文献

[1] 曹明国. 图书馆实施战略规划管理刍议 [J]. 图书馆工作与研究, 2012 (09): 31-33.

[2] 陈桂香. 公共图书馆的阅读服务与老年人力资源开发 [J]. 图书馆研究, 2020, 50 (02): 72-77.

[3] 范并思. 图书馆阅读推广的合理性审视 [J]. 图书情报工作, 2017, 61 (23): 34-39.

[4] 冯睿, 吕梅. 我国公共图书馆未成年人阅读服务研究 [J]. 图书馆工作与研究, 2015 (10): 101-105.

[5] 高丽艳. 对公共图书馆讲坛的思考 [J]. 新世纪图书馆, 2011 (08): 55-57.

[6] 韩莉君. 浅谈公共图书馆的精细化管理 [J]. 科技情报开发与经济, 2014, 24 (07): 84-85, 89.

[7] 洪牧. 信息化时代公共图书馆阅读服务的变革与发展 [J]. 科技资讯, 2021, 19 (30): 149-151.

[8] 贾江虹. 浅析公共图书馆的优化管理策略 [J]. 传播力研究, 2019, 3 (27): 297.

[9] 姜莉. 公共图书馆为老年读者服务的几点思考 [J]. 河南图书馆学刊, 2014, 34 (10): 20-21.

[10] 柯平. 图书馆战略管理 [M]. 北京: 海洋出版社, 2015.

[11] 李菲菲. 智慧社会背景下公共图书馆老年人服务探析 [J]. 河南图书馆学刊, 2022, 42 (03): 25-28.

[12] 林婷. 公共图书馆优秀传统文化阅读推广研究 [J]. 传媒论坛, 2020, 3 (13): 110-111.

[13] 刘春峻. 论图书馆战略管理的制定与实施 [J]. 办公室业务, 2013 (13): 115-117.

[14] 吕荣梅. 公共图书馆的社会阅读服务与创建阅读社会 [J]. 科技情报开发与经济,

2009, 19（09）：87-88.

[15] 米娜娃尔·阿不都. 公共图书馆发展研究［J］. 采写编, 2020（05）：185-186.

[16] 潘家碧. 公共图书馆绘本阅读服务提升探析［J］. 才智, 2019（12）：207.

[17] 潘拥军. 公共图书馆规划管理实践研究［J］. 图书馆论坛, 2011, 31（03）：32-34, 21.

[18] 庞志杰, 于诺, 姜莉萍. 公共图书馆未成年人阅读服务模式研究［J］. 黑龙江史志, 2014（20）：124-125.

[19] 彭天宇. 图书馆图书流通管理工作转变思路［J］. 文化产业, 2021（18）：97-98.

[20] 屈利萍. 公共图书馆未成年人阅读服务探究［J］. 办公室业务, 2020（13）：151-152.

[21] 荣霞. 图书馆战略管理能力的结构及评价方法［J］. 图书馆研究, 2017, 47（04）：16-21.

[22] 沈丹. 公共图书馆管理与服务创新路径探索［J］. 产业与科技论坛, 2021, 20（16）：279-280.

[23] 唐静. 图书馆预算精细化管理刍议［J］. 图书馆, 2013（06）：120-121.

[24] 田向阳. 图书馆数字资源整合研究［D］. 西安：陕西师范大学, 2007.

[25] 王鸿飞. 试谈公共文化服务体系下未成年人阅读服务的策略［J］. 图书馆研究, 2015, 45（05）：51-56.

[26] 王思根, 员立亭. 我国图书馆战略管理研究综述［J］. 图书馆界, 2015（01）：35-38.

[27] 王亚静. 公共图书馆管理及服务的现状与发展［J］. 传播力研究, 2019, 3（08）：255.

[28] 王子舟. 论"读者资源建设"的几个理论问题［J］. 图书馆杂志, 2017, 36（05）：4-15.

[29] 吴凤鸣, 薛晓萍. 积极应对老年人阅读服务中存在的问题［J］. 新阅读, 2020（01）：21-25.

[30] 吴誉. 公共图书馆阅读推广发展趋势探析［J］. 大观（论坛）, 2021（10）：100-101.

[31] 许运南. 公共图书馆参与公共文化服务的策略研究［J］. 河南图书馆学刊, 2022, 42（01）：40-43.

［32］闫顺呈. 公共图书馆阅读推广活动分析及研究［J］. 河南图书馆学刊, 2017, 37 （12）：15-16.

［33］杨梦娇. 网络环境下公共图书馆阅读服务创新探析［J］. 传媒论坛, 2020, 3 （19）：101, 103.

［34］张红军. 我国公共图书馆全民阅读服务模式观察［J］. 出版广角, 2015 （15）：102-103.

［35］张嘉. 图书馆阅读服务的馆员素质提升策略［J］. 现代经济信息, 2019 （18）：396, 398.

［36］张秀锋. 强化公共图书馆管理助力全民阅读［J］. 商业文化, 2021 （04）：68-69.

［37］赵晓丹. 公共图书馆未成年人阅读服务探究［J］. 河南图书馆学刊, 2017, 37 （04）：23-24.

［38］周骥. 公共图书馆阅读推广策略研究［J］. 大学图书情报学刊, 2021, 39 （05）：47-49, 104.

［39］周沛. 公共图书馆管理现状、问题及对策研究［J］. 产业与科技论坛, 2022, 21 （04）：277-278.

［40］朱芳辉. 浅论公共图书馆面向残障人群开展的阅读推广［J］. 知识文库, 2017 （01）：255-256.